FEMINISMO ISLÂMICO, MOVIMENTOS SOCIAIS E A RECONSTRUÇÃO DOS DIREITOS DAS MULHERES NO MARROCOS

Catalogação na Fonte
Elaborado por: Josefina A. S. Guedes
Bibliotecária CRB 9/870

L979f
2025

Luz, Flávia Abud
Feminismo islâmico, movimentos sociais e a reconstrução dos direitos das mulheres no Marrocos / Flávia Abud Luz. - 1. ed. - Curitiba: Appris, 2025.
297 p. ; 23 cm. - (Ciências sociais).

Inclui bibliografia.
ISBN 978-65-250-8088-8

1. Mulheres - Islamismo. 2. Movimentos sociais. 3. Direito de família. I. Título. II. Série.

CDD - 305.42

Livro de acordo com a normalização técnica da ABNT

Editora e Livraria Appris Ltda.
Av. Manoel Ribas, 2265 - Mercês
Curitiba/PR - CEP: 80810-002
Tel. (41) 3156 - 4731
www.editoraappris.com.br

Printed in Brazil
Impresso no Brasil

Flávia Abud Luz

FEMINISMO ISLÂMICO, MOVIMENTOS SOCIAIS E A RECONSTRUÇÃO DOS DIREITOS DAS MULHERES NO MARROCOS

Appris editora

Curitiba, PR
2025

FICHA TÉCNICA

À minha mãe, por tudo.

Às queridas amigas Theodosina Ribeiro (in memoriam) *e Neide Cristina da Silva* (in memoriam), *pela felicidade de ter tido vocês duas em minha trajetória pessoal e acadêmica.*

The three words creativity, dissidence and women, especially when linked, are bound to cause fear and anxiety in most men, and some women, not only in our countries but also in other parts of the world; fear and anxiety have become more pervasive and intense since the 1980s with the emergence of corporate capitalist globalization accompanied by religious fundamentalist crusades sweeping through many parts of the world, thanks to Islam, Judaism, Christianity, Hinduism and Buddhism.

(Nawal El Saadawi, "Creativity, dissidence and women", 2006)

AGRADECIMENTOS

À minha mãe, Mônica, pelo incentivo e acalento desde sempre, porém principalmente quando eu decidi seguir seus passos, seguir na carreira acadêmica e tornar-me professora universitária. Obrigada por estar ao meu lado, acompanhar meus passos, conquistas, congressos acadêmicos, conversas e cafés na madrugada. Ao meu pai, Paulo Afonso, pelo incentivo, pelas conversas curiosas sobre política internacional, pelas caronas para a faculdade e por ouvir muitas reflexões minhas enquanto ainda estavam em andamento.

Aos meus amigos, pelas conversas, pelo cuidado, apoio e incentivo diário.

À minha querida amiga Neide Cristina da Silva (*in memoriam*), por ter me acolhido no Ylê-Educare quando eu ainda estava iniciando o meu processo de desenvolvimento enquanto pesquisadora. Amiga, infelizmente a sua passagem pela Terra foi breve, mas você é semente e deixou um pouco de você em cada um que teve o privilégio de conviver contigo, com sua generosidade, sua alegria e seu engajamento. Tenho muito orgulho de saber que a minha trajetória foi construída ao seu lado, com nossas conversas sem fim sobre bell hooks, sobre educação, sobre política etc.

À Theodosina Ribeiro (*in memoriam*), por ser incentivo e aprendizado em forma de amizade; por me brindar com sua sabedoria a cada vez que nos encontrávamos e por me ensinar muito sobre resiliência e o poder dos sonhos.

Às minhas orientadoras Dr.ª Arlene Martinez Ricoldi e Dr.ª Adriana Capuano Oliveira, por terem acolhido a mim e ao meu tema de pesquisa com tanto carinho e entusiasmo. A trajetória até aqui foi longa, até mesmo com uma pandemia de covid-19 e muitas incertezas sobre os próximos passos, mas estar perto de vocês sempre foi reconfortante e determinante para saber que eu estava seguindo o melhor caminho. Fazer parte dos grupos de estudos e pesquisa de vocês, o Gina e o Migrepi, respectivamente, permitiram-me conhecer pesquisas e pesquisadoras incríveis que quero acompanhar daqui para frente. Um abraço especial para Érika Butikofer e para Débora Godoy pelas trocas, pelos cafés e pela parceria que desenvolvemos ao longo dos últimos anos.

À querida professora Alessandra Teixeira, por ser, apenas. Ter aulas com você e participar do Resistências foi essencial para mim; nem sei bem como registrá-lo por aqui, apenas agradecer mesmo.

À Muna Omran, pesquisadora e professora inspiradora que eu tive o prazer de conhecer a partir de um curso on-line ministrado por ela. Suas contribuições em aula, no Exame de Qualificação, e cada vez que a ouço proferir uma palestra, me incentivam cada vez mais a trilhar o caminho dos estudos culturais e seus desdobramentos. Obrigada pela gentileza de participar do meu processo de bancas (qualificação e defesa) e por ser tão acessível e generosa em compartilhar suas reflexões sobre a rica, complexa e muitas vezes incompreendida cultura árabe.

Ao Wesley S. T. Guerra, amigo-irmão, pesquisador e internacionalista dedicado à difusão de conhecimento, pelos quase dez anos (sim, foi em 2015 que nós nos conhecemos na FESPSP) de amizade e pela parceria verdadeira que criamos ao longo do tempo. Fico muito feliz por nossos caminhos terem se cruzado naquela aula de segurança internacional, quando você disse que queria iniciar um grupo de estudos em Relações Internacionais. É um orgulho acompanhar o seu desenvolvimento profissional e acadêmico e saber que partilhamos ideias, projetos... ainda mais com o Ceres. Obrigada, sempre!

Ao amigo Bernardo Monteiro, pesquisador, escritor e internacionalista, agradeço as conversas, as oportunidades de novos projetos (como um podcast, quem diria?) e o incentivo.

Ao Thiago Sartori, amigo e pesquisador querido que conheci virtualmente em 2021 em meio à crise sanitária da covid-19 e às questões de isolamento social. Agradeço muito nossas trocas, conversas, nossa parceria na coordenação de simpósio temático em evento, as indicações de leitura e tudo. Acompanhar o seu desenvolvimento enquanto pesquisador é uma honra, amigo, obrigada pela partilha sincera.

À Sarah Bonfim, amiga querida, filósofa e pesquisadora que também tive o prazer de conhecer em um momento tão difícil como o da pandemia e do isolamento social. O nosso encontro foi especial, de tal forma que, depois de dois e-mails e uma longa chamada de vídeo em um aplicativo de mensagens, já tínhamos um plano de ação para trabalharmos juntas em um artigo com o intuito de buscar pontos de convergência entre nossas pesquisas. Adoro nossas conversas, nossos planos de pesquisas e artigos futuros, mas gosto mais ainda da felicidade de ter sua amizade sincera. Obrigada.

À Analu Coutinho e à Helen Baum, pela alegria de ter conhecido vocês em um projeto tão lindo e importante quanto a extensão Escola Preparatória Pós-Graduar, da UFABC, que auxilia pessoas que desejam ingressar na pós-graduação, um ambiente que muitas vezes se faz inacessível e fechado em si mesmo. Quando me inscrevi como tutora voluntária para a tutoria de elaboração de projetos, não imaginei que a minha vida ia ser transformada por esses seres lindos que são Analu e Helen. Obrigada, Analu, pela parceria nas tutorias que fizemos em conjunto, por ser tão incentivadora e por todas as nossas trocas. E obrigada, Helen, por me mostrar mais uma vez que sempre podemos aprender infinitamente mais quando nós nos entregamos de verdade ao processo de aprendizado mútuo e significativo. Como eu costumo falar, levarei vocês duas da Pós-Graduar para a vida e sei que, mesmo distante fisicamente, já que trabalho em outro estado, estamos muito presentes na vida umas das outras.

À Maria de Fátima Brito Durães, diretora acadêmica da Faculdade La Salle — Manaus, pessoa maravilhosa que me recebeu na instituição de braços abertos e com quem eu tenho o prazer de trabalhar todo dia de perto e aprender cada vez mais com sua experiência de vida e acadêmica. Agradeço as partilhas generosas, os conselhos e a confiança depositada no meu trabalho. À Prof.ª Anna Walleria Uchôa, professora e coordenadora do curso de Relações Internacionais da Faculdade La Salle — Manaus, pela confiança, pela parceria e pelas conversas.

Aos colegas da instituição, sob a figura do Prof. Dr. Jones Godinho, por partilharem comigo o interesse e a honra de ensinar (e aprender muito também) com os nossos futuros internacionalistas.

Aos meus alunos do curso de Relações Internacionais da Faculdade La Salle — Manaus, por serem o incentivo diário desta professora, que acredita na força transformadora da educação e que se realiza a cada aula com as perguntas, curiosidades e situações que vocês me trazem. Agradeço aos alunos que foram meus orientandos de iniciação científica e de trabalho de conclusão de curso as lindas trajetórias que construímos juntos. A minha vida mudou em diversos sentidos ao longo do desenvolvimento da minha pesquisa de doutorado; foram desafios novos, conquistas (aquele famoso aceite de artigo para publicação na revista por que você tanto esperava) e até mesmo uma mudança de estado. Orgulho-me muito da pessoa que sou hoje e da trajetória que trilhei até aqui; consegui me tornar professora universitária, pesquisadora, e acredito que sigo inspirando meus alunos ao apresentar a academia e a pesquisa como áreas interessantes e necessárias de atuação. Seguimos em frente.

APRESENTAÇÃO

Foi durante o mestrado em Ciências da Religião que me deparei com o tema do presente livro, quando comecei a me interessar pelas relações estabelecidas entre as mulheres e os movimentos de reavivamento religioso no interior do Islã. Mais precisamente, meu interesse era no xiismo duodecimal (ou do duodécimo) a partir do renovado interesse de líderes políticos e religiosos em mobilizar a narrativa de Karbala (680 EC), sobretudo no Iraque e no Irã, a fim de buscar uma legitimidade para ações que visavam a retomada do poder aos xiitas.

Na minha pesquisa do mestrado, aprofundei-me na referida narrativa ao ter notado que ela era essencial para a compreensão dos conceitos de martírio e *jihad* que eu buscava mobilizar para analisar a atuação de um grupo político no Líbano. Um aspecto que chamou muito minha atenção enquanto me debruçava sobre a história de Hussein e Zaynab em sua atuação contra o governo do califa Yazid (que consideravam um líder corrupto) foi a importância e a força conferida a duas mulheres que fizeram parte da vida do protagonista: Fatima e Zaynab. A primeira, mãe de Hussen e filha do profeta Muhammad; e a segunda, irmã de Hussein e Hassan, responsável por manter a transmissão dos acontecimentos da sangrenta batalha de Karbala no imaginário dos xiitas duodecimais.

Na narrativa tradicional elaborada a partir do século IX e representada pela versão de Waiz Kashif[1], as mulheres eram tidas como vítimas dos eventos da batalha, visto que, quando os homens foram mortos, todas as mulheres presentes foram capturadas e levadas até o califa Yazid em Damasco. Além disso, tal narrativa fazia uma menção direta de temas e características definidos por gênero; de um lado, liderança, disponibilidade para lutar e martírio eram tidos como características e atividades masculinas, enquanto apoio e demonstração de tristeza e luto eram relacionados às mulheres. Porém, Fatima, a mãe de Hussein e Zaynab, embora não estivesse fisicamente presente nos eventos que sucederam à batalha e durante seu desenvolvimento, era constantemente lembrada

[1] Autor da obra *O jardim dos mártires*, escrita no século XVI. O livro foi um dos primeiros a relatar os eventos históricos que conduziram à batalha de Karbala, bem como as consequências imediatas da derrota de Hussein e seus companheiros para o xiismo, principalmente da vertente duodecimal.

na narrativa de Kashif como uma pessoa leal ao legado de seu pai (profeta Muhammad) e responsável por ensinar aos seus filhos a importância de valores como justiça, lealdade e força.

No século XX, mais precisamente a partir da década de 1960, dois círculos do pensamento xiita Najaf (Iraque) e Qom (Irã) tomaram a narrativa de Karbala uma referência para promover mudanças políticas em diferentes países, sob a liderança xiita.

Neste contexto, Hussein e Zaynab passaram a ser vistos como exemplos a serem emulados por toda a comunidade. Ao ler mais sobre a história de Zaynab e de sua mãe, Fatima, pude compreender que ambas tinham grande importância para a comunidade xiita, principalmente entre os duodecimais. Elas eram vistas como um modelo de conduta feminino que poderia ser seguido, com leituras que variaram entre uma ênfase na atuação materna ou no sofrimento, ou na ênfase em sua importância na liderança e vitalidade da comunidade.

A atuação materna pôde ser exemplificada a partir da ênfase de Ali Shariati na importância da mulher enquanto mãe que guia, ainda antes da revolução iraniana. Ou ainda, no caso de Zaynab, que passou a ser representada como a pessoa que questionara a tirania de Yazid de forma direta. Comecei, então, a me interessar mais a respeito da atuação das mulheres em diferentes momentos e localidades, como no Irã revolucionário e pós-revolução.

Posteriormente, conheci um texto de Ziba Mir-Hosseini no qual apresentava um movimento relativamente recente que buscava conciliar a religião às demandas das mulheres por igualdade de direitos no âmbito familiar: o feminismo islâmico. Achei fascinante a possibilidade de analisar a atuação das mulheres muçulmanas por meio de tal movimento, afastando-se definitivamente das discussões do viés orientalista e estereotipado de passividade, que, por sua vez, eram uma inquietação para mim enquanto pesquisadora. Notei que o meu interesse pelo movimento poderia ser mais bem desenvolvido e lapidado para o desenvolvimento de uma investigação mais robusta em um doutorado. E assim o fiz.

Quando iniciei o doutorado, um aspecto essencial era apresentar e discutir as possibilidades de interação entre o feminismo islâmico e as leis de família muçulmanas (ou códigos de status pessoal) e examinar como essa interação poderia ser vista ou "traduzida" em ação prática. Essa ação se mobilizava no sentido de reivindicar alterações legais bem como de status em prol de demandas das mulheres. Elegi, inicialmente, dois casos para análise: um em âmbito nacional/estatal, ao destacar o caso do Marrocos; e outro de âmbito internacional, ao destacar o caso do movimento internacional *Musawah*[2]. Ao longo da pesquisa alguns ajustes foram feitos; e a metodologia, ajustada (adotando-se a *frame analysis*[3] em vez da análise de discurso, que tinha sido proposta inicialmente para analisar os casos em destaque).

A atuação do *Musawah* é apresentada aqui nas discussões acerca da força da mobilização dos movimentos de mulheres marroquinas como uma fonte de inspiração para iniciativas que tomassem como base princípios como o da livre interpretação (ijtihad) das fontes sagradas com o intuito de elaborar quadros de interpretação que auxiliassem outros movimentos de mulheres na concretização de demandas relacionadas ao direito de família.

A autora

[2] Criado em 2009 a partir de ativistas e intelectuais ligadas ao *Sisters in Islam*, o movimento internacional une pessoas comprometidas com os direitos das mulheres e a busca pela igualdade nas leis de família muçulmanas, principalmente pela atuação junto à Organização das Nações Unidas (ONU) ao reportar-se ao Comitê sobre a Eliminação de Discriminação contra as Mulheres. O movimento e sua atuação serão analisados em maior profundidade no capítulo 3 do livro.

[3] A teoria buscou analisar a forma como os indivíduos interpretavam determinada realidade ou experiência social, elaborando um "enquadramento" para uma contestação específica. Snow *et al.* (1986) irão adotar e desenvolver toda uma abordagem ligada aos frames nos anos seguintes, abordando a mobilização política contestatória, ainda sob certa influência da Teoria de Mobilização de Recursos (TMR) e da análise de estratégias desenvolvidas para obter melhores recursos e resultados. Explicamos em mais detalhes a abordagem na "Introdução" deste livro, no item "Quadro teórico da pesquisa e conceitos analíticos".

PREFÁCIO

Fatima Mernisse e a Moudawana: O Caminho do Feminismo Islâmico no Marrocos

Difícil tarefa escrever um prefácio, mais difícil ainda quando sabemos que é para um livro resultado de uma tese de doutorado, de Flávia Abud, em cuja séria pesquisa envolveu temas sobre feminismo, Islã e mulheres orientais do Marrocos. A autora desconstrói e esclarece temas envolvidos por estereótipos criados pelo Orientalismo, do qual nos fala Edward Said, em *Orientalismo — O Oriente como invenção do Ocidente* (Companhia das Letras, 2010). Estereótipos que colocam o oriental como opressor, intolerante e bárbaro e que se estendem à questão feminina, apesar de Said não abordar diretamente o tema, pois o ocidente tende a ignorar a força do patriarcado existente em seu próprio universo. Assim, hoje, relaciona-se a opressão feminina como prerrogativa única e exclusivamente do Islã, retratando uma mulher cercada de símbolos religiosos, incultas e iletradas. Nesse aspecto, não são raros os discursos de "libertar" a mulher muçulmana da sociedade que a cala, para validar toda e qualquer ação do ocidente contra os povos árabes e muçulmanos. Essa ideia, como nos lembra Lila Abu-Lughoud[4] (2012), reforça a noção de superioridade dos discursos ocidentais desconsiderando a complexidade das vidas e identidades.

Nessa perspectiva, recorremos à provocação feita pela escritora libanesa Joumana Haddad, em *Eu matei Sherazade: Confissões de uma mulher árabe em fúria* (Record, 2011). Embora cristã, Haddad, na apresentação de seu livro, chama a atenção para a visão ocidental, corroborada pela mídia, sobre a mulher árabe, que a retrata como "indefesa", "pobre coitada", "amendrontada", a escritora não nega que essa mulher árabe é real, porém deixa claro que ela está presente também no ocidente. A mulher ocidental, no dizer da escritora, é parecida com a "chamada mulher árabe" no que tange à sua objetificação e opressão. Haddad tira do foco a mulher

[4] As mulheres muçulmanas precisam realmente de salvação? Reflexões antropológicas sobre o relativismo cultural e seus Outros. *Estudos Femininos*, Florianópolis, p. 451-469, maio/ago. 2012.

muçulmana e amplia sua percepção acerca dos estereótipos femininos que estão aplicados a todas as mulheres árabes, independentemente de sua religião.

Cabe ressaltar, aqui, que ainda na década de 1950, a voz feminina das mulheres árabes, na literatura, se levanta do silêncio imposto por uma sociedade patriarcal para falar de liberdade, de expor ou não seu corpo, de sentir prazer, de amar e de ter seus direitos garantidos. Nesse caso, não podemos deixar de fazer referência à escritora muçulmana, a argelina Assia Djebar (1936-2015) , primeira romancista árabe de língua francesa a escrever sobre a mulher, em 1957, publicava a *La Soif* e *Les Impatients*, que abordavam temas, até então tabus na sociedade ocidental e muito mais na sociedade maghrebina. Mesmo não sendo uma feminista islâmica, a autora compartilha de temas caros ao movimento como por exemplo ao recuperar o papel das mulheres na História Islâmica como faz em *Femmes d'Alger dans leur Appartement* (1980). Nessa coleção de contos revisita pinturas de Delacroix para denunciar o orientalismo, e também celebra a resistência silenciosa das argelinas dentro dos espaços religiosos. Djebar não é uma feminista islâmica no sentido teórico (ela não propõe reinterpretações do Alcorão), mas faz críticas às narrativas coloniais e nacionalistas que instrumentalizam o Islã.

Porém, nosso objetivo aqui é introduzir *Feminismo islâmico, movimentos sociais e a reconstrução dos direitos das mulheres no Marrocos*, fazendo uma prévia sobre o feminismo islâmico, tratado pela autora Flávia Abud, e destacando o papel da socióloga marroquina Fatima Mernisse (1940-2015). Mas o que vem a ser o feminismo islâmico? Não seriam os feminismos islâmicos, no plural, na medida em que o Islã não é um monobloco, e como propõe a marroquina Asma Lamrabet, em *Feminismos Islàmicos* (Bellaterra Edicions, 2020)? Não existe um feminismo islâmico único, mas múltiplas correntes e interpretações, adaptadas a diferentes contextos culturais e históricos. Tendo ciência disso, faremos um recorte no pensamento de Fatima Mernisse cuja voz incisiva e sua pena afiada, desmontaram os alicerces do patriarcado islâmico ao revelar como textos sagrados foram manipulados para excluir as mulheres e as consequências deste pensamento se reflete não só nas ruas marroquinas, mas também nos tribunais e, finalmente, nas reformas da Moudawana, em 2004, que redefiniram os direitos das mulheres do Marrocos.

Antes de mais nada, seria bom lembrar que o conceito de feminismo surgiu nos anos de 1960, originando-se dos movimentos sufragistas do século XIX, e evoluiu em várias ondas, desde os direitos políticos até críticas pós-estruturalistas ao essencialismo de gênero. Quanto ao feminismo islâmico seu surgimento formal ocorre nas comunidades muçulmanas do oriente e do ocidente, datando das três últimas décadas do século XX. Esse movimento nasce a partir de uma proposta de se tentar uma conciliação entre a igualdade de gênero com os princípios do Islã, propondo uma reinterpretação das escrituras sagradas para contestar as estruturas patriarcais.

Na perspectiva do pioneirismo na luta por direitos femininos, não podemos deixar de falar da egípcia Malak Hifni Nassif (1886-1918), cujo pseudônimo Bahithat al-Badiya ("A Pesquisadora do Deserto") está ligado a três aspectos fundamentais: o simbolismo do "deserto" como espaço de busca do conhecimento; crítica à modernidade superficial da elite urbana do Cairo, por adotar costumes ocidentais de modo superficial sem questionar as desigualdades de gênero; identificação com a vida beduína, embora fosse uma mulher urbana e educada, ela admirava a relativa liberdade das mulheres beduínas que, em muitas tribos, tinham mais autonomia do que as mulheres urbanas do Egito da época. Como uma das primeiras a defender os direitos das mulheres dentro do Islã, a autora antecipou debates importantes do feminismo islâmico contemporâneo, como educação feminina, reforma das leis matrimoniais e rejeição de interpretações patriarcais da religião. A ativista egípcia, que morreu muito jovem, aos 32 anos, inspirou feministas árabes, em especial as islâmicas, como Fatima Mernisse e Amina Wadud, que ampliaram sua crítica às interpretações patriarcais do Islã.

Entre as décadas de 1970 e 1990, o feminismo islâmico surgiu com várias vozes se levantando, especialmente no Marrocos, onde autoras combinaram teologia, ativismo e literatura, desafiando interpretações patriarcais do Islã. Essas autoras questionam as leituras tradicionais dos textos sagrados tanto do Alcorão quanto os *ahadith* (ditos atribuídos a Maomé) que normalizam a hierarquia de gênero, subordinando mulheres aos homens em aspectos jurídicos, sociais e familiares.

Dentro do Marrocos, certamente, a socióloga Fatima Mernisse é pioneira em desmontar os *ahadith* usados para justificar a exclusão das mulheres. Em *Harem Politique* (Albin Michel, 2010), provou que o Islã original era mais igualitário do que as interpretações masculinas posteriores. Seu argumento central é que muitos desses *ahadith* seriam forjados, politicamente motivados ou transmitidos por narradores não confiáveis, refletindo mais os interesses patriarcais das elites pós-Maomé do que os ensinamentos originais do Islã. Para comprovar seus argumentos, Mernisse utiliza a metodologia islâmica tradicional de verificação de *ahadith*. Para isso, analisa as biografias dos narradores (livros de *rijal*), mostrando vieses políticos ou morais, medindo a confiabilidade deles e a continuidade da cadeia de transmissão (*isnad*) para expor as falhas dos *ahadith* misóginos. Mernisse, a partir de uma contextualização histórica, prova que o profeta nunca proibiu mulheres de governar e cita o caso de Aisha, sua última mulher, que liderou um exército na Batalha do Camelo (656 d.C.). Cita, ainda, mulheres da Arábia pré-islâmica como a primeira esposa de Maomé, Khadija, que era uma comerciante bem sucedida. Nesse contexto, a autora mostra, também, que muitos *ahadith* misóginos surgiram em períodos de conflito pelo poder califal, quando as elites masculinas, especialmente sob a dinastia dos Omíadas, buscavam marginalizar mulheres influentes (como Aisha e Fatima, esposa e filha do profeta, respectivamente). Dessa forma, Mernisse inspirou autoras como Amina Wadud e Asma Lamrabet que usaram a mesma metodologia para interpretar textos sagrados.

Porém, Mernisse recebeu críticas tanto das feministas conservadoras quanto das seculares. As primeiras acusaram-na de seletividade ao rejeitar os *ahadith* inconvenientes e as seculares, por sua vez, como a ativista egípcia Nawal Al Saadawi (1931–2021) argumentaram que focar na destruição dos *ahadith* continuaria a legitimar a estrutura religiosa. Para a autora marroquina, apesar de sua influência no feminismo islâmico, recebia críticas de que ela não aprofundaria o debate na desconstrução do patriarcado islâmico. A primeira crítica das seculares está no fato de Mernisse focar mais nos *ahadith* do que no próprio Alcorão, ignorando alguns versículos como o versículo 34 da surata Al Nissa (As Mulheres). Ela seria criticada por tentar provar que os *ahadith* são falsos e assim manteria a autoridade do discurso religioso, validando a ideia de que a verdadeira religião é igualitária e que as distorções vieram depois — o que, na perspectiva das secularistas, seria uma ilusão. Além disso, dizem as seculares, de que não há um questionamento da estrutura religiosa em si, o que a marroquina fez, seria apenas uma tentativa de apresentar um Islã livre de interpretações patriarcais, em vez de desafiar a religião como um sistema de poder. A autora apesar de concordar com as críticas, as rebatia contra-argumentando de que a desconstrução dos *ahadith* era um primeiro passo para deslegitimar o patriarcado religioso, e que abandonar o Islã não seria uma opção para milhões de mulheres, que veem na sua fé sua identidade e resistência

Contudo, não se pode negar que Fatima Mernisse foi uma das intelectuais mais influentes do feminismo islâmico no Marrocos e no mundo árabe como um todo. Seu trabalho revolucionou a maneira como as mulheres muçulmanas interpretam a religião, a história e o poder. Suas análises abriram caminho, em especial no Marrocos, para que ativistas questionassem leis e tradições em narrativas religiosas distorcidas. Com isso, seus livros inspiraram uma geração de mulheres a reivindicarem seu lugar na esfera pública sem abandonar a fé. Embora não fosse uma legisladora, suas ideias influenciaram a grande reforma da *Moudawana*, o novo código marroquino (2004), que sob pressão dos movimentos feministas e com apoio do rei Mohammed VI, fez uma profunda mudança no Código Civil. Limitando a poligamia e ampliando os direitos ao divórcio, ainda deu às mulheres o empoderamento para contestar decisões de tribunais islâmicos, bem como também deu fim da tutela masculina e assim mulheres poderiam se casar sem um *wali*, um tutor.

A luta de Fatima Mernisse contribuiu para essa grande transformação jurídica. A alegação de que muitas leis patriarcais vinham de costumes e não da religião, defendido por Mernisse, foi usado pelo rei marroquino para justificar as mudanças, chamando-as de "Islã moderado". Esse legado da socióloga refletiu em países como a Tunísia e a Argélia que seguiram com reformas similares.

Apesar das críticas que recebeu sobre sua percepção do feminismo islâmico, o grande legado de Mernisse está na criação de um feminismo islâmico autenticamente marroquino, que rejeita a ideia de que o feminismo precisava ser ocidental e/ou secular para ser válido. Sua luta pela igualdade mostrava que esta poderia vir de dentro do Islã. Fatima Mernisse não apenas mudou o discurso sobre gênero e Islã no Marrocos, mas também provou que feminismo e fé podem coexistir. Além disso, deixou um legado nas vozes das feministas islâmicas Ziba Mir-Hosseini, Asma Barlas, Amina Wadud entre tantas outras.

Portanto, a trajetória que liga Fatima Mernisse à reforma da Moudawana não é apenas uma história marroquina — é um farol de possibilidades para todos os contextos onde religião e direitos das mulheres parecem irreconciliáveis. Mernisse, com sua coragem intelectual, mostrou que os textos sagrados não são prisões, mas campos de batalha nos quais interpretações podem ser contestadas. A Moudawana, por sua vez, provou que mesmo em sociedades profundamente religiosas, a justiça de gênero pode avançar quando mulheres transformam teoria em ação política.

Este livro, ao unir a crítica textual de Mernissi às conquistas legais da Moudawana, nos lembra que o feminismo islâmico não é um paradoxo, mas um projeto inacabado de emancipação. Um projeto que enfrenta resistências — das estruturas clericais às contradições internas —, mas que já alterou para sempre o lugar das mulheres no Islã.

Que estas páginas inspirem não apenas a reflexão, mas a ação. Pois, como nos ensinou Mernisse, a verdadeira heresia não é questionar a tradição, mas aceitar passivamente a injustiça em nome de Deus.

Dra. Muna Omran

Professora da especialização em Relações do Oriente Médio da PUC de Minas

GLOSSÁRIO

Ahadith — Refere-se aos ditos e às ações do profeta Muhammad tais quais relatados por seus companheiros.

Fiqh — Jurisprudência islâmica.

Ijtihad — Livre interpretação de fontes sagradas; princípio que ganhou maior repercussão no século XIX.

Jahiliyya — Período histórico anterior à introdução do Islã.

Khul — Divórcio consensual, descrito nas escolas de pensamento jurídico e na jurisprudência islâmica como aquele que poderia ser iniciado pela mulher, mas com condições específicas.

Madahabib — Escola de pensamento jurídico islâmico; a corrente sunita do Islã possui as escolas Hanafi, Maliki, Hanbali e Shafi, enquanto na corrente xiita a escola de grande preponderância é a Jafari.

Mahr — Dote entregue à noiva quando da celebração do casamento.

Qiwama — Tido como uma construção jurídica patriarcal que legitimou uma espécie de hierarquia de gênero no âmbito familiar. A palavra deriva de outra — *qawwamun* — presente no Alcorão, mais especificamente na *surata* 4:34, que é empregada para explicar que o homem seria o protetor/mantenedor da mulher, enquanto esta devia a ele obediência (*qanita*).

Shari'a — Fundamento religioso para a lei é entendido como a vontade eterna e imutável de Deus para a humanidade, conforme expresso no Alcorão e na *sunnah*; é tido como obrigatório aos crentes (muçulmanos); também representa a noção de um sistema de leis.

Tafsir — Termo utilizado para nomear a atividade de exegese do Alcorão que visava inicialmente a manutenção da autenticidade do referido texto, garantindo que distorções fossem eliminadas, por meio de comentários e interpretações do texto sagrado.

Talaq — Divórcio unilateral, entendido como aquele que poderia ser iniciado apenas pelo marido.

Wilaya — No âmbito jurídico, diz respeito a uma doutrina que permitiria ao pai (ou familiar masculino mais próximo, como avô, tio ou irmão) agir em prol de menores de idade no que diz respeito à celebração de contrato de casamento e outras questões de ordem financeira.

SUMÁRIO

INTRODUÇÃO

A presente pesquisa irá investigar de que maneira os princípios desenvolvidos pelas expoentes do feminismo islâmico têm auxiliado a argumentação dos movimentos sociais de mulheres em sua busca por direitos e reformas nas leis de família muçulmana no Oriente Médio e Norte da África que perpetuam a desigualdade de gênero com uma justificativa de base religiosa (*Shari'a* ou *fiqh*).

No início dos anos 2000, sobretudo após os atentados de 11 de setembro de 2001 e da deflagração de guerras no Iraque e no Afeganistão, imagens de mulheres muçulmanas utilizando o véu ou a burca circularam em um lugar de destaque na mídia e no cenário público internacional. Mais tarde, essas representações se configurariam em um campo de disputa constituído, por um lado, por um discurso orientalista[5] acerca dos direitos das mulheres no Islã (orientado por um estereótipo da existência de uma mulher homogênea e submissa, que remete ao colonialismo europeu na região do Oriente Médio e Norte da África) e, por outro, por um posicionamento de diversos movimentos de reforma no interior do Islã que já apresentavam, havia mais de uma década, questionamentos à desigualdade entre direitos e deveres de homens e mulheres em diversas sociedades de população muçulmana.

Em *As mulheres muçulmanas precisam realmente de salvação? Reflexões antropológicas sobre o relativismo cultural e seus outros*, a antropóloga palestina-americana Lila Abu-Lughod[6] discutiu, a partir da Antropologia, o que ela denominou de "ética da Guerra ao Terror", instrumentalizada nos discursos oficiais especialmente de países como Estados Unidos e Reino Unido. Estes se utilizaram de entendimentos estereotipados acerca

---

[5] Referência à obra crítica do estudioso palestino-americano Edward Said, em específico o livro *Orientalismo: o Oriente como criação do Ocidente*, em que o autor discute de maneira detalhada a formação de um discurso "imaginado" e hegemônico ocidental (sobretudo europeu) sobre a cultura, a sociedade e os costumes de países do Oriente que foram colonizados pelos países europeus. Esse discurso possui como cerne uma visão homogeneizada das diferentes sociedades presentes no Oriente e fomentou uma série estudos que apresentavam o que seria a dualidade entre o Eu (europeu, civilizado) e o Outro (diferente, bárbaro, passível de dominação) com o intuito de manter a interesses econômicos e políticos por meio de uma assimetria de poder. Ao descrever o orientalismo como um discurso produtor de instituições, imaginários, doutrinas e dominação colonial Said (2007) aproxima-se da concepção de Foucault acerca do poder como construtor de sentidos e ação, bem como da relação daquele e com o conhecimento (saber) desenvolvido sobre o "outro".

[6] ABU-LUGHOD, Lila. As mulheres muçulmanas precisam realmente de salvação? Reflexões antropológicas sobre o relativismo cultural e seus outros. **Revista Estudos Feministas**, Florianópolis v. 20, p. 451-470, 2012.

das crenças e práticas religiosas, incluído aí o tratamento despendido às mulheres, reforçando o discurso de uma oposição cultural e civilizacional como justificativa para sua intervenção militar no Afeganistão.

Assim, a noção de *libertação das mulheres muçulmanas* foi operacionalizada, reativando uma lógica colonial com relação à mulher muçulmana, sobretudo tendo em vista um entendimento homogêneo com relação a esta, inserindo-a na condição de um não agente dos diversos processos históricos e políticos de suas próprias e respectivas sociedades.

A análise de Abu-Lughod[7] externou uma outra preocupação genuína: a desvalorização do potencial das culturas locais no Oriente Médio como possíveis promotoras de uma emancipação política e social das mulheres, ou seja, o reforço ao entendimento de que o único caminho de valorização ou até mesmo atuação feminina era o modelo ocidental, pautado por ideais como a democracia secular e do feminismo liberal.

Ainda neste sentido, a estudiosa de literatura e cultura árabe Miriam Cooke[8] também desenvolveu uma análise na qual problematizou a retomada ou reativação de uma narrativa, consolidada entre as sociedades europeias dos séculos XIX e XX, que ela denominou *paradigma do salvamento*. Segundo essa narrativa, "[...] a lógica imperial generifica e separa os povos a ela sujeitos para que os homens sejam o Outro e as mulheres sejam civilizáveis. [...] para defender a civilização universal era preciso resgatar as mulheres"[9].

A argumentação é igualmente sustentada pela crítica teórica indiana Gayatri Spivak[10] no ensaio *Can the subaltern speak*, em que ela apresenta como exemplo a retórica britânica com relação à prática do *sati* na Índia do século XIX. O uso da narrativa salvacionista não é novo, porém podemos destacar que o seu uso é sempre em detrimento dos povos alvo de ações militares e "civilizatórias", nas quais a preocupação com a situação das mulheres é uma das justificativas. Spivak discutiu a verificação da existência e do posterior uso por parte do "tribunal ocidental" de práticas

---

[7] Abu-Lughod publicou o referido artigo em 2002 na *American Anthropologist* e depois revisitou sua análise e ampliou as reflexões no livro *Do muslim women need saving?* (2013). A tradução do artigo foi publicada em 2012 na *Revista Estudos Feministas* e é a partir dela que desenvolvemos nossas discussões.

[8] COOKE, Miriam. Islamic feminism before and after September 11th. **Duke J. Gender L. & Pol'y**, Durham, v. 9, p. 227-235, 2002.

[9] *Ibidem*, p. 277, tradução minha.

[10] SPIVAK, Gayatri C. Can the subaltern speak? *In*: NELSON, Cary; GROSSBERG, Lawrence (ed.). **Marxism and the interpretation of culture**. Basingstoke: Macmillan Education, 1988. p. 271-313.

sociais/culturais relacionadas às mulheres e tidas como "atrasadas" como forma de justificar as missões de resgate, algo que a autora eternizou na passagem "o caso de *homens brancos salvando mulheres marrons de homens marrons*"[11].

Spivak evidenciou também que as mulheres brancas, de acordo com os registros missionários do século XIX, não produziram ou vocalizaram uma visão alternativa àquela apresentada pelos homens britânicos para a atuação das mulheres indianas e estas nem sequer foram ouvidas para explicar o motivo de participarem de práticas como a imolação de viúvas (*sati*).

Em consonância com trabalhos de autoras como Gayatri Spivak e a socióloga Chandra Mohanty, Miriam Cooke destacou os perigos dessa narrativa, principalmente pela sua generalização de aspectos da religião islâmica e das diferentes culturas que compõem o Oriente Médio e Norte da África. Essa formulação de um discurso salvacionista, essencialista (do Outro) e eurocentrado visava transformar a realidade das mulheres (no caso em específico das afegãs) sem valorizar a história e cultura de participação delas na sociedade.

Assim, a compreensão das possibilidades de interpretação e reforma dos princípios da doutrina religiosa islâmica que constituem as denominadas leis de família muçulmanas faz-se necessária, tendo como bases as proposições teóricas do feminismo islâmico e seus diferentes níveis de apropriação por parte dos movimentos sociais de mulheres que visam alterações nas referidas leis.

Ao desenvolver uma análise crítica da interação entre o feminismo e o Islã para o caso iraniano, Shahrzad Mojab[12] argumenta que a percepção das diferenças sociais entre mulheres e homens vivenciada no contexto político social de diferentes países do Oriente Médio e Norte da África é anterior ao contato dessas sociedades com o ativismo das mulheres europeias. No entanto, aponta que é possível constatar que os trabalhos desenvolvidos nesse primeiro momento (anterior ao século XIX) foram inicialmente escritos por mulheres do meio urbano e pertencentes à classe média e/ou alta, direcionados à sua contraparte social; mas não traziam uma teoria social ou política para lidar com uma mudança na distribuição de poder vigente.

---

[11] *Ibidem*, p. 298, tradução minha.

[12] MOJAB, Shahrzad. Theorizing the politics of 'Islamic feminism'. **Feminist review**, London v. 69, n. 1, p. 124-146, 2001.

Apesar das discussões acerca da compatibilidade entre os direitos das mulheres e a sua religião, entre o final do século XIX e a primeira metade do século XX, um movimento ativista pelos direitos das mulheres tomava forma. Nesse momento, as sociedades muçulmanas passavam por transformações internas por conta do impacto do colonialismo europeu, do embate entre a tradição e a modernidade, do discurso reformista religioso e do nacionalismo, sobretudo sob a égide de movimentos de independência e a formulação de projetos de Estados independentes[13].

O discurso reformista religioso integrado ao primeiro momento do ativismo de gênero das mulheres muçulmanas, sobretudo no Egito, baseou-se no denominado modernismo islâmico. Desenvolvido nas últimas décadas do século XIX, tinha como motivo central uma espécie de tentativa de retomar princípios da religião (e, portanto, presentes na vida cotidiana de diversas populações muçulmanas), promovendo interpretações religiosas para lidar com ideais como democracia, liberdade e progresso associados à modernidade ocidental[14].

Shaikh Muhmad Abduh (1849-1905), no Egito; e Sayyed Ahmed Khan (1817-1898), na Índia, figuraram como exemplo do pensamento desse modernismo. Abduh buscou uma harmonia entre a crença e a prática islâmica e a modernidade por meio do incentivo ao exercício da livre interpretação (*ijtihad*) de elementos da religião. Khan, por sua vez, dedicou-se ao entendimento e incorporação de elementos do "modo de ser ocidental" que poderiam ser utilizados para os interesses nacionais, principalmente pelo investimento em um sistema educacional que permitiu o desenvolvimento de ideias[15].

Em meio ao fortalecimento do discurso de libertação nacional e do clamor para a formação de Estados independentes do colonialismo europeu, a parcela de mulheres que se envolveram no *discurso ativista de gênero* buscou a participação feminina na esfera pública do Estado,

---

13 MIR-HOSSEINI, Ziba. Towards gender equality: Muslim family laws and the shari'a. *In*: ZANIAH, Anwar (ed.). **Wanted**: equality and justice in the Muslim family (Musawah: An Initiative of Sisters in Islam). Malasya: Sisters in Islam, 2009. p. 23-49; BADRAN, Margot. **Feminists, Islam and nation**: gender and the making of modern Egypt. New Jersey: Princeton University Press, 1995. p. 141-150, 300-304.

14 ESPOSITO, John L.; DELONG-BAS, Natana (ed.). **Women in Muslim family law**. New York: Syracuse University Press, 2001; AHMED, Leila. **Women and gender in Islam**: historical roots of a modern debate. London: Yale University Press, 1992.

15 BADRAN, Margot. **Feminism in Islam**: secular and religious convergences. Oxford: Oneworld, 2009; AHMED, 1992.

naquele momento em um *processo de modernização* que compreendia (até mesmo) a reforma de seu sistema legal[16].

Margot Badran[17] aponta em sua análise que o *discurso ativista de gênero* deu origem ao *feminismo secular*, alinhado à concepção de um Estado formado por cidadãos (mulheres e homens), os quais teoricamente teriam direitos iguais. Este se empenhou em pautas como o acesso das mulheres à educação e ao trabalho remunerado, além de direitos políticos. A adesão ao discurso do modernismo islâmico permitia compatibilizar a religião e a demanda por maior atuação das mulheres na esfera pública. Porém, não avançou em um modelo igualitário no âmbito familiar, visto que a noção de complementaridade na esfera privada foi mantida.

Com a formação dos Estados nacionais, ao longo das primeiras décadas do século XX a jurisprudência clássica (*fiqh*) foi reformada de forma seletiva. Compreendida como o entendimento humano acerca das fontes sagradas do Islã, foi pouco alterada nos elementos relacionados ao âmbito familiar, sobretudo no tema do casamento, visto que as novas leis mantiveram, em grande medida, a construção de gênero presente na *fiqh*. Uma das poucas exceções foi a Tunísia, que proibiu a poligamia em 1956. Já a Arábia Saudita seguiu um caminho diferente ao buscar a implementação da *fiqh* em todas as esferas da lei nacional.

A construção de gênero presente na jurisprudência clássica (*fiqh*), e mantida nas leis de família elaboradas na primeira metade do século XX, tinha como característica central a desigualdade de gênero, principalmente no que diz respeito à compreensão dos direitos e deveres de homens e mulheres no casamento. Este último (definido pelos juristas clássicos das diferentes escolas de pensamento[18] como um contrato) não estabelece obrigações recíprocas aos cônjuges. Sustentada pelas interpretações feitas por juristas de passagens do Alcorão (como na Suarata

---

16 WELCHMAN, Lynn. **Women and Muslim family laws in Arab States**: a comparative overview of textual development and advocacy. Amsterdam: Amsterdam University Press, 2007.

17 BADRAN, 2009, p. 224-229, 300-306.

18 Dentre as escolas de pensamento jurídico, destacam-se: Hanafi, Maliki, Shafi e Hanbali (todas na corrente sunita do Islã). Já a Jafari (ligada à corrente xiita do Islã), além das fontes sagradas — Alcorão e *ahadith* —, seguidas pelas escolas sunitas, confere à razão humana um peso importante para a tomada de decisões em diversos assuntos (Esposito, 2001).

nº 4 *An Nissá*, verso nº 34)[19] e das tradições (*ahadith*), a hierarquização de gênero teve sua aplicação *traduzida* para a prática social.

A manutenção da construção de gênero nas *novas leis de família* foi alvo de questionamento no mundo muçulmano — por parte de uma parcela das mulheres. Em resposta, um discurso[20] foi articulado para lançar luz aos denominados *direitos das mulheres no Islã*. Na sua maior parte desenvolvido por homens, clérigos ou juristas, tinha o intuito de apresentar alternativas (ou soluções) de base religiosa para acomodar as aspirações das mulheres relacionadas à igualdade. Com base na reinterpretação conferida às fontes religiosas (Alcorão e *ahadith*), articulou-se principalmente em torno da noção de complementaridade ou equilíbrio dos direitos e deveres de homens e mulheres que contraem casamento.

Observa-se, desta forma, que os aspectos relacionados à concepção dos papéis de gênero nas sociedades de população muçulmana figuraram um campo de disputa entre demandas reformistas e conservadoras, sobretudo no que diz respeito às leis de família muçulmanas e aos processos de secularização[21] pós-independência.

Em paralelo à formação desse *discurso de equidade e complementaridade* se observou o desenvolvimento de movimentos feministas em países do Oriente Médio e Norte da África de acordo com a forma pela qual se organizaram e inseriram as demandas das mulheres na sociedade, principalmente nas relações entre o denominado feminismo secular e o discurso com bases religiosas.

O primeiro desenvolveu-se entre o final do século XIX e meados do século XX, ligado, inicialmente, aos movimentos de liberação nacional em relação ao colonialismo europeu. O segundo clamava pelos direitos das mulheres e pela igualdade de gêneros através de argumentos advindos

---

[19] "Os homens têm autoridade sobre as mulheres pelo que Deus os fez superiores a elas porque gastam de suas posses para sustentá-las. As boas esposas são obedientes e guardam sua virtude na ausência de seu marido conforme Deus estabeleceu. Aquelas de quem temeis a rebelião, exortai-as, bani-as de vossa cama e batei nelas. Se vos obedecerem, não mais as molesteis. Deus é elevado e grande" (Alcorão, Surata *An Nissá*, 4:34).

[20] Mir-Hosseini (1999, 2009) e Sa'diyya Shaikh (2003, p. 172-174) explanam o contexto em que alguns clérigos, juristas e estudiosos muçulmanos reagiram e reforçaram a noção de equidade ao argumentarem que a existência de direitos e deveres diferentes entre homens e mulheres não significa desigualdade ou injustiça. Ver: SHAIKH, Sa'diyya. Transforming Feminisms: Islam, Women and Gender Justice *In*: SAFI, Omar (org.). **Progressive Muslims on justice, gender and pluralism**. London: OneWorld Publications, 2003, p.147-162.

[21] O processo de secularização foi vivenciado por parcelas das sociedades muçulmanos no Oriente Médio e Norte da África como uma espécie de consequência da atuação colonialista europeia e tinha como componentes centrais a tentativa de remoção de valores religiosos do âmbito público (definindo o Islã como uma questão pessoal) e a separação entre o Estado e a religião.

de interpretações reformistas de textos sagrados — que buscava ir além da noção de equidade/complementaridade anteriormente desenvolvida pelos clérigos.

No início da década de 1990, desenvolveu-se, na cena social e política do Oriente Médio e Norte da África, o denominado feminismo islâmico[22], uma construção discursiva que, através de uma interpretação independente (*ijtihad*) da doutrina islâmica (Alcorão, *Shari'a* e *fiqh*), questionava o modelo patriarcal de família observado nos diferentes países. Sob a forma das leis de família (ou dos códigos de status pessoal), argumentava que esse modelo não era condizente com o princípio da igualdade humana e justiça de gênero presentes no Alcorão. Ou seja, o conflito estava relacionado à interpretação conferida aos textos religiosos e posteriormente às práticas sociais, que são sustentadas por aqueles e vice-versa[23].

De acordo com algumas das expoentes deste movimento discursivo, tais como Ziba Mir-Hosseini, Asma Barlas e Amina Wadud, o questionamento das *interpretações tradicionais e patriarcais* deveria ser feito justamente através do questionamento da jurisprudência (*fiqh*). Esta última, composta de leis e práticas jurídicas, seria o entendimento humano acerca da expressão da vontade divina nos textos sagrados. Por se tratar de uma interpretação, portanto, pode ser questionada, em vista das transformações ocorridas nas sociedades e das novas exegeses construídas por juristas ao longo do tempo.

Ao elaborarem suas análises a partir de elementos diferenciados — com base na leitura e reinterpretação do Alcorão, como a célebre obra *Qur'an and women: rereading the sacred text from a woman's perspective*, de Amina Wadud[24]; ou no desenvolvimento de uma análise crítica sobre a jurisprudência islâmica, como a que fez Ziba Mir-Hosseini —, as expoentes da construção discursiva denominada do feminismo islâmico apresentavam preocupação com relação à noção da autoridade masculina. Expressa em especial no entendimento de conceitos como de *obediência* por parte da mulher no âmbito familiar, em contrapartida à da *proteção*

---

[22] As principais expoentes do movimento, a saber, Fatima Mernissi (1991), Amina Wadud (1999), Ziba Mir-Hosseini (1993, 1996, 2011), Asma Barlas (2001), Kecia Ali (2006, 2010) e Sa'diyya Shaikh (1997, 2012), terão suas análises apresentadas em mais detalhes ao longo do livro.

[23] BARLAS, Asma. Muslim women and sexual opression: reading libertation from the Quran. **Macalester International**, Minnesota, v. 10, n. 15, p. 117-146, 2001; MIR-HOSSEINI, Ziba. Beyond 'Islam' vs 'feminism'. **IDS Bulletin**, Brighton, v. 42, n. 1, p. 67-77, 2011; BADRAN, 2009.

[24] WADUD, Amina. **Qur'an and women**: reading the sacred text from a woman's perspective. New York: Oxford University Press, 1999.

e amparo financeiro do marido, esta noção se perpetuou no entendimento e na atuação de juristas responsáveis pelas leis de família.

A crítica aos elementos histórico-sociais e legais que conduziram à construção jurídica da noção da autoridade masculina conduz a uma renovada leitura do Alcorão em diversos trabalhos. Sobretudo, a passagem 4:34 e os conceitos *qiwama*[25] *e qanita*, nos quais o homem era tido como *protetor/provedor* da mulher no contexto familiar, devendo ao primeiro a obediência. O não cumprimento desta deveria ser passível, portanto, de punição.

Como exposto na abertura desta introdução, o presente trabalho buscou investigar a influência dos feminismos islâmicos, por meio da obra de suas principais expoentes, na argumentação dos movimentos sociais de mulheres, em defesa da reforma das leis de família muçulmanas. Ou seja, tais princípios de revisão das fontes sagradas e da jurisprudência são possíveis de serem aplicados em diferentes países? As estratégias de mobilização política (como a atuação junto aos partidos políticos e a tentativa de desenvolver alianças com diferentes grupos) e social (ações de conscientização a respeito dos direitos das mulheres e realização de manifestações públicas) utilizadas por cada movimento social que seriam preponderantes para a realização de reformas nas referidas leis de família?

A hipótese desenvolvida para explicar a problemática proposta é a de que o desenvolvimento teórico do denominado feminismo islâmico forneceu às mulheres muçulmanas (que viviam em países de população majoritária ou não) argumentos para as reformas nas leis de família muçulmanas através de uma linguagem conciliadora entre religião e igualdade de gênero, que amparou a ação dos movimentos sociais de mulheres. Porém, a implementação dessas reformas depende dos formuladores de políticas, uma arena associada duplamente a uma identidade nacional e muçulmana.

As experiências desenvolvidas no âmbito dos movimentos no Marrocos indicam que as estratégias utilizadas por cada movimento social de mulheres muçulmanas são uma parte relevante para transformar as demandas por reformas nas leis de família em uma realidade. No entanto,

[25] Sa'diyya Shaikn (1997) e Ayesha Chaudhary (2006) analisam os entendimentos em torno do conceito de *qiwama*, tido como uma construção patriarcal que legitimou uma espécie de hierarquia de gênero no âmbito familiar. Shaikn (1997) desenvolve em seu texto um breve histórico da exegese (*tafsir*) do Alcorão realizado ao longo dos séculos IX e XII, concluindo que a construção dos papéis de gênero e a hierarquia derivada deles permitiram a propagação de práticas de violência doméstica em algumas comunidades.

é importante destacar também as especificidades dos sistemas jurídicos dos diferentes países que possuem população muçulmana, bem como os ajustes entre entendimentos de direitos e deveres com base em conceitos locais e/ou universais, conforme discute extensivamente o intelectual Abdullahi Ahmed An-Naim[26].

No próximo tópico, será aprofundada a escolha temática do Marrocos a partir da literatura acionada para esta pesquisa.

O caso do Código de Família Marroquino e as interações com o contexto internacional

A atuação dos movimentos no Marrocos foi selecionada em razão da sua relevância regional para o Oriente Médio e Norte da África na temática estudada. Isso se deve à realização da reforma do seu Código de Família Nacional, em 2004, que visava determinar a igualdade legal entre homens e mulheres no âmbito familiar, visto que o casamento passou a ser entendido como uma união de pessoas com direitos e deveres iguais, como a possibilidade de iniciativa do divórcio por parte da mulher, por exemplo. Apesar disso, a reforma do Código de Família Marroquino não foi isenta de críticas, como será exposto a seguir.

Diferentes grupos político-sociais, entre eles islâmicos reformistas, movimentos de mulheres muçulmanas e movimentos de feministas liberais — como a União pela Ação Feminina (UAF) e a Associação Democrática das Mulheres no Marrocos[27] articularam-se em torno de propostas de reforma das leis de família. As reivindicações incluíam a igualdade entre homens e mulheres perante a lei, tanto através de argumentos religiosos (pautados nas noções de justiça) quanto de outros relacionados aos Direitos Humanos e à necessidade de modernização da sociedade. O processo culminou na elaboração do Código Marroquino de Família de 2004.

Após duas décadas de mobilização de movimentos sociais, ocorreu um aceno do governo monarquista marroquino. Como apresentam assertivamente Eddouada e Pepicelli[28], era necessário reocupar o campo

[26] AN-NA'IM, Abdullahi. **Islamic family law in a changing world**: a global resource book. London: Zed Books, 2002.

[27] Desde a década de 1980, ambas buscaram influenciar o debate público e político em torno de alterações no Código de Família Nacional, tendo como foco o questionamento acerca da secularização deste e a igualdade de direitos e deveres para homens e mulheres.

[28] EDDOUADA, Souad. Feminismo no Marrocos: entre o local e o global. **Sur**: Revista Internacional de Direitos Humanos, São Paulo, v. 13, n. 24, p. 65-74, 2016.

da religião e estabelecer alguma forma de equilibrar as demandas dos diferentes movimentos políticos e religiosos. A discussão sobre igualdade legal de homens e mulheres situava-se no espaço de disputa entre a religião e a secularização, equilibrando-se sob o risco de uma radicalização contra o próprio governo e suas políticas internas e externas (como a associação do país à Guerra ao Terror promovida pelos Estados Unidos e Reino Unido).

No início da década de 1990, a União pela Ação Feminina desenvolveu uma plataforma de ação. Entre suas propostas, o estabelecimento de deveres e direitos iguais para homens e mulheres que contraíssem matrimônio, sobretudo naquilo que era visto como privilégios concedidos apenas aos homens — como o direito ao divórcio e à poligamia, bem como a representação legal das mulheres por membros masculinos da família.

A proposta da UAF se apresentava como conciliadora entre os preceitos do Islã (codificada por meio da jurisprudência com papéis de gênero bem demarcados) e as discussões desenvolvidas no âmbito internacional acerca dos direitos das mulheres. Neste último, essas discussões haviam culminado em mecanismos como a Convenção para Eliminação das Formas de Discriminação Contra a Mulher (Cedaw, parte da Organização das Nações Unidas, 1979) e a comissão a ela relacionada que passou a receber denúncias de não cumprimento da convenção (1990).

As visões e propostas de movimentos de mulheres muçulmanas tinham como foco o trabalho com uma interpretação reformista das fontes religiosas (jurisprudência, Alcorão e *ahadith*) e a noção de justiça entre os gêneros. O Código de Família vigente no Marrocos tinha sido elaborado em 1957, com a influência de religiosos conservadores (Ulemás), membros do governo monárquico que naquele momento desenvolviam um projeto de homogeneização e união do Estado-nação no período pós-colonial[29]. Nesse momento, foram codificados aspectos da religião (entendimento jurídico, a jurisprudência — *fiqh* — acerca dos papéis de gênero, direitos e deveres de homens e mulheres) para reger a esfera privada.

As principais mudanças apresentadas no texto do Código de Família de 2004 foram: a) alteração na concepção de família (antes entendida como

[29] Conforme explica Sadiqi (2009, p. 269-274), embora o Islã tenha sido introduzido no Marrocos durante a conquista árabe da região conhecida como Norte da África ainda no século VII, a religião tornou-se oficial para o Estado após sua independência do poder colonial da França, em 1956. Ver: SADIQI, Fatima. Language, gender, and power in Morocco. *In*: HERZOG, Hanna; BRAUDE, Ann. **Gendering Religion and Politics: Untangling Modernities**. New York: Palgrave Macmillan US, 2009. p. 259-275.

uma união para procriação), passando a ser definida como uma união de pessoas com direitos e deveres iguais; b) a retirada da prerrogativa da guarda/tutela masculina (de familiares) com relação às mulheres para a celebração de contratos de casamento; c) a inclusão da possibilidade de iniciativa do divórcio por parte das mulheres, que antes era um direito reservado aos homens[30].

Como objetivo geral, a pesquisa se propõe a investigar o vínculo entre a interpretação da construção discursiva denominada feminismo islâmico e as iniciativas de movimentos sociais de mulheres muçulmanas (de base nacional e internacional, considerando as relações estabelecidas entre movimentos locais e movimentos regionais, como o *Collectif 95 Maghreb-Egalité*) que atuam em prol da igualdade de gênero (ênfase nos direitos e deveres de homens e mulheres a partir de novas interpretações das fontes religiosas). Ao clamarem pela reforma das leis de família muçulmanas baseadas em fontes islâmicas (*Shari'a* e *Fiqh*, respectivamente revelação corânica e jurisprudência), mantiveram uma construção de papéis de gênero que figuram um campo de disputa entre demandas reformistas e conservadoras.

Como objetivos específicos, a pesquisa visa: a) contribuir para uma compreensão mais aprofundada das relações estabelecidas entre gênero, religião e direitos; b) identificar e descrever as principais características do discurso feminista islâmico e seu potencial de aplicação prático junto aos estados de população muçulmana; c) investigar a centralidade do tema da reforma das leis de família muçulmanas, identificando aspectos centrais que compõem as referidas leis — tais como a questão do casamento, do divórcio e a custódia dos filhos —; d) apresentar e analisar a atuação de movimentos sociais de mulheres muçulmanas pensando nos movimentos desenvolvidos no Marrocos e nas conexões por eles ou a partir deles desenvolvidas em âmbito regional e internacional, como a ação do *Collectif 95 Maghreb-Egalité* e do *Musawah*.

Quadro teórico da pesquisa e conceitos analíticos

A partir da década de 1960, a análise dos movimentos sociais passou a ocupar um maior espaço e exigiu das teorias sociais novos desenvolvi-

[30] De acordo com o Código de 1957 e os ensinamentos da escola de pensamento legal de corrente sunita Maliki, os homens poderiam pedir a dissolução de um casamento por meio do repúdio à esposa (*talaq*) ou o divórcio diretamente, às vezes sem nenhuma forma de consentimento da esposa ou a necessidade de levar o caso a uma corte.

mentos capazes de abordar ações de protesto e/ou contestação, além de compreender as dimensões simbólica e cultural que serviam para animar tais movimentos[31]. No contexto norte-americano, suas correntes e seus debates teóricos tinham em comum a compreensão dos comportamentos/das ações coletivas, o prevalecimento de uma abordagem sociopsicológica que focalizava aspectos como ressentimentos, noções de injustiça ou insatisfação como fatores importantes para a ação coletiva, algo que em algumas circunstâncias convergiu para a compreensão da adesão dos indivíduos aos movimentos sociais como uma resposta "irracional" a processos de mudanças.

A Teoria de Mobilização de Recursos, a Teoria do Processo Político (TPP) e as Teorias dos Novos Movimentos Sociais (TNMS) são os paradigmas que se desenvolveram com uma primeira resposta aos desafios interpretativos impostos pela realidade social e política. As "novas" mobilizações não se basearíam em classe ou visavam uma grande revolução política, no sentido "clássico" de tomada de poder. Em lugar disso, organizar-se-iam em torno da diversidade, dos direitos e das crenças (como o movimento dos direitos civis nos EUA, o feminismo francês e o movimento pacifista contra a Guerra do Vietnã). Estes visavam uma atuação política mais direta para alcançarem demandas relacionadas a sociedade, cultura e aspectos materiais[32].

A TMR surgiu na década de 1970, estabelecendo uma ruptura importante com a abordagem presente em autores como Mancur Olson[33], John D. McCarthy e Mayer N Zald[34]. A ênfase das análises dos movimentos recai sobre a noção do desenvolvimento de uma espécie de racionalidade estratégica e organizada, algo bem distante da abordagem clássica, que

[31] Gohn (1997, p. 23-48) destaca que a abordagem clássica sobre movimentos sociais desenvolvida nos Estados Unidos até 1960 enfatizou aspectos como a reação psicológica dos indivíduos perante mudanças e o entendimento de ações coletivas como resposta a tensões/conflitos sociais. No entanto, tal abordagem não foi homogênea, sendo possível retomar — por meio de uma análise dos principais estudos desenvolvidos até referida década — cinco principais linhas/correntes de análise; quais sejam: a Escola de Chicago e os interacionistas simbólicos; as teorias sobre a sociedade de massas (entre 1940 e 1950); análises e trabalhos desenvolvidos na década de 1950 que assumiam variáveis políticas e discutiam sua relação com movimentos sociais; uma abordagem mista que uniu a aspectos da Escola de Chicago com teoria da ação social e uma abordagem psicossocial; e uma corrente organizacional-institucional que tratou mais da ação coletiva do que dos movimentos sociais.

[32] ALONSO, Angela. As teorias dos movimentos sociais: um balanço do debate. **Lua Nova**, São Paulo,v. 76, p. 49-86, 2009.

[33] OLSON, 1965, 1999.

[34] McCARTHY; ZALD, 1977.

tomava a ação dos indivíduos de aderir aos movimentos sociais como algo irracional, motivado por sentimentos e insatisfações que eram concentrados por movimentos em prol de uma ação coletiva.

Nesse contexto, uma abordagem quase que econômica, ligada ao acesso a recursos (financeiros, humanos e de infraestrutura), e uma análise dos riscos e oportunidades em mobilizar aspectos como crenças e insatisfações individuais eram essenciais para a tomada de decisão e ação coletiva. Gohn[35] destacou que a TMR ganhou relevância no âmbito dos estudos norte-americanos sobre movimentos sociais e ao longo de duas décadas se organizou em resposta a críticas, porém manteve uma perspectiva geral de enfatizar elementos como os interesses dos grupos, uma análise organizacional (do ponto de vista da estrutura, normas, hierarquia) dos movimentos e as estratégias para alcançar mais indivíduos para seus quadros, algo que a aproximava dos estudos de partidos políticos e empresas. Porém, a autora argumenta que, apesar do seu cunho econômico, a TMR possuía em si, mesmo que não totalmente revelada, uma análise política, visto que valorizou a sociedade enquanto ambiente de plural de interesses, crenças, objetivos:

> [...] os novos grupos e movimentos, por serem dotados de racionalidade instrumental, eram compatíveis com o jogo democrático e o reforçavam. Não representavam um perigo para a democracia, ao contrário, era um sinal de sua vitalidade.[36]

No entanto, a principal crítica à TMR foi relacionada à extrema racionalidade conferida pelos pesquisadores aos movimentos sociais e à forma pela qual aqueles organizavam a ação coletiva, visto que, nesse contexto, nem a influência advinda da cultura, da identidade e das emoções eram consideradas nas análises desenvolvidas no referido contexto.

A Teoria do Processo Político e as Teorias dos Novos Movimentos Sociais vão se desenvolver desde a década de 1980 com reformulações teóricas a partir da preocupação em incluir nas análises uma dimensão de interpretação cultural das ações coletivas, ou seja, afastaram-se de uma abordagem de caráter mais econômico e racional (como a TMR) e partiram para a elaboração de modelos que aglutinavam os âmbitos polí-

[35] GOHN, Maria da Glória. **Teoria dos movimentos sociais**: paradigmas clássicos e contemporâneos. São Paulo: Edições Loyola, 1997. p. 50-55.

[36] *Ibidem*, p. 55.

tico e cultural, porém, como sinalizou Alonso[37], a TPP se ocupou de uma teoria da mobilização política; enquanto a TNMS, de uma mudança social.

No contexto de reformulações teóricas relacionadas à TMR e ao desenvolvimento da TPP, é possível observar uma primeira utilização das proposições teóricas do frame (no sentido de enquadramento interpretativo), resgatando importantes contribuições de Erving Goffman. Desenvolvida inicialmente por Gamson[38], buscava analisar a forma como os indivíduos interpretavam determinada realidade ou experiência social, elaborando um "enquadramento" para uma contestação específica. Cabe ressaltar que Goffman tratou o frame como um conjunto de estruturas cognitivas que permitem aos indivíduos organizar percepções e interpretações da experiência social.

Em Snow *et al.*[39], diversos de seus autores[40] irão adotar e desenvolver toda uma abordagem ligada aos frames nos anos seguintes, abordando a mobilização política contestatória, ainda sob certa influência da TMR e da análise de estratégias desenvolvidas para obter melhores recursos e resultados. Nesse texto, também tomando de empréstimo o conceito de Goffman e dialogando com o uso de Gamson[41], o artigo delineou os chamados "processos de alinhamento de frames", ou seja, as formas pelas quais ocorreria a ligação entre os elementos interpretativos individuais e as organizações de movimentos sociais de modo a desenvolver um conjunto de interesses, valores e objetivos complementares.

Ao observarem o que denominaram "processos de alinhamento de frames", classificaram-nos em quatro tipos principais: *frame bridging*, *frame amplification*, *frame extension* e *frame transformation*, que poderiam ser acionados a depender do contexto político e social, bem como dos objetivos visados pelos movimentos sociais.

O *frame bridging* (enquadramento de conexão) é um processo em que ocorre a "conexão/união de dois ou mais enquadramentos ideologicamente congruentes, mas estruturalmente desconectados em relação

[37] ALONSO, 2009.

[38] GAMSON, William. The social psychology of collective action. *In*: MORRIS, Aldon; MUELLER, Carol McClurg (ed.). **Frontiers in social movement theory**. New Haven: Yale University Press, 1992. p. 53-76.

[39] SNOW, David A. *et al.* Frame alignment processes, micromobilization, and movement participation. **American Sociological Review**, Chicago, v. 51, n. 4, p. 464-481, Aug. 1986.

[40] Especialmente, David Snow (University of California) e Robert Benford (University of South Florida).

[41] GAMSON, 1992.

a uma questão ou problema específico"[42]. O processo pode acontecer no que os autores denominam de nível organizacional (que seria entre movimentos sociais que atuam na mesma área) ou no nível individual, em um único movimento. Com relação à mobilização em nível individual, Snow *et al.*[43] retomam um estudo de McAdam, McCarthy e Zald[44] para descrever que a conexão de um indivíduo adepto em potencial a um movimento social vai se desenvolver por meio de contatos com "pools de sentimentos não mobilizados ou clusters de preferência da opinião pública". Isto é, com indivíduos que, de alguma maneira, já compartilham certas crenças e entendimentos em comum, mas ainda não foram retidos por algum movimento ou organização, até um determinado momento em que pudessem expressar tais ideias, noções e propostas em torno de um objetivo específico.

O *frame amplification* (enquadramento de amplificação) consiste em um processo de ampliação; seria o "esclarecimento e fortalecimento de um enquadramento interpretativo que se relaciona com uma questão, problema ou conjunto de eventos"[45], com base na ideia de que o apoio e a atuação dos indivíduos em atividades no interior de um movimento dependiam de um constante esclarecimento e renovação das interpretações da realidade social política.

Nesse sentido, os autores apontam que, considerando a experiência com pesquisas e a análise da literatura, o processo de amplificação poderia ocorrer em duas vertentes: a dos valores e/ou das crenças. A vertente dos valores possui como foco a identificação, idealização e priorização de valores tidos como relevantes para ampliar a adesão de participantes ao movimento. Exemplo da utilização de valores para um processo de amplificação foi observado, conforme argumentam Snow *et al.*, no movimento pacifista norte-americano, visto que foi recorrente a menção a valores como justiça, cooperação e perseverança. Esses valores se alinharam a outros — tais como igualdade e liberdade —, já mobilizados em discursos. Já a vertente das crenças se refere a objetivos finais a serem alcançados por meio da ação; são aspectos ideacionais que se relacionam (ou não) aos valores objetivados.

[42] SNOW *et al.*, 1986, p. 465, tradução minha.

[43] *Ibidem*, p. 465.

[44] McADAM, Doug; McCARTHY, John D.; ZALD, Mayer N. (ed.). **Comparative perspectives on social movements opportunities, mobilizing structures, and framing**. Cambridge, UK: Cambridge University Press, 1996.

[45] *Ibidem*, p. 469, tradução minha.

Por *frame extension* (enquadramento de extensão) se entende um processo pelo qual uma organização de movimento social visa "estender os limites de sua estrutura primária de modo a abranger interesses ou pontos de vista que são incidentais aos seus objetivos primários, mas de considerável relevância para potenciais adeptos"[46]. Em razão da vontade/necessidade de ampliar seu quadro de colaboradores, os movimentos podem retomar seus objetivos e atividades estendendo-os para abarcar valores e/ou interesses dos adeptos em potencial.

Já o *frame transformation* ocorre como uma espécie de consequência de um dos movimentos de alinhamento anteriormente mencionados. A partir dos processos anteriores, opera-se uma revisão por parte das organizações ou movimentos de seus programas, valores, objetivos e atividades, adequando-os às incorporações de novos enquadramentos interpretativos. As transformações ocorreriam, de acordo com Snow *et al.*[47], de duas maneiras principais, a saber: transformações de enquadramentos interpretativos de domínio específico, e transformações de enquadramentos interpretativos globais. Em ambas as transformações, um aspecto comum é a adoção de novos valores e o reordenamento de crenças, porém as delimitações em que as situações ocorrem e são vivenciadas não se alteram tanto.

As transformações de enquadramentos interpretativos de domínio específico estão relacionadas à forma pela qual um domínio — entendido aqui como termo guarda-chuva para diversos aspectos da vida, tais como relacionamento sociais e autopercepções — é enquadrado, interpretado e reformulado, e

> [...] um domínio anteriormente tido como certo é reformulado como problemático e passível de reparo, ou um domínio visto como normativo ou aceitável passa a ser reformulado como injusto e passível de mudanças[48].

A alteração de tal domínio pode afetar o comportamento e a interpretação de outros, tendo em vista as inter-relações entre os enquadramentos, mas a mudança demanda certo tempo. Tal processo de transformação é tido como necessário para a participação em movimentos que buscam alterar o status de uma categoria (por exemplo, mulheres, idosos, crianças) ou a relação entre algumas categorias, como os movimentos étnicos e raciais.

---

[46] SNOW *et al.*, 1986, p. 472, tradução minha.

[47] *Ibidem*, p. 472.

[48] *Ibidem*, p. 474.

Já as transformações de enquadramentos interpretativos globais têm a perspectiva de mudança a partir do desenvolvimento de um enquadramento que passa a reger as interpretações de eventos e experiências de uma nova maneira, reorganizando aspectos e/ou domínios da vida que até então pareciam não convergir.

Uma crítica surgida no contexto de apropriação dos frames por Snow *et al.*[49] diz respeito ao elevado grau de importância conferido à ação estratégica dos movimentos ao buscar mobilizar seus adeptos em uma mesma direção/objetivo, pois, ao tomar tal aspecto como central, dois elementos relevantes são reduzidos, quais sejam: a) a produção de interpretações por parte dos movimentos sociais, ou seja, a perspectiva dos valões e crenças elaborados coletivamente e que se ligam à estrutura interpretativa dos indivíduos; e b) a omissão do papel da cultura nos movimentos de mobilização, aspecto esse que Benford e Snow[50] irão observar com maior atenção quando da atualização e maior desenvolvimento de suas análises ao longo dos anos 2000.

A partir da reformulação das abordagens em resposta às críticas recebidas e do desenvolvimento de uma revisão bibliográfica da literatura, Benford e Snow[51] trouxeram um melhor desenvolvimento acerca do frame (enquadramento) como um conceito para estudo e análise dos movimentos sociais[52]. Como esquema interpretativo, propõe-se a observar os processos de interação entre os atores e organização, bem como os contextos em que aqueles agem. Os autores buscam abarcar um aspecto central e até então pouco explorado pela literatura especializada em movimentos sociais: os processos de desenvolvimento de sentido, ideias e significados que podem servir como mobilizadores ou contramobilizadores de ação e mudanças sociais.

Para tanto, os autores supramencionados indicam que os movimentos sociais constroem modelos/esquemas interpretativos com base em três dimensões centrais, a saber: diagnóstico, prognóstico e motivacio-

[49] *Ibidem.*

[50] BENFORD, Robert D.; SNOW, David A. Framing processes and social movements: an overview and assessment. **Annual Review of Sociology**, Palo Alto, California, v. 26, n. 1, p. 611-639, 2000.

[51] *Ibidem.*

[52] Gohn (1997) argumenta que os autores retiram o foco de uma perspectiva exclusivamente cognitiva, pois visam incluir os aspectos político e cultural que compõem os processos de mobilização social, destacando, por exemplo, como movimentos agem quando utilizam crenças e símbolos já existentes. Tal observação destaca as alterações teóricas e analíticas percorridas pelos autores que mobilizam conceitos anteriormente no âmbito da TMR e TPP.

nal. Na primeira, os autores argumentaram que, para desenvolver uma mobilização política ou social, movimentos buscavam compreender de forma detalhada a realidade, sobretudo ao identificar a origem dos problemas que buscam enfrentar e os envolvidos em seu desenvolvimento ou perpetuação. Destacaram também a influência de Gamson[53] e seus colegas, que elaboraram análises a partir das percepções de injustiça. Suas análises articularam as formas pelas quais os movimentos sociais identificavam injustiças e problemas sociais, bem como aqueles (indivíduos ou grupos) que eram atingidos (as vítimas) pelas ações, bem como aqueles que eram responsáveis pela(s) situação(ões) que gerou(aram) injustiças e conflitos. Aqui as percepções de injustiça poderiam conduzir a ações de questionamento, protesto ou rebelião contra um ator específico ou uma ordem estabelecida.

As noções de injustiça não eram as únicas que poderiam atuar para engajar indivíduos e movimentos em prol de determinada demanda. Movimentos de caráter religioso e identitário, por exemplo, poderiam mobilizar outras percepções, como a de pertencimento, para gerar alguma forma de ação coletiva. Além disso, de acordo com Klandermans e Weerd[54], nem sempre os movimentos são bem-sucedidos ao mobilizar a percepção de injustiça. Em estudo sobre a mobilização de movimentos na Espanha e na Holanda, no contexto de delimitação de uma política agrária comum europeia, os autores apontaram que pode não haver um consenso no diagnóstico de quem seria responsável pela perpetuação das injustiças observadas.

Um aspecto presente nessa construção de interpretativa da realidade, que Benford e Snow[55] denominam atribuição da ação coletiva, é o desenvolvimento de um processo discursivo no interior dos movimentos, entre os seus adeptos. Essa atribuição visava uma delimitação mais precisa de fronteiras entre o movimento e seu(s) "adversário(s)" mais direto(s), ou seja, um reforço às noções de "bem e mal", "protagonistas e antagonistas" de mobilizações. Nesses processos discursivos, as interpretações partem das interações estabelecidas entre os indivíduos que participam de um determinado movimento e o "mundo exterior". Uma característica

[53] GRAMSON, 1982 *apud* BENFORD; SNOW, 2000, p. 615-616.

[54] KLANDERMANS, Bert; WEERD, M. Injustice and adversarial frames in a supranational political context: farmer's protest in the Netherlands and Spain. In: DELLA PORTA, D.; KRIESI, H.; RUCHT, D. (ed.). Social **movements in a globalizing world**. London: MacMillan, 1999. p. 134-147.

[55] BENFORD; SNOW, 2000, p. 616.

fundamental é seu aspecto dinâmico, isto é, os esquemas interpretativos desenvolvidos não são estáticos, estão em constante movimento e ajuste, aspecto que afasta a abordagem do viés mais utilitarista ou estratégico vinculado à TMR.

Na segunda dimensão, o prognóstico, os movimentos e seus adeptos desenvolveriam — a partir do diagnóstico — soluções possíveis para o problema. Benford e Snow[56] apontam que, considerando possíveis restrições e obstáculos para a implementação prática das "soluções" propostas, os movimentos poderiam elaborar contraenquadramentos. Nestes, os movimentos alargariam sua análise ao incluir questionamentos às soluções propostas, como as de outros movimentos para lidar com o mesmo problema apontado.

Já a terceira dimensão, a motivacional, desempenha um objetivo central de "traduzir" os esquemas interpretativos em mensagens diretas que conduzam os indivíduos ao engajamento em ações de melhoria ou alteração de determinadas situações políticas, sociais e/ou econômicas por meio das organizações/movimentos. O exemplo de Benford[57], a partir de sua pesquisa sobre o movimento de desarmamento nuclear nos Estados Unidos, indicou a importância do desenvolvimento de "vocábulos socialmente construídos que forneceram aos adeptos relatos convincentes para se engajar em ações coletivas e para sustentar sua participação"[58].

Considerando-se a importância de analisar os processos pelos quais se relacionam as estruturas do discurso (forma pela qual a ideologia é transmitida, forma como um grupo define a si e ao outro, forma pela qual estabelece alianças) com as práticas sociais (estabelecidas em relações de poder, tais como dominação, resistência e questionamento para reforma), a pesquisa utilizará o conceito de frames (enquadramentos).

A partir das perspectivas de Benford e Snow[59], serão analisados os processos específicos por meio dos quais os movimentos de mulheres muçulmanas (aderindo de forma parcial ou total às inovações interpretativas da construção discursiva do feminismo islâmico) no Marrocos apropriaram, construíram e desenvolveram suas demandas por alterações nas leis de família.

---

[56] *Ibidem*.

[57] BENFORD, Robert D. An insider's critique of the social movement framing perspective. **Sociological Inquiry**, London, v. 67, n. 4, p. 409-430, 1997.

[58] BENFORD; SNOW, 2000, p. 617, tradução minha.

[59] *Ibidem*.

Os frames (enquadramentos) selecionados para nortear as discussões e considerações do presente livro são os seguintes: direitos das mulheres (que engloba as noções de causas feministas, consciência de gênero e igualdade de gênero para apresentar as discussões de gênero no Oriente Médio e Norte da África em face da hegemonia do *feminismo ocidental*), Direitos Humanos (considerando o debate internacional acerca de sua definição e conteúdo ao longo do século XX, bem como as argumentações de países de maioria muçulmana no que diz respeito à aplicação destes e das convenções específicas acerca dos direitos das mulheres, como a Cedaw), e agência (entendida como uma expansão das noções tradicionais da crítica feminista acerca da submissão e do patriarcado para abarcar formas de atuação no contexto religioso ou de estruturas religiosas, conforme a perspectiva de Saba Mahmood[60]).

Neste contexto, a pesquisa aqui retratada trouxe importantes contribuições no campo de estudos interdisciplinares das Ciências Humanas e Sociais ao apresentar elementos para discutir e questionar uma visão orientalista acerca da passividade da mulher muçulmana, bem como seu status na sociedade. Questão esta que, cabe ressaltar, teve sua complexidade ampliada em termos políticos e retóricos, ligados a aspectos como o surgimento do Islã político e sua agenda de político-social conservadora — em especial com relação aos papéis de gênero —, que se utiliza da lei islâmica como uma ideologia para a atuação na sociedade. E, por fim, é preciso problematizar o ativismo de movimentos sociais de mulheres em busca de reformas nas leis de família muçulmanas que são inspiradas em fontes religiosas (Alcorão, *Sunnah*).

Procedimentos metodológicos

Com o intuito de desenvolver a problemática proposta, a pesquisa desenvolveu-se em três frentes: teórica, bibliográfica e documental. Do ponto de vista teórico, passou tanto pela busca do melhor instrumental teórico para o tipo de análise pretendida quanto por uma ampla revisão de obras da literatura feminista islâmica. A pesquisa documental, por sua vez, buscou se basear nos documentos dos movimentos de mulheres marroquinas das correntes/tendências secular [tais como *Associação Democrática das Mulheres no Marrocos (ADFM)* e *União pela Ação Feminina*

[60] MAHMOOD, Saba. Teoria feminista, agência e sujeito liberatório: algumas reflexões sobre o revivalismo islâmico no Egipto. **Etnográfica**, Lisboa, v. 10, n. 1, p. 121-158, 2006.

(UAF)] e religiosa (Organização para a Renovação da Consciência das Mulheres e al-Adl wa-l-ihsãne), bem como dos movimentos Collectif 95 Maghreb-Egalité e Musawah (em sua atuação junto ao comitê Cedaw).

Tendo em vista a abordagem inicial do marco teórico (abordagem de frames) bem como das autoras feministas a serem utilizadas, passamos a explanar, neste tópico, a operacionalização da pesquisa documental, aspecto mais empírico do trabalho. O aporte metodológico principal será a Análise Documental, de acordo com a abordagem de André Cellard[61].

A análise documental sugerida pelo autor parte de algumas discussões gerais acerca das relações entre a história e a memória, sobretudo da importância do registro documental. Retoma-se a discussão do documento entendido de forma mais ampla, como uma influência da Escola Anales. Isso implica considerar que tudo o que serve como uma espécie de vestígio do passado, ou mesmo como um testemunho deste, pode ser uma fonte documental, incluindo textos, imagens, objetos). Nesse sentido, o autor sugere ao pesquisador alguns procedimentos que, ao serem seguidos, podem auxiliar na realização de uma análise em profundidade do material coletado.

O primeiro passo a ser tomado pelo pesquisador é justamente

> [...] localizar os textos pertinentes e avaliar a sua credibilidade, assim como sua representatividade. O autor do documento conseguiu reportar fielmente os fatos? Ou ele exprime mais as percepções de uma fração da população?[62].

Os procedimentos sugeridos pelo autor compõem uma análise preliminar do documento para que então seja possível prosseguir com a análise em profundidade do material.

A análise preliminar é, então, composta pelos seguintes elementos: a) contexto em que o texto foi produzido, b) compreensão da identidade do autor ou autores do texto [posição social, interesses e motivos que o(s) conduzem a escrever], c) a confiabilidade do texto (no sentido de verificar a autenticidade ou procedência e considerar possíveis erros de transmissão ao longo do tempo ou traduzido), d) a natureza do texto (texto de origem pública ou privada, profissional ou registros pessoais), e, por último, e) os conceitos-chave que compõem a lógica interna do

[61] CELLARD, André. Análise documental. *In*: POUPART, Jean *et al.* **A pesquisa qualitativa**: enfoques epistemológicos e metodológicos. Rio de Janeiro: Editora Vozes, 2008. p. 295-316.

[62] *Ibidem*, p. 296.

texto (em que é importante apreender o sentido das palavras utilizadas pelo autor, observar a linguagem, os conceitos-chave que compõem sua argumentação).

É após a análise preliminar supradescrita que o pesquisador pode desenvolver uma análise mais profunda do documento, ou seja, que conecte todos os elementos destacados anteriormente, tendo como guia o problema de pesquisa/questionamento inicialmente desenvolvido e que conduz a pesquisa. Aqui se estabelecem as ligações entre a problemática da pesquisa e as observações retiradas na análise do corpus documental, o que "possibilita formular explicações plausíveis, produzir uma interpretação coerente, e realizar uma reconstrução de um aspecto qualquer de uma dada sociedade, neste ou naquele momento"[63].

O corpus da pesquisa é composto de documentos oficiais, entrevistas e discursos públicos de pessoas que atuam nos movimentos sociais no Marrocos e nos movimentos internacionais *Collectif 95 Maghreb-Egalité* e *Musawah*. Entre os documentos já coletados e definidos para análise do cenário marroquino, figuram: o Código de Família Marroquino (*Mudawana*, em sua versão de 1957/1958 e sua atualização mais recente, em 2004); relatórios públicos elaborados pelo movimento Associação Democrática das Mulheres Marroquinas), produzidos entre 1995 e 2016; e três entrevistas concedidas por Nadia Yassine (ligada ao movimento islâmico al-Adl wa-l-ihsãne[64]) a veículos de imprensa.

No caso dos movimentos internacionais, foram selecionados documentos públicos (no site do movimento) elaborados pelo Musawah entre os anos de 2009-2018: *Wanted: equality and justice in the Muslim family* (2009); *Women ´s stories, women ´ s lives: male authority in Muslim contexts* (2016); *Musawah's knowledge building briefs n.1: shari'a, fiqh and state laws. Clarifying the terms* (2016); *Musawah's knowledge building briefs n.2: Muslim family laws. What makes reform possible?* (2016); *Who provides? Who cares? Changing dynamics in Muslim families* (2018). Além disso, da ADFM e do Collectif 95 Maghreb-Egalité, foi destacada a obra *Guide to equality in the family in the Maghreb* (2003), que reúne documentos do movimento acerca da temática dos direitos de família.

[63] *Ibidem*, p. 304.

[64] "al-Adl wa-l-ihsãne" pode ser traduzido por "Justiça e Espiritualidade" ou "Justiça e Caridade".

Os documentos aqui citados podem ser "classificados" de acordo com a descrição inicial de Cellard[65] do documento como fonte primária (que advém de pessoas que participaram dos eventos de forma direta). São de natureza privada, porque produzidos por membros dos movimentos Collectif 95 Maghreb-Egalité e Musawah, porém acessíveis por meio do acervo disponível na internet como registro das atividades do movimento.

A análise documental sugerida já expressa uma preocupação com relação à formulação do discurso que está contido no documento analisado. Tal aspecto vai ao encontro das proposições de autores — tais como David Snow[66], Van Dijk[67], Fatima Sadiqi[68] — que se debruçaram sobre a abordagem dos movimentos sociais, sobretudo na análise das dinâmicas em que as interações sociais entre diferentes atores (indivíduos e movimentos sociais) e a formação de seus discursos (linguagem) estão inseridos. Ou seja, a necessidade de uma análise crítica dos processos de definição dos modelos mentais de cognição social que são estruturados em torno de atitudes, conhecimento e ideologias, utilizados por movimentos sociais para a mobilização de ação coletiva.

---

65 CELLARD, 2008, p. 295-316.

66 SNOW, David A. Framing processes, ideology, and discursive fields. *In*: SNOW, David; SOULE, Sarah A.; KRIESI, Hanspeter (ed.). **The Blackwell companion to social movements**. New Jersey: Blackwell Publishing, 2004. p. 380-412.

67 VAN DIJK, Teun A. Ideology and discourse analysis. **Journal of Political Ideologies**, Nottingham, v. 11, n. 2, p. 115-140, 2006.

68 SADIQI, Fatima. **Moroccan feminist discourses**. London: Palgrave Macmillan, 2014.

1

A MULHER E AS LEIS DE FAMÍLIA MUÇULMANAS: DESENVOLVIMENTO HISTÓRICO-JURÍDICO E DISCUSSÕES

Os homens têm autoridade sobre as mulheres pelo que Deus os fez superiores a elas porque gastam de suas posses para sustentá-las. As boas esposas são obedientes e guardam sua virtude na ausência de seu marido conforme Deus estabeleceu. Aquelas de quem temeis a rebelião, exortai-as, bani-as de vossa cama e batei nelas. Se vos obedecerem, não mais as molesteis. Deus é elevado e grande (Alcorão, Surata An Nissá, 4:34)

Aos submissos e as submissas, os crentes e as crentes, os homens leais e as mulheres leais, os homens perseverantes e as mulheres perseverantes, os homens humildes e as mulheres humildes, os homens caridosos e as mulheres caridosas, os homens que jejuam e as mulheres que jejuam, os homens castos e as mulheres castas, os homens que invocam a Deus com frequência e as mulheres que invocam a Deus com frequência — para todos eles, Deus preparou a indulgência e grandes recompensas. (Alcorão, Surata Al Ahzab, 33:35)

Ambos os trechos pertencem ao texto do Alcorão, e foram revelados em Medina[69]. O primeiro, presente na surata *An Nissá* (*As mulheres*), talvez seja um dos versos mais citados por clérigos, juristas e movimentos de mulheres muçulmanas na tentativa de formular argumentos contrários

[69] Cabe ressaltar que a revelação do Alcorão a Muhammad (profeta conhecido no Brasil como Maomé), verso a verso, ocorreu ao longo de 21 anos e seu conteúdo está diretamente relacionado aos desafios observados quando foram relevados. Em 622 d.C., quando Muhammad faz a *hégira* (deixando Meca em rumo a Medina), por exemplo, os textos revelados já em Medina tinham um tom de regulamentação/legislação para mediar a relação dos muçulmanos com os povos de outras religiões (principalmente cristãos e judeus) que viviam na área e também trazem recomendações para regular no interior da própria *ummah* (comunidade holística dos muçulmanos) em temas como questões familiares (casamento, custódia, herança); devocionais (com relação à postura esperada de um muçulmano, suas obrigações para com a religião e o estabelecimento de quais os comportamentos que não deveriam ser tolerados e como lidar com àqueles que os praticassem (Armstrong, 2000, p. 3-8; Jomier, 2002, p. 13-20). É importante destacar também que a redação completa do Alcorão ocorreu após a morte do Profeta e que até então os textos eram transmitidos, em sua maioria, de forma oral.

ou favoráveis à demanda de novas interpretações no que diz respeito aos papéis de gênero nas sociedades muçulmanas, e, portanto, nas Leis de Família (ou Códigos de Status Pessoal). Esses códigos regem aspectos da vida cotidiana de mulheres e homens, tais como o casamento, o divórcio, a guarda dos filhos e o direito à herança.

O primeiro versículo reflete aquela que ficou conhecida como a jurisprudência islâmica clássica (*fiqh*), desenvolvida substancialmente entre os séculos VII e IX, que definiu as Leis de Família (Código de Status Pessoal) e o status da mulher na sociedade, com a estrutura social das diferentes sociedades de população muçulmana. É possível observar no versículo menção à autoridade do homem com relação à mulher, o postulado legal do *qiwama*. De acordo com Ziba Mir-Hosseini[70], Asma Barlas[71], Kecia Ali[72] e Sa'diyya Shaikh[73], o postulado é central para a compreensão da construção desigual de direitos e deveres entre mulheres e homens no âmbito familiar, sobretudo no casamento, aspecto que será discutido em maior profundidade no subcapítulo 1.2 e ao longo do capítulo 2.

O segundo trecho demonstra, por sua vez, uma visão diferente daquela hierarquização entre os gêneros. Apresenta uma concepção de igualdade e justiça ao estabelecer que as atitudes éticas e virtude apresentadas por ambos serão recompensadas. Aqui o texto parece sugerir à humanidade uma espécie de orientação moral; aspectos como a lealdade, a caridade, a castidade e a devoção religiosa deveriam ser seguidos por todos os muçulmanos, independentemente do gênero[74].

A tensão que se evidencia entre uma e outra leitura possui seu reflexo na construção e instituição de modos de pensamento dos primeiros séculos da comunidade islâmica e da forma pela qual nela se definiram

70 MIR-HOSSEINI, Ziba. **Islam and gender**: the religious debate in contemporary Iran. New Jersey: Princeton University Press, 1999; MIR-HOSSEINI, Ziba. Justice, equality and Muslim family laws: new ideas, new prospects. *In*: MIR-HOSSEINI, Ziba *et al.* **Gender and equality in Muslim family law**: justice and ethics in the Islamic legal tradition. London; New York: I.B. Tauris, 2013. p.7-34.

71 BARLAS, Asma. **Believing women in Islam**: unreading patriarchal interpretations of the Qur'an. 8th ed. University of Texas Press, 2015.

72 ALI, Kecia. Progressive Muslims and Islamic jurisprudence: the necessity for critical engagement with marriage and divorce law. *In*: SAFI, Omar (org.). **Progressive Muslims on justice, gender and pluralism**. London: OneWorld Publications, 2003. p. 163-189; ALI, Kecia. **Sexual ethics and Islam**: feminist reflections on Qur'an, hadith, and jurisprudence. London: OneWorld Publications, 2006.

73 SHAIKH, Sa'diyya. Exegetical violence: Nushuz in Qur'anic gender ideology. **Journal for Islamic Studies**, Oxford, v. 17, p. 49, 1997.

74 AHMED, Leila. Women and the advent of Islam. **Signs**: Journal of Women in Culture and Society, Chicago, v. 11, n. 4, p. 665-691, 1986; WADUD, 1999.

os papéis de gênero na sociedade, sobretudo tendo o casamento como um pilar central de tal sociedade.

A seguir, será discutida a construção dos papéis de gênero nas sociedades muçulmanas tendo como referência a influência e o entendimento teórico-religioso desenvolvido acerca das fontes sagradas do Islã (como o Alcorão e as tradições e ditos atribuídos ao profeta Muhammad, *ahadith*) que permitiu elaboração e a consolidação da jurisprudência islâmica (*fiqh*).

1.1 Interpretações acerca da Jahilyyia: estatuto das mulheres no Oriente Médio pré-islâmico

As últimas décadas do século XIX e as primeiras do século XX foram um momento de intenso debate acerca do status da mulher muçulmana (e por extensão do núcleo familiar). O contexto de intensificação e influência das forças ocidentais europeias, seja por meio da adesão às reformas modernizantes (como em áreas controladas pelo Império Otomano) ou pelo fortalecimento de movimentos nacionalistas que visavam reforma políticas e sociais, levou a processos de reorganização das distintas sociedades muçulmanas[75].

Ao considerar ou até mesmo argumentar por um dos polos do binômio existência-inexistência da igualdade entre mulheres e homens junto ao Islã, era comum que estudiosos, juristas, clérigos ou muçulmanas(os) reformistas se voltassem às diretrizes contidas no Alcorão de modo emancipatório (considerando que estas já afirmam um status mais elevado à mulher), de um lado, ou por meio das lentes de padrões modernos das noções de igualdade e justiça, principalmente ao observar a influência discursiva de potências coloniais europeias que apontavam o *baixo status da mulher* nas sociedades da região do Oriente Médio e Norte da África como um aspecto que justificava sua atuação.

Em *Women and gender in Islam* (1992), obra-referência para a reflexão da relação entre gênero e Islã ao explorar as raízes históricas dos discursos islâmicos acerca da mulher ao longo do tempo e em diversas sociedades, a escritora egípcia Leila Ahmed analisa como a *preocupação seletiva* de sociedades ocidentais com relação à opressão das mulheres muçulmanas, no início do século XX. Essa seletividade teria dado origem a um discurso que implicava o uso do véu como um símbolo de opressão

[75] ABU-LUGHOD, 2012; AHMED, 1992.

das mulheres, do "atraso do Islã". Com especial ênfase em países como o Egito e a Argélia[76], afirmava uma visão supremacista europeia que viria a auxiliar tais sociedades a se emanciparem, aderindo aos ideais da civilização ocidental.

Uma ironia está presente neste discurso colonialista. Figuras políticas importantes na sua elaboração apresentavam a habilidade de apropriar--se da linguagem do feminismo a serviço da atuação colonial enquanto demonstravam resistência às mesmas demandas em seu próprio país. Um exemplo bem elucidativo de tal fato foi o de Lord Cromer. O governador britânico para o Egito era contrário ao movimento sufragista britânico, ao mesmo tempo que sustentava o combate ao que chamava de "*degradação do status da mulher muçulmana*"[77].

Compreender as abordagens desenvolvidas entre o fim do século XIX e o início do século XX requer uma contextualização aprofundada. As construções, as instituições e o modo de pensar derivado das primeiras sociedades muçulmanas foram desenvolvidos em meio a uma estrutura histórica e social específica da Península Arábica desde o início do século VII, marcada por aspectos como a pluralidade de práticas ligadas ao casamento e à família (de modo geral). As sociedades eram regidas por leis de costume em diferentes comunidades, sendo tais práticas associados às tradições religiosas preexistentes e ao reforço à estrutura patriarcal da família observado nos Impérios Bizantino e Sassânida (região que equivale ao Irã).

Além disso, conforme será discutido ao longo deste capítulo, os discursos são moldados e alterados por contextos sociopolíticos específicos de cada sociedade, isto é, o entendimento da posição da mulher depende da análise de aspectos sociais, culturais, históricos, políticos e religiosos. Como explanam John L. Esposito[78] e Leila Ahmed[79], há toda uma literatura que discute a condição das mulheres no período pré-islâmico para incidir sobre as reformas sociais implementadas pelo Islã, em relação ao status social das mulheres, de forma geral. Em especial na temática do binômio

[76] Não é demais lembrar que ambos os países, derivados de antigas civilizações, foram invadidas por Reino Unido e França já no final do século XIX, permanecendo muitas décadas sob seus domínios e jugo colonizador.

[77] BUSH, Julia. British women's anti-suffragism and the forward policy, 1908-14. **Women's History Review**, Oxford, v. 11, n. 3, p. 431-454, 2002.

[78] ESPOSITO, John L. Women's rights in Islam. **Islamic Studies**, Islamabad, v. 14, n. 2, p. 99-114, 1975.

[79] AHMED, 1986.

controle-autonomia, vinculado ao casamento, à expressão da sexualidade e ao desenvolvimento que uma participação política e social ativa gerou.

A "retomada" ou a tentativa de reconstrução dos elementos da cultura e aos valores do período pré-islâmico, denominado *Jahiliyya* (expressão em árabe cuja aproximação de sentido seria o de "condição de ignorância"), é importante para as reflexões sobre o contexto em que o Islã surgiu e se desenvolveu, bem como para a elaboração do discurso acerca das primeiras gerações de muçulmanos e suas práticas sociais, religiosas e até mesmo políticas. O estabelecimento do profeta Muhammad na cidade de Medina em 622 EC[80], após uma série de perseguições de cunho ideológico e religioso ocorridas em Meca, marcaria o fim do período pré-islâmico.

Entre os estereótipos negativos que se perpetuaram na transmissão de um conhecimento histórico acerca do período pré-islâmico (*Jahiliyya*), figuravam aspectos como a existência de uma idolatria, tirania e injustiça, rituais/costumes violentos (como o infanticídio de meninas) e um estado de violência permanente entre rivais tribais. De acordo com Peter Webb[81], esses estereótipos constituíram não apenas a clássica visão muçulmana e árabe, principalmente durante a Dinastia Abássida[82], mas tiveram sua tradução na literatura ocidental (sobretudo inglesa, francesa).

Porém, na reconstrução histórica e literária da *Jahiliyya*, e demais formas de transmissão oral e escrita, figura um dilema central ao "separar a literatura árabe entre mito e história, e privilegiando os textos que são considerados história para reconstruir a Arábia pré-islâmica pela seleção de estórias"[83].

---

80 Optamos por utilizar ao longo deste livro as siglas EC (Era Comum) e AEC (Antes da Era Comum) em vez das siglas tradicionalmente utilizadas para a contagem de tempo, a saber d.C. (depois de Cristo) e a.C. (antes de Cristo), nomenclatura que é adotada por alguns historiadores por evitar referência a uma religião específica. O ano de 622 equivale, no calendário islâmico, ao ano 1.

81 WEBB, Peter. Al-Jahiliyya: uncertain times of uncertain meanings. **Der Islam**, Berlin, v. 91, n. 1, p. 69-94, 2014.

82 Ao longo dos primeiros anos da Dinastia Abássida (VII-XIII EC), menções a *Jahiliyya* foram recorrentes para forjar a identidade do novo califado em oposição ao período pré-islâmico e ao califado anterior (governado pela Dinastia dos Omíadas, entre 661-750 EC) A pesquisadora Nadia El Cheik (2015, p. 17-37) desenvolve extensa discussão acerca do que denomina *protótipo da Jahiliyya*, ao retomar o argumento de que, na historiografia muçulmana inicial, detinha-se como característica relacionar aspectos do passado com o presente de forma a obter das narrativas históricas comentários relacionados a política, sociedade, moral e religiosidade que fossem importantes para uma situação controversa do presente.

83 WEBB, Peter. Cry me a Jāhiliyya: Muslim reconstructions of pre-Islamic Arabian culture. A case study. *In*: SIJPESTEIJN, Petra M.; ADANG, Camilla (ed.). **Islam at 250**: studies in memory of G.H.A. Juynboll. Boston: Brill, 2020. p. 235-280. p. 236.

Em consonância com Nadia El Cheikh[84] e Peter Webb[85], é importante analisar quais eram os interesses ou agenda político-religiosa daqueles intelectuais muçulmanos responsáveis pela reconstrução das memórias e história da *Jahiliyya*, conferindo ao período estereótipos negativos que serviam ao propósito de demarcar as diferenças comportamentais e sociais da nova comunidade guiada pelas revelações recebidas por Muhammad (a *ummah*, comunidade holística islâmica) principalmente ao representar a transição de uma comunidade marcada por práticas religiosas diversas.

Ao tomar a *Jahiliyya* como uma espécie de verdade, impõe-se um limite analítico que dificulta a compreensão de continuidades ou descontinuidades, alterações e incorporações de aspectos relacionados à organização social, aos conceitos de família e de gênero, sobretudo se considerarmos que as sociedades da região em que se desenvolveu a religião islâmica. A Península Arábica possuía influência diversas de valores e costumes, advindos tanto do Império Bizantino e Império Sassânida (persa, cuja extensão atualmente compreenderia Irã, Iraque e partes da Ásia Central e Europa Oriental) quanto das principais religiões até aquele momento — cristianismo, judaísmo e zoroastrismo —, bem como de crenças politeístas.

Cabe ressaltar, no entanto, que, embora algumas práticas que tenham sido banidas no período de formação do Islã (como a questão do infanticídio de meninas[86]), elementos consuetudinários conviveram no período de formação e consolidação do Islã (séculos VII-VIII EC). Entre estes, sobretudo alguns que diziam respeito aos arranjos familiares e às configurações do casamento, por exemplo, a união entre pessoas com grande diferença de idade, como foi o caso da Aisha, mulher de Muhammad[87].

A discussão acerca da posição social e dos direitos das mulheres muçulmanas nas primeiras gerações é comumente contrastada com a posição da mulher nas diferentes comunidades da Península Arábica. Nessa argumentação, a introdução do Islã teria, de fato, beneficiado as

84 EL CHEIKH, Nadia Maria. **Women, Islam, and Abbasid identity**. Cambridge: Harvard University Press, 2015.

85 WEBB, 2014, 2020.

86 "Pois, quando se anuncia a um deles o nascimento de uma filha, seu rosto torna-se sombrio, e ele quase sufoca" (Alcorão 16:58-59). "Esconde-se do mundo pela vergonha recebida e hesita entre guardar a filha, humilhado, e enterrá-la viva. Oh! A abominação desses preconceitos!" (Alcorão, 16:58-59; tradução de Mansour Challita, 2015).

87 HOURANI, Albert. **Islam in European thought**. Cambridge: Cambridge University Press, 1992.

mulheres, sobretudo no que diz respeito ao estabelecimento dos direitos de herança, à imposição de condições para a celebração de casamentos poligâmicos[88] e ao fortalecimento da família como núcleo da sociedade islâmica, criando uma noção de pertença à comunidade (*ummah*) dos crentes, substituindo uma organização social antes baseada em laços de sangue e lealdade tribal.

O historiador Albert Hourani[89] descreve da seguinte forma o contexto em que o Islã se desenvolveu como um movimento religioso, social e político. Foi em suas primeiras décadas que conseguiu adeptos e conquistou um vasto território (que anteriormente pertenciam aos domínios dos Impérios Bizantino ou Sassânida).

> No início do século VII, combinaram-se um mundo assentado que perdera alguma coisa de sua força e segurança, e outro mundo nas fronteiras, em mais estreito contato com os vizinhos setentrionais e abertos às suas culturas. O encontro decisivo entre eles ocorreu em meados daquele século. Criou-se uma nova ordem política, que incluiu toda a toda a península Arábica, todas as terras sassânidas, e as províncias sírias e egípcias do Império Bizantino; apagaram-se velhas fronteiras e criaram-se novas. Nessa nova ordem, o grupo dominante foi formado não pelos povos dos impérios, mas pelos árabes da Arábia Ocidental, sobretudo Meca.[90]

Casamento, direitos de herança, custódia de filhos e divórcio figuram entre as principais áreas, destacadas como elementos práticos da reforma social que a inserção do Islã promoveu com relação ao período pré-islâmico[91]. No entanto, uma análise mais detida das sociedades existentes (como a bizantina e a sassânida) é relevante para a discussão acerca do alcance da reforma social empreendida inicialmente na Arábia (península), e que se expandirá com a nova religião e suas conquistas territoriais.

Extensa literatura histórica, linguística e literária foi produzida ao longo do século XX EC no sentido de uma reconstrução histórica acerca

[88] Não bastaria o homem ser capaz de pagar o dote, geralmente a família ou tribo da noiva, ele deveria tratar todas as suas esposas de forma justa e equânime.

[89] HOURANI, Albert. **Uma história dos povos árabes**. 3. ed. São Paulo: Companhia das Letras, 2006.

[90] *Ibidem*, p. 33.

[91] ESPOSITO, 1975; AHMED, 1992.

do status da mulher e das relações de gênero nas sociedades que compunham o Oriente Médio[92] no período pré-islâmico.

Um dos principais desafios encontrados por historiadores, como explana Nikki Keddie[93], está relacionado a elementos como a dificuldade de acesso a fontes que tratem de forma mais extensa das mulheres (principalmente na Arábia pré-islâmica); a natureza controversa dos documentos, tendo em vista a oralidade dos acontecimentos/eventos narrados na documentação, e a hipótese de que, quando foram escritos, sofreram influência da interpretação feita por homens e mulheres da elite do que descrições mais específicas acerca do modo de vida das diversas sociedades em séculos anteriores.

Outro elemento discutido por Keddie foi o da ênfase conferida às primeiras décadas do Islã na Península Arábica; enquanto, na segunda metade do século passado, pesquisas acerca das relações de gênero incorporaram o entendimento de que o status da mulher nas sociedades muçulmanas se deu a partir de uma amálgama das diversas concepções, costumes e ideias locais a respeito de tais relações sociais; sendo que um destaque fundamental é conferido às civilizações de diferentes regiões, como a Mesopotâmia, o Egito, a Grécia, em interações com os povos árabes nômades (península).

Leila Ahmed[94] vai ao encontro da explanação de Keddie[95] no que diz respeito à importância de observar as influências sociais, culturais e religiosas que estavam presentes no período de surgimento do Islã. A autora dedica-se ao estudo de práticas e concepções relacionadas ao gênero anteriores ao Islã, desde elementos observados na antiga Mesopotâmia (que compreende o atual Iraque), advindos de nômades da Síria e da Península Arábica, até aqueles relacionados à sociedade sassânida e bizantina.

Destacam-se da exposição de Ahmed[96] três aspectos centrais para a compreensão do estatuto das mulheres e o desenvolvimento da lei de família — como o casamento, o divórcio e o direito de herança.

---

92 Utilizamos aqui o termo de forma ampla para designar regiões na Ásia e África que faziam parte dos Impérios Bizantino e Sassânida e outras que compõem a Península Arábica.

93 KEDDIE, Nikki R. **Women in the Middle East**: past and present. New Jersey: Princeton University Press, 2007.

94 AHMED, 1992, p. 11-38.

95 KEDDIE, 2007.

96 AHMED, 1992.

O domínio masculino na região do Oriente Médio foi desenvolvido em meio a uma série de fatores, tais como a importância do aumento populacional, tanto para a composição da força de trabalho rural como para garantir a segurança de tribos e sociedades que se organizaram e desenvolveram a agricultura e o comércio, que permitiam a subsistência e troca entre diferentes sociedades.

Cabe ressaltar que a extensão desse domínio masculino, bem como sua expressão na família e na sociedade, apresentou variações. A seguir, será realizada uma breve retomada de aspectos considerados relevantes para a compreensão do estatuto das mulheres e as leis de família.

Importante força imperial quando do surgimento do Islã, o Império Bizantino (IV-XV EC) trouxe de seu antecedente mais direto — a sociedade Grega — elementos que permitiram a perpetuação de um sistema de domínio masculino em que as mulheres eram vistas como secundárias na ordem social (subordinadas a alguma forma de tutela masculina). Neste sentido, era conferida ênfase à capacidade reprodutiva feminina, principalmente na capacidade de gerar herdeiros, para justificar a sua posição social e jurídica, sobretudo se observarmos a importância conferida ao isolamento das mulheres com relação aos homens (espacial, físico). Um aspecto que sobressai em análises como a de Angeliki E. Laiou[97] é a possibilidade de atuação que as mulheres bizantinas tinham em funções relacionadas ao cuidado com o corpo feminino (como parteiras e médicas), rompendo com uma certa noção de passividade feminina e evidenciando o aspecto ambíguo da segregação na sociedade.

Já o Império Sassânida (III-VII EC), que compreendia os atuais Estados do Irã e do Iraque (bem como áreas do Cáucaso e Levante), manteve (e ampliou) alguns costumes da elite persa que reforçavam a ideia do domínio masculino. Entre essas elites, a segregação entre mulheres e homens e o resgate do zoroastrismo, religião monoteísta que passou a influenciar a organização social, sobretudo as relações entre mulheres e homens e o código legal no que se refere à família.

Um segundo aspecto compreende o modelo patriarcal de família, que Esposito argumenta ser uma forma de organização não homogênea

[97] LAIOU, Angeliki. Family structure and the transmission of property. **The Social History of Byzantium**, New Jersey: Blackwell Publishing Ltd, 2009, p. 51-75.

no que diz respeito à Península Arábica pré-islâmica[98]. Esse modelo estabeleceu-se na região da Mesopotâmia[99] (sobretudo entre 2500 AEC – 600 AEC), como uma forma de "garantir a paternidade dos herdeiros, bem como os direitos de propriedade, e a atribuição aos homens do controle da sexualidade feminina tornou-se institucionalizada, codificada e mantida pelo Estado"[100].

Assim, as mulheres passaram a ter a sexualidade, principalmente sua virgindade, e o comportamento controlados por suas famílias (e seus maridos), tendo em vista que a negociação de um casamento se tornou economicamente valiosa. À noção de que a pureza feminina estava ligada à honra e ao prestígio familiar. Os casamentos realizados na Mesopotâmia, por exemplo, tinham como características o parentesco masculino e a monogamia, mesmo que, em alguns casos específicos, os homens tivessem a prerrogativa de buscar uma segunda mulher: um exemplo seria quando a primeira não pudesse lhe dar filhos[101].

Entre o conjunto de leis disponíveis aos pesquisadores[102], como o Código de Hamurabi (1792-1750 AEC) e as Leis Médio Assírias (1114-1076 AEC), e ilustradas em diversos relatos e processos do cotidiano das sociedades, é possível compreender alguns valores e costumes que compuseram

[98] John Esposito (1975) desenvolve uma análise acerca dos direitos das mulheres e dos direitos de família no século XX, sendo que, para tanto, recorre ao postulado de analisar, do ponto de vista histórico e sociológico, o estatuto das mulheres na sociedade pré-islâmica, suas alterações no período de formação e consolidação do Islã, até o século XX. Ao descrever o estatuto social das mulheres, o autor argumenta que na Arábia existiam duas principais formas de casamento, que em diversos momentos ocorriam na mesma tribo, uma baseada no parentesco feminino e outra baseada no parentesco masculino.

[99] Composta por povos que se desenvolvem na região, como sumérios, acádios, babilônios e assírios (em um período que geralmente é considerado de 5000 a.C. A 330 AEC), a região possui um conjunto de leis, respeitadas as particularidades de costumes locais/regionais.

[100] AHMED, 1992, p. 12, tradução minha.

[101] LION, Brigitte; MICHEL, Cécile. As mulheres em sua família: Mesopotâmia, 2º milênio a.C. Tempo, Niterói, v. 10, n. 19, p. 149-173, 2005.

[102] Arqueólogos, historiadores e pesquisadores da área do direito retomam sobretudo as pesquisas de Vicent Scheil, que se dedicou à tradução de fragmentos de códigos babilônicos encontrados em expedição ao Irã no início do século XX (liderada por Jacques de Morgan), e aos textos desenvolvidos por pesquisadores da Sociedade Alemã Oriental. Em um extenso artigo, Morris Jastrow (1921), pesquisador e professor especializado na área de língua e cultura oriental (assírios, hebreus), dedicou-se ao estudo do Código Assírio a partir das fontes primárias supracitadas. Outros estudos foram desenvolvidos desde então em áreas como arqueologia e história, e em vários idiomas. Destacamos aqui alguns estudos: JASTROW, Morris. An Assyrian law code. **Journal of the American Oriental Society**, Michigan, v. 41, p. 1-59, 1921; BROOKS, Beatrice Allard. Some observations concerning ancient Mesopotamian women. **The American Journal of Semitic Languages and Literatures**, Chicago, v. 39, n. 3, p. 187-194, 1923; MELVILLE, Sarah C. Neo-Assyrian royal women and male identity: status as a social tool. **Journal of the American Oriental Society**, Michigan, v.124, n.01, p. 37-57, 2004; MICHEL, Céline. Women work, men are professionals in the Old Assyrian Archives. *In*: LION, Brigitte; MICHEL, Céline (ed.). **The role of women in work and society in the ancient Near East**. Berlin: De Gruyter, 2016. p. 193-218.

os entendimentos acerca do direito familiar, embora tal direito não fosse único, respeitadas as particularidades de costumes locais/regionais.

Um aspecto interessante com relação ao modelo patriarcal de família constituído na Mesopotâmia é uma certa complexidade no que diz respeito aos direitos das mulheres em diferentes frentes: a regulação dos direitos sexuais, a preocupação com a honra familiar e a paternidade dos herdeiros eram elementos que coexistiam com um sistema legal que permitia à mulher (aqui não apenas àquelas pertencentes à classe alta) o acesso à herança (até mesmo de possuir e administrar alguma forma de propriedade), a reparações econômicas (em casos específicos de divórcio em que a mãe permanecia com a tutela dos filhos), a participação na celebração de contratos e a legitimação do seu testemunho em mecanismos legais (como na apuração de crimes ou na resolução de conflitos).

Ahmed[103] discute tal complexidade ao argumentar que as sucessivas interações de sociedades com costumes diversos na região também trouxeram a revisão de alguns aspectos relacionados ao direito de família, que foram alteradas de forma progressiva: tornaram-se mais restritivas e punitivas com relação à mulher, visto que foram retiradas e alteradas as medidas que atuavam como limite na atuação masculina e forma de proteção às mulheres.

O Código de Hamurabi (1792-1750 AEC), por exemplo, garantia à mulher casada deixada pelo marido a possibilidade de uma compensação econômica, que poderia ser a devolução do dote, parte da propriedade do marido e algum dinheiro para seu sustento[104]. Além disso, o código também proibia a aplicação de castigos físicos à mulher que fora oferecida como uma espécie de garantia de alguma dívida; porém tais disposições foram retiradas nas Leis Assírias.

Já da sociedade sassânida (III-VII EC), alguns aspectos das leis de família podem ser destacados, tendo em vista a influência de seus costumes no período posterior à conquista árabe-muçulmana (em 651 EC)[105].

---

103 AHMED, 1992.

104 LERNER, Gerda. **The creation of patriarchy**. Oxford: University of Oxford Press, 1986.

105 Ehsan Yarshatar (1998, p. 4-124), Anahit Perikhanian (1983, p. 627-680) e Touraj Daryaee (1998, 2013) possuem contribuições relevantes para a compreensão da estrutura familiar da sociedade sassânida. Além de uma pesquisa extensa acerca dos aspectos jurídicos das leis de família, Daryaee (2013, p. 91-100) discute as implicações legais e econômicas de práticas existentes na sociedade sassânida, tais como o casamento consanguíneo, em um período em que a população que formava tal sociedade estabelecia contato com outras religiões (como o cristianismo), desafiando assim a influência da religião oficial do Estado (o zoroastrismo).

A família patriarcal, endossada em certa medida pela doutrina religiosa (zoroastrismo), demandava a obediência da mulher ao seu marido, e este, por sua vez, detinha direitos de propriedade (econômicos, ou à herança) que deveriam ser estendidos à esposa após o casamento (com exceção dos contratos de casamento que detinham cláusulas específicas). Além disso, o homem era responsável, em termos gerais, pelo sustento da família nuclear (família e filhos) e estendida (irmãs, pais).

O divórcio, quando ocorria, advinha de uma espécie de acordo em que as duas partes (o marido e a mulher) manifestavam sua vontade de cessar os laços matrimoniais. Porém, caso a esposa cometesse alguma falta com relação à sua posição — como o adultério —, o divórcio configurava-se como uma iniciativa e decisão unilateral do homem[106].

O terceiro e último aspecto destacado por Ahmed[107] como uma consequência dos dois supramencionados (o domínio masculino e a família patriarcal) foi o desenvolvimento de esferas e ocupações (sociais, laborais) femininas e masculinas parcialmente separadas, em que as mulheres permaneciam em espaços mais próximos aos seus respectivos lares e em tarefas relacionadas ao cuidado, enquanto os homens desempenhavam papéis políticos, religiosos e econômicos.

O isolamento das mulheres com relação aos homens e ao espaço público, bem como o uso de alguma forma de véu ou cobertura dos corpos femininos (ênfase nos cabelos e o rosto, e eventualmente sobre o corpo), constituiu-se, ao longo do tempo e das interações estabelecidas entre as sociedades, em uma prática frequente em sociedades da região que compreende o Oriente Médio, o Leste da Europa e o Mediterrâneo, principalmente junto às classes sociais mais elevadas, reforçados pelo entendimento de que as mulheres respeitáveis deveriam comportar-se de maneira considerada adequada[108].

O uso do véu, por exemplo, passou a ter diretrizes mais específicas junto às leis médio assírias, que determinavam quais mulheres deveriam utilizar tal peça de vestuário e quais penas seriam impostas às transgressões[109]. As mulheres casadas foram as primeiras a utilizar o véu, sendo que tal costume teria sido observado na celebração de casamentos de

---

[106] PERIKHANIAN, Anahit. Iranian society and law. *In*: YARSHATER, Ehsan (ed). **The Cambridge history of Iran**. Cambridge: Cambridge University Press, v.3, 1983, p. 627-680.

[107] AHMED, 1992.

[108] AHMED, 1992, p. 13-22; KEDDIE, 2007.

[109] LION; MICHEL, 2005.

membros de alto status social como uma forma de externar que a mulher tinha adquirido o estatuto de esposa (que a tornava uma pessoa adulta, capaz), sinalizava sua integração à família do marido e depois também passou a ser utilizado pelas filhas de homens de classe alta.

Neste contexto, além de diferenciar as mulheres que estavam de alguma forma sob a proteção masculina (geralmente do marido ou pai), o véu ao mesmo tempo as inseriu em sistema social e de classe segundo o qual

> Os homens estabeleciam seu lugar na hierarquia de classe por meio de sua ocupação ou pelo prestígio do status social de seu pai. Sua posição de classe poderia ser expressa por algum sinal externo usual — roupas, localização residencial, ornamentos ou a ausência destes. Para as mulheres, de acordo com o § 40 das Leis Médio-assíria, a distinção de classe era baseada em seu relacionamento — ou a ausência deste — com os homens que as protegiam e, na sua atividade sexual. A divisão das mulheres entre "mulheres respeitáveis", àquelas que eram protegidas por seus homens, e as "mulheres de má reputação", que estão na rua desprotegidas pelos homens e livres para vender seus serviços, tem sido a divisão de classe básica para mulheres. Tal divisão marcava os privilégios limitados das mulheres da classe alta em relação à opressão econômica e sexual das mulheres de classe baixa, separando-as, assim umas das outras. Historicamente, tem impedido as alianças entre mulheres de classes distintas e obstruiu a formação de uma consciência feminista.[110]

Lerner[111] aponta, dessa forma, que as leis médio-assírias institucionalizaram um tipo de classificação das mulheres, tendo como base a relação estabelecida com a família (patriarcal). No topo dessa classificação, estava a mulher casada e filha(s); e na sua base, as prostitutas e as escravas. Nesse contexto, o uso do véu era um marcador importante das possibilidades conferidas às *mulheres respeitáveis*, para acesso a áreas públicas e a uma determinada vida social.

Assim, a transgressão cometida, por exemplo, por uma prostituta ou uma escrava que utilizasse o véu para ser entendida socialmente como uma *mulher respeitável* era tida como grave pelas leis assírias (e gerava uma punição física, como açoitamento). Isso porque era entendida como

---

110 LERNER, 1986, p. 139, tradução minha.

111 *Ibidem*, p. 135-140.

uma espécie de ameaça à ordem social patriarcal, na qual o controle das mulheres passara a ser uma matéria estatal, e não apenas uma preocupação centrada aos chefes de família ou grupos de parentesco.

Ahmed[112] destaca que, no período entre 500 AEC até a metade do século VII EC, as interações e conquistas ocorridas principalmente nas regiões da Mesopotâmia, Síria, Pérsia (ênfase conferida ao Império Sassânida) e Arábia (península) trouxeram o intercâmbio cultural e em alguns casos a assimilação de práticas e concepções relacionadas ao gênero.

O isolamento das mulheres com relação aos homens e ao espaço público bem como o uso de alguma forma de véu ou cobertura dos corpos femininos ampliaram-se com as ideias que conferiam uma espécie de sentido às práticas sociais. Dentre tais ideias, é possível destacar desde aquelas relacionadas ao corpo humano (tais como a vergonha do corpo e a contenção da sexualidade), até o entendimento de que o controle masculino das famílias[113] e da sociedade/tribo/Estado era necessário para garantir a manutenção da população. Sobretudo, era necessário o controle da mulher, sob a noção de que "sua humanidade era submersa e quase obliterada por uma visão dela como essencialmente e até exclusivamente biológica — como um ser essencialmente sexual e reprodutivo"[114].

As religiões monoteístas existentes na região no período pré-islâmico (a saber, o judaísmo, o cristianismo e a zoroastrismo) também desempenharam papel importante no reforço de atitudes e práticas que privilegiavam o domínio masculino nas diversas áreas da vida: social, privada, econômica e religiosa[115]. Porém, cada tradição religiosa desenvolveu elementos específicos com relação ao gênero e à família, principalmente em relação às formas de matrimônio religiosamente permitidas, bem como da possibilidade de seu rompimento, com privilégio para a iniciativa masculina.

---

112 *Ibidem*, 1992.

113 As famílias eram vistas como unidades produtivas e reprodutivas. Nikki Keddie (2007, p. 13-25) argumenta que esses elementos do domínio masculino observados no Oriente Próximo (entendido aqui como uma expressão geográfica de origem eurocentrada que se refere às porções da Ásia e África que estariam mais próximas à Europa) eram semelhantes a práticas que se desenvolveram em outras civilizações do denominado mundo *pré-moderno*, tais como os entendimentos de que o papel central das mulheres era o reprodutivo e que os homens eram responsáveis pela garantia da sobrevivência e legitimidade da família.

114 AHMED, 1992, p. 18, tradução minha.

115 AHMED, 1992; KEDDIE, 2007.

Ahmed[116] ressalta que estudos desenvolvidos nas últimas décadas do século XX acerca da expansão do cristianismo no Oriente Médio destacam a visão religiosa das sociedades que habitavam as regiões dos atuais Egito e Síria com relação à mulher era mais positiva e liberal no tocante ao papel exercido por elas junto à instituição, em comparação à perspectiva cristã romana e bizantina.

O estatuto das mulheres na Península Arábica pré-islâmica, em específico, constituiu por décadas o *locus* primordial de estudo[117] das pesquisadoras e dos pesquisadores interessados em compreender os impactos da inserção do Islã nos direitos das mulheres em diferentes localidades. Os esforços em recuperar as formas de sociabilidade existentes trouxeram importantes contribuições para compreender o grau de liberdade e influência que as mulheres eram capazes de exercer para além da esfera privada/doméstica, como a sua participação em outros aspectos da vida social de suas tribos[118], por exemplo, mediadoras de conflitos e integrantes dos campos de batalha, auxiliando no cuidado dos feridos[119].

Especial atenção foi conferida às formas de casamento e às dinâmicas familiares. Em sua análise acerca do estatuto das mulheres muçulmanas no que denomina uma *perspectiva histórica e sociológica*, Esposito[120] contrasta

---

116 AHMED, 1992, p. 33-35.

117 Destacamos aqui as contribuições de Nabia Abbott (1942a, 1946) e William Robertson Smith (2014). Nabia Abbott (1897-1981) foi uma importante pesquisadora do Islã e professora no Oriental Institute (Universidade de Chicago, EUA) que dedicou seu trabalho ao estudo das mulheres no princípio das sociedades muçulmanas, sobretudo às mulheres que faziam parte da família do profeta Muhammad, e discutiu a influência feminina no governo da Dinastia Abássida (VIII-XIII EC). William Robertson Smith (1846-1894) foi um orientalista e teólogo escocês que desenvolveu estudos comparativos entre religiões. Em 1885 Smith publicou *Kinship and marriage in early Arabia* — estudo voltado à compreensão da dinâmica familiar na antiga Arábia até o tempo do profeta Muhammad —, em que argumentou existir na região tribos em que o matriarcado e a poliandria eram a regra, porém foram substituídos por um sistema de organização social baseado no poder e no parentesco masculinos. Embora autores como John L. Esposito (1975) enfatizem que a região da Península Arábica apresentava uma variedade de formas de casamento (matrilinear, patriarcal, monogâmico) e organização, o supramencionado estudo de Smith (1885) foi alvo de intensas críticas, principalmente por parte de Edward Said (*Orientalismo: o Oriente como invenção do Ocidente*, publicado em 1978).

118 Assumimos a perspectiva de Keddie (1991) acerca do termo "tribo" como aquele que pode ser utilizado no Oriente Médio para se referir a um grupo que reivindica a descendência de um ancestral comum e que constitui uma "unidade político-econômica cujos líderes, geralmente escolhidos dentro de uma linhagem, comandam mais lealdade do que o governo central" (Keddie, 1991, p. 4).

119 Um aspecto que deve ser ressaltado nesse contexto é o perigo das generalizações acerca dos fatos históricos reconstruídos e de seus significados, conforme alerta Keddie (2007, p. 15-18) ao argumentar pela importância de contextualizar a igualdade existente entre mulheres e homens em algumas sociedades tribais na Arábia (e Oriente Médio como um todo) sem incorrer em exageros, visto que as práticas relacionadas ao gênero eram constituídas em grande medida nas interações estabelecidas entre as tribos nômades (e recém-estabelecidas) e as demais sociedades da Mesopotâmia e do Mediterrâneo.

120 ESPOSITO; DELONG-BAS, 2001.

a posição das mulheres no período pré-islâmico na Península Arábica com aquela desenvolvida no período clássico do Islã (uma referência ao período de formação e consolidação do Islã em diversas regiões do Oriente Médio e Norte da África) com o intuito de discutir a noção de que o Islã teria contribuído para elevar o estatuto social das mulheres.

Ao abordar a diversidade de formas de composição familiar, casamento e as consequências delas para o baixo estatuto social das mulheres no período pré-islâmico, Esposito[121] retoma o argumento William Robertson Smith (1895) de que existiam duas formas principais de casamento nas tribos da Arábia pré-islâmica — uma baseada no parentesco feminino (*sadiqa*) e outra baseada no parentesco masculino (*ba'l*). Porém, tais formas foram substituídas por um sistema de organização social baseado no poder e no parentesco masculinos, que, por sua vez, visava a garantia de que os descendentes gerados pertenciam à mesma linhagem do pai e passou a conferir uma estima social e econômica à mulher tendo em vista a possibilidade de ser entregue em casamento (mesmo que para uma outra tribo, em gesto de aliança política). Neste contexto, as mulheres passaram a ter seu comportamento limitado, com o intuito de garantir a reputação familiar e a celebração de um casamento. Além disso, dentro de suas próprias famílias e tribos, já tinham reduzida possibilidade de terem acesso a qualquer forma de herança familiar, principalmente à propriedade de terra, visto que tal ação iria transferir a riqueza de uma família ou tribo à outra.

Diferenças entre as formas de sociabilidade encontradas na Mesopotâmia (e região ampla) e na Península Arábica foram destacadas em diversos trabalhos, como aqueles desenvolvidos por William Robertson Smith[122] e Nabia Abbott[123]. Na Mesopotâmia, observou-se uma maior preocupação em instituir leis e códigos que conduzissem o comportamento das pessoas. A intensificação de tal processo pode ser observada, por exemplo, no Código de Hamurabi (1792-1750 AEC), nas Leis Médio-Assírias (1114-1076 AEC) e em outros decretos, como as Regras do Harém/Decretos do Palácio (1363-1076 AEC).

121 ESPOSITO, 1975, p. 101-105.

122 SMITH, William Robertson. Kinship and marriage in early Arabia. Cambridge: Cambridge Press, 2014.

123 ABBOTT, Nabia. Women and the state in early Islam. **Journal of Near Eastern Studies**, Chicago, v. 1, n. 3, p. 341-368, 1942b; ABBOTT, Nabia. **Aisha, the beloved of Mohammed**. Chicago: University of Chicago Press, 1942a ABBOTT, Nabia. **Two queens of Baghdad**: mother and wife of Hārūn Al Rashīd. Chicago: University of Chicago Press, 1946.

Já na Península Arábica, a preocupação com a relação à descendência e ao controle da família esteve presente sob a influência de costumes e práticas relacionados à pureza sexual e à capacidade reprodutiva femininas, sem o desenvolvimento de uma forma de codificação/legislação específica nos moldes daquela observada na Mesopotâmia.

Desta forma, a posição das mulheres na sociedade resultava de uma série de fatores, tais como a capacidade individual das mulheres de exercer uma influência entre as lideranças de suas famílias, clãs e/ou tribos, bem como em áreas ligadas aos serviços religiosos. Quando se trata de descrever a variedade de costumes existentes antes da inserção do Islã na Península Arábica pré-islâmica e os impactos destes no estatuto da mulher Khadijah, a primeira esposa do profeta Muhammad, é citada como um exemplo de mulher da época e da sociedade em que o profeta estava inserido e posteriormente começou a atuar como uma figura de liderança de uma nova religião — o Islã[124].

O casamento entre Khadijah e Muhammad possui algumas características ressaltadas por Ahmed[125] para descrever as diferenças encontradas na posição das mulheres na *Jahiliyya*. Khadijah, assim como Muhammad, estava inserida na sociedade pré-islâmica na região que atualmente é a Arábia Saudita, e foram os costumes desta que determinaram as suas possibilidades de ação na sociedade. Dentre esses costumes, destaque-se: a liberdade usufruída por Khadijah em escolher casar-se com um homem (mais novo, aliás) sem a necessidade de consentimento do *wali* (um guardião/tutor masculino responsável por representar os interesses legais de uma mulher que fosse parente próxima, como filha ou irmã) para celebrar o contrato de casamento; a independência econômica e o poder que dispunha na sociedade como comerciante de êxito antes de decidir casar-se com Muhammad (que à época trabalhava para ela nos negócios estabelecidos com a região da Síria), o casamento monogâmico deles e o fato de que foi a segurança econômica de Khadijah que possibilitou a Muhammad dedicar-se à sua atividade contemplativa e religiosa.

Algumas formas de controle familiar preexistentes nas estruturas sociais das tribos árabes permaneceram, como por meio do casamento (o foco recai aqui sobre a prevalência do casamento de linhagem patriarcal e monogâmico), porém coexistiram por um tempo com outras formas de

124 AHMED, 1986, p. 665-674, 1992, p. 43-55.

125 AHMED, 1992, p. 42-43.

vivência que permitiam uma maior autonomia feminina junto à esfera pública, sobretudo na religião, na política (como líderes) e na guerra. Outras diferenças encontradas na literatura e discutidas dizem respeito às particularidades das sociedades às quais as mulheres pertenciam, sobretudo se aquelas eram rurais, nômades ou urbanas, e os direitos que a estas poderiam ser assegurados, mesmo que não necessariamente de forma escrita, codificada em lei[126].

Ahmed[127] aponta que antes do Islã era possível observar que, em Meca (cidade de grande relevância comercial), mulheres poderiam herdar valores e propriedades de suas famílias. Já em Medina, com a comunidade em sua maioria agrária, tal prática não existia, visto que geraria uma importante redução dos bens familiares (terras) que poderiam eventualmente ser entregues a uma mulher casada, passando, pelo matrimônio, ao controle de uma outra família.

Keddie[128] também discute a questão do direito à herança, sobretudo ao fazer uma referência à Khadijah, que em sua época controlava e dispunha individualmente da propriedade e dos valores que recebera como herança. Além disso, a pesquisadora aponta a existência de diferentes níveis de desigualdade sexual existentes nas tribos árabes. Essa composição social, que pode ser encontrada especialmente na poesia árabe e relatos, e de costumes diversos entre os grupamentos, que incluíam desde a liberdade de as mulheres se divorciarem de seus respectivos maridos, a possibilidade de viúvas escolherem um novo marido sem a interferência ou tutela de algum parente masculino próximo, até a impossibilidade de a mulher receber e manter apenas para si o dote que o noivo entregava quando da celebração do casamento.

Asma Lamrabet[129] argumenta que, "quando uma nova religião emerge em uma ordem social já sexualmente atribuída, só pode ser absorvida por ela, a despeito de si mesma", ou seja, as contradições entre a mensagem religiosa/espiritual e a forma de vida das pessoas podem ser observadas tendo em vista o contexto em que tal mensagem emergiu e se desenvolveu.

---

126 AHMED, 1992; KEDDIE, 1991.

127 AHMED, 1992, p. 53.

128 KEDDIE, 1991, p. 3-17.

129 LAMRABET, Asma. **Women in the Qur'an**: an emancipatory reading. Markfield: Kube Publishing, 2016. p. 3, tradução minha.

Assim, é possível encontrar uma primeira chave para o entendimento dos elementos que compõem o *núcleo ético* da religião e que serão retomados para argumentar sobre o potencial de reforma por ela trazida, por exemplo, a mensagem de justiça, paz e liberdade entre os seres humanos. E, de outro lado, as diversas formas de interpretação possíveis da doutrina religiosa, política e social que conformam o Islã, principalmente em aspectos ligados às leis de família muçulmanas (ou códigos de estatuto pessoal) que contribuem para a manutenção de uma certa superioridade masculina em termos sociais e reais.

Um exemplo que ilustra bem a crítica feita por Asma Lamrabet diz respeito ao *espírito humanista*[130] presente no Alcorão, quando enfatizava sua posição favorável aos seres humanos, independentemente de gênero. Porém, as formas tradicionais/clássicas de interpretação do texto (que são fruto de um entendimento humano, subjetivo) reduziram tal aspecto do referencial religioso e social.

Embora esse *núcleo ético* da religião trouxesse disposições que poderiam ser tidas como benéficas aos direitos das mulheres, principalmente pelas noções de justiça e liberdade, a aplicação prática delas nas primeiras comunidades muçulmanas esteve sujeita ao processo de elaboração e interpretação das leis baseadas nas fontes sagradas (Alcorão e *ahadith*), que teve seu desenvolvimento principal entre os séculos IX e XIII. O próximo subcapítulo discutirá em maior detalhe o estatuto das mulheres muçulmanas nos primeiros séculos do Islã, buscando apresentar suas principais características.

1.2 As mulheres no Alcorão e ao longo dos primeiros séculos do Islã

Um debate central no estudo das mulheres e/no Alcorão é se o texto concede às mulheres e aos homens um estatuto igual. Essa questão é observada e discutida tanto pelos movimentos de mulheres muçulmanas quanto por clérigos e juristas, na tentativa de formular argumentos contrários ou favoráveis à demanda de novas interpretações. Em geral, abordam os papéis de gênero nas sociedades muçulmanas e, portanto, nas Leis de Família (ou Códigos de Status Pessoal) que regem aspectos tais como o casamento, o divórcio, a guarda dos filhos e o direito à herança.

130 Em consonância com o trabalho de exegese/comentário (*tafsir*) de Amina Wadud, em 1999.

Alguns elementos devem ser considerados neste contexto para uma melhor compreensão não apenas do Alcorão e demais fontes de inspiração para a elaboração de leis e entendimentos, como os *ahadith*, mas também dos debates desenvolvidos ao longo do século XX. Citaremos ao menos três que consideramos mais relevantes.

Em primeiro lugar, embora as discussões acerca das noções de justiça e igualdade de gênero sejam centrais nos debates atuais[131] a literatura especializada diverge com relação à(s) suas definição(ões), em especial de três formas: a) a igualdade presente no texto sagrado referia-se ao âmbito espiritual, mas no âmbito familiar as hierarquias eram lidas como algo natural[132]; b) a igualdade estava presente de forma contínua no texto e tida como um tratamento justo, visto que o conteúdo do texto clamava por uma espécie de reforma nos costumes observados nos séculos anteriores, e c) a igualdade seria um ideal a ser alcançado, porém, em certos aspectos, as hierarquias entre mulheres e homens poderiam ser encontradas no próprio texto.

O segundo elemento é a discussão acerca da atuação pública das mulheres nas primeiras comunidades muçulmanas e como isso influenciou o desenvolvimento das leis nos séculos subsequentes.

E, por fim, o desenvolvimento de entendimentos humanos para a *Shari'a* (a inspiração legalista que advém do Alcorão), que leva à construção das escolas de pensamento jurídico (xiita e sunitas) e sua relação com o tempo em que se desenvolveram. A hermenêutica produzida foi o ponto de partida para discursos, projetos e práticas sociais em diferentes países do Oriente Médio e Norte da África).

---

131 BAUER, Karen. The male is not like the female (Q 3:36): the question of gender egalitarianism in the Qur'an. **Religion Compass**, London, v. 3, p. 637-654, 2009.

132 Destacamos aqui que um elemento comumente discutido e questionado quando considerada a hipótese de que a hierarquia era tida como algo natural é o vínculo entre o islã e o patriarcado. Nesse contexto, alguns pontos devem ser explicados para evitar más interpretações (que são comuns) que tendem a crer que o Islã em si é uma religião que conduziria ao patriarcado, aspecto esse refutado até mesmo por feministas islâmicas como Amina Wadud (1999) e Asma Barlas (2015). Wadud (1999) aponta em sua exegese a existência de uma ética espiritual e sociopolítica no interior do pensamento corânico que contrapõe a noção de que a religião é inerentemente patriarcal e excludente, ou seja, a desigualdade encontrada na atuação feminina e na efetivação de sua igualdade de direito seria fruto das interpretações temporais ou localizadas conferidas ao texto corânico. Ao postular como questão central justamente se a natureza do texto corânico seria patriarcal, Barlas (2015) aponta que os princípios/valores e ensinamentos corânicos foram revelados em um contexto de sociedades patriarcais e foram interpretados por pessoas que aderiam (em alguma medida) ao texto corânico, tornando assim permitida a opressão da mulher e até mesmo a negação de seus direitos ao comum, algo vivenciado também em outras religiões monoteístas que apresentavam uma grande variedade de leituras do texto sagrado.

Corroboramos a afirmativa dos pesquisadores Karen Bauer[133], Nadia El Cheikh[134] e Peter Webb[135] quando argumentam que estudiosos e religiosos tendem a observar o passado como um tema passível de apropriações e reinterpretações. Tal raciocínio é capaz de gerar, no que diz respeito aos direitos das mulheres e direito familiar nas sociedades muçulmanas em geral, uma multiplicidade de entendimentos legais que interferem de maneira direta na capacidade das pessoas usufruírem ou não de um determinado direito. Assim, é possível argumentar que, enquanto o passado constitui elemento da disputa de narrativas desenvolvidas em torno de um tópico específico (aqui os direitos das mulheres e o direito de família) existe concomitantemente à noção de que o tempo presente (contexto em que o tópico específico é lido, observado) influencia as interpretações.

O Alcorão foi revelado nas primeiras décadas do século VII em um contexto marcado pela existência de diferentes arranjos sociais na região da Península Arábica, sendo que cada um daqueles apresentava peculiaridades em suas formas de vivência. Em relação às mulheres, estipulavam o grau de maior autonomia feminina em questões familiares (como a celebração de casamentos, a possibilidade de divórcio), bem como a relação com o trabalho ou as formas de subsistência e a ação na esfera pública, sobretudo na religião, na política (como líderes de suas tribos ou famílias) e na guerra.

Uma alternativa para o estudo mais atento e compreensivo do tema dos direitos das mulheres no Alcorão tende a discutir os ensinamentos em duas categorias principais, a saber: a) os versículos que contêm revelações direcionadas de forma igualitária aos crentes (mulheres e homens) que devem agir de acordo com princípios como a modéstia, a moral, e b) os versos que são direcionados especificamente às mulheres e que não apresentam a mesma noção de igualdade dos demais versos[136].

Considerando a ideia de que a igualdade presente no texto sagrado esteve voltada ao âmbito espiritual, faz-se necessário analisar a disposição corânica nesse sentido, bem como a sua interpretação e prática. Tais disposições costumam ser entendidas por meio da análise de versos

---

133 BAUER, Karen. **Gender hierarchy in the Qur'ān**: medieval interpretations, modern responses. Cambridge: Cambridge University Press, 2015.

134 EL CHEIKH, 2015.

135 WEBB, 2014, 2020.

136 KEDDIE, 2007.

que lidam com os princípios gerais da religião, que em sua maioria eram direcionados aos crentes (mulheres e homens) como uma unidade.

Aïcha El Hajjami[137] argumenta que a mensagem corânica traz em sua base a libertação do ser humano de qualquer forma de opressão, a necessidade de reestruturação de relações sociais e, sobretudo, o princípio igualitário que

> [...] encontra seus fundamentos no próprio conceito da unicidade de Deus: "Não existe Deus senão Deus". "Nenhum Deus fora de Deus". Essa afirmação constitui uma referência existencial que carrega em si todas as aspirações e/ou reivindicações pela igualdade dos humanos diante de um só Deus, sem nenhum tipo de intermediação.[138]

A igualdade como um conceito relacional, ou seja, cujo sentido advém de comparações entre mulheres e homens, pode ser observada em versículos dirigidos aos crentes (mulheres e homens), que dispõem como estes devem agir de acordo com princípios como a modéstia, da moral e das formas possíveis de lidar com as transgressões às práticas lícitas (*halal*). Um exemplo desse último tópico é a passagem 24:2[139], em que se apresenta o castigo físico que incidiria sobre adúlteros — mulheres e homens — sem distinção.

Em determinados contextos, a igualdade pode ser acompanhada de uma espécie de entendimento da noção de justiça. Neste sentido, um exemplo interessante diz respeito ao reconhecimento do direito à herança por parte das mulheres. O fato de esse direito existir, figurar no Alcorão (4:11)[140] e ser reconhecido não impediu que a porção a elas direcionada fosse menor do que aquela destinada aos seus parentes homens. Porém, tal desigualdade material é vista como justa por algumas (ou todas?) inter-

---

137 EL HAJJAMI, Aïcha. A condição das mulheres no islã: a questão da igualdade. **Cadernos Pagu**, Campinas, v. 30, p. 107-120, jan./jun. 2008.

138 *Ibidem*, p. 111.

139 "A adúltera e o adúltero, castigai cada um deles com cem açoites; e não tenhais pena deles na religião de deus se credes em Deus e no último dia. E que um grupo de crentes assista o castigo" (Alcorão, 24:2).

140 "Eis o que Deus vos prescreve: Quando morre um de vós, deixando bens e filhos, o filho varão herdará o dobro da filha, e se houver somente filhas, receberão dois terços da herança, mas se houver uma filha só, receberá apenas metade. Morrendo o filho, cada um dos pais receberá a sexta parte, caso o defunto tenha filhos. Se a herança couber exclusivamente aos pais, a mãe receberá um terço, e o pai, dois terços. Caso o defunto tiver também irmãos, a mãe receberá a sexta parte. Tudo isso depois de executados os legados e pagas as dívidas. Entre vossos pais e vossos filhos, não sabeis quem é mais benéfico para convosco. Tal é a lei de Deus. Deus é conhecedor e sábio" (Alcorão, 4:11).

pretações, se considerarmos que os maridos têm a obrigação de sustentar suas esposas, e estas poderiam dispor livremente da propriedade herdada.

Bauer[141] aponta desdobramentos ainda mais complexos dessa lógica entre direito à herança e direito à manutenção ainda na Surata *An Nissá* (*As mulheres*), mais especificamente na primeira parte do verso 4:34[142], sobre a responsabilidade conferida aos homens de sustentarem suas esposas financeiramente, o que geraria uma espécie de hierarquia entre ambos, conforme a leitura da segunda parte do verso, que sugere que elas devem obediência aos seus respectivos maridos.

Outra tendência que recebeu maior atenção nas últimas décadas do século XX EC[143] foi a hermenêutica (*tafsir*) do texto original do Alcorão sobre aspectos como a criação da humanidade; a forma pela qual figuras femininas históricas foram apresentadas em face de seus pares masculinos, e dos direitos e deveres relacionados à família e que mais tarde passaram a integrar as leis de família muçulmanas.

A autora argumenta que uma questão central para os exegetas do período pré-moderno (extensão temporal que para a autora compreende as interpretações desenvolvidas entre os séculos VIII EC e XIX EC) era a garantia de que mulheres e homens teriam um tratamento considerado justo, de acordo com as disposições das diferentes escolas de pensamento jurídico. Sustenta-se, neste sentido, que as noções de justiça e de tratamento justo foram alteradas ao longo tempo, alcançando na modernidade (século XIX EC em adiante) uma associação mútua:

> [...] a justiça não seria necessariamente associada à igualdade. Estruturas hierárquicas dominaram as leis para pessoas de diferentes estatutos: livres ou escravos, muçulmanos ou não-muçulmanos, homem ou mulher, rico ou pobre,

---

141 BAUER, 2009, p. 637-650.

142 "Os homens têm autoridade sobre as mulheres pelo que Deus os fez superiores a elas e porque gastam de suas posses para sustentá-las. As boas esposas obedientes e guardam sua virtude na ausência de seu marido conforme Deus estabeleceu. Aquelas de quem temeis a rebelião, exortai-as, bani-as de vossa cama e batei nelas. Se vos obedecerem, não mais molesteis" (Alcorão, 4:34).

143 Amina Wadud apresenta, em sua obra *Qur'na and woman: rereading the sacred text from a woman's perspective* (1999), discussões muito importantes acerca da leitura e interpretação do Alcorão, principalmente ao expor o fato de que, ao longo dos séculos, o pensamento islâmico apoiou-se em uma leitura e exegese do Alcorão que tinha como base o entendimento masculino acerca do texto sagrado e era escrito por homens. Wadud (1999) propõe uma releitura do texto sagrado que considere fatores como o contexto em que o texto foi revelado (e posteriormente escrito), a polissemia do árabe (sobretudo o uso de palavras neutras que trazem orientações universais à humanidade) e as possibilidades de interpretação de acordo com preceitos/conceitos externos ao texto sagrado.

> maturo ou imaturo, mentalmente capaz ou mentalmente incapaz. As noções de tratamento justo foram alteradas nos tempos modernos. Agora, justiça é comumente associada com igualdade. Assim, para muitos autores modernos, a questão de saber se o Alcorão trata homens e mulheres igualmente é de suma importância: de acordo com os padrões comuns de hoje, se o Alcorão defendia a desigualdade, ele também defendia a injustiça. Se incorpora o espírito de igualitarismo, por outro lado, é justo e razoável.[144]

Tendo em vista que o Alcorão não apresenta uma forma única de tratamento — seja ele igualitário ou não igualitário — com relação à preocupação moderna supramencionada e que os direitos de mulheres e homens não seriam fixos, dados ou absolutos, mas sim construções legais e culturais desenvolvidas ao longo do tempo, analistas como Ayesha Chaudhry[145] e Ziba Mir-Hosseini[146] passaram a discutir os conceitos de justiça, igualdade e os direitos e deveres relacionados à família a partir da proposição de uma organização hermenêutica dos estudiosos e juristas em três segmentos principais, a saber: tradicionalistas, idealistas — que no modelo de Mir-Hosseini[147] são tidos como neotradicionalistas — e modernistas/reformistas.

De acordo com Chaudhry[148], os tradicionalistas tendem a isentar o texto do Alcorão de qualquer percepção de injustiça, argumentam que ele trata mulheres e homens como iguais em valor (enquanto seres humanos), embora existam hierarquias no âmbito familiar. Ziba Mir-Hosseini adiciona a este entendimento a noção de que nessa vertente tradicionalista "a desigualdade de gênero é tida como certa, a *priori*, um princípio. [...] um mundo em que a desigualdade era a ordem natural das coisas, a única forma conhecida de regular as relações entre eles"[149].

Assim, nesse primeiro segmento a noção de igualdade estaria presente em um âmbito mais espiritual e ideal, enquanto nas relações sociais do mundo terreno certas hierarquias existiam e influenciavam a com-

---

144 BAUER, 2009, p. 637, tradução minha.

145 CHAUDHRY, Ayesha S. The problems of conscience and hermeneutics: a few contemporary approaches. **Comparative Islamic Studies**, Sheffield, v. 2, n. 2, p. 157-170, 2006.

146 MIR-HOSSEINI, Ziba. The construction of gender in Islamic legal thought: strategies for reform. **Hawwa:** Journal of Women in Middle East and the Islamic World, Leiden, v.1, n. 1, p. 1-28, 2003.

147 *Ibidem*.

148 *Ibidem*, p. 151-160.

149 *Ibidem*, p. 3, tradução minha.

preensão dos princípios corânicos. A criação da humanidade, por exemplo, tal qual apresentada na passagem 30:21[150] do Alcorão, expressava — no ponto de vista ideal — o valor que mulheres e homens possuíam enquanto seres humanos, e a hierarquia entre ambos advinha de uma interpretação androcêntrica do texto segundo a qual a mulher teria sido criada para o homem, entendimento que esteve vinculado à influência da narrativa cristã da criação de Eva no paraíso, segundo Wadud[151].

Já os idealistas ou neotradicionalistas tomam a noção de igualdade como um modelo a ser alcançado. Sua interpretação caminha no sentido de que as diferenças de direitos e deveres entre os sexos, embora existentes, eram poucas e não representariam necessariamente um padrão de injustiça ou desigualdade. Existia uma lógica segundo a qual a justiça se referia ao valor conferido ao ser humano (mulher ou homem). Assim, as diferenças no tratamento recomendado para mulheres e homens (sobretudo na questão dos direitos no âmbito familiar), bem como a hierarquia e o patriarcado apontados como um problema para os/as reformistas, eram tidos como o resultado do entendimento dos exegetas (possíveis tensões observadas na prática advêm da compreensão humana) em uma linha de pensamento semelhante ao tradicionalista ao retirar do Alcorão qualquer ambiguidade inerente aos seus ensinamentos.

Um aspecto paradoxal da abordagem idealista é o entendimento de que o tratamento justo não estaria relacionado à igualdade de direitos entre mulheres e homens, enquanto reforçava a igualdade em aspectos éticos, tais como: o fato de homens e mulheres serem moralmente responsáveis por seu comportamento individual; terem o dever de seguir os pilares da religião e serem recompensados por atos bons ou punidos por seus atos maus ou transgressões.

Por fim, para os modernistas/reformistas, parece existir uma preocupação mais centrada na compreensão das estruturas hierárquicas promovidas pelo texto sagrado, em cuja interpretação era possível observar uma tensão entre as noções de igualdade e justiça promovidas ao longo do texto e os direitos das mulheres, sobretudo no âmbito familiar e no casamento.

[150] "E de Seus sinais ter criado para vós esposas de vós próprios para que moreis com elas, e ter posto entre vós amor e misericórdia. Há em tudo isso um ensinamento para os que raciocinam" (Alcorão, 30:21).

[151] . WADUD, 1999, p. 15-20.

Um aspecto relevante da abordagem dos reformistas é o de que o Alcorão poderia (e deveria) ser compreendido a partir de sua interação com as comunidades muçulmanas e suas diferentes interpretações e entendimentos de outras fontes religiosas. Aqui, como apresenta Chaudhry[152], é importante o engajamento crítico com relação ao Alcorão, sobretudo a busca por entendimentos que privilegiem alternativas ao entendimento literal de passagens do texto sagrado.

Chaudhry [153] argumenta que os reformistas dão um passo além nas discussões acerca dos direitos das mulheres e da percepção de uma desigualdade de gênero ao admitirem que, em alguns momentos, o texto sagrado assume uma hierarquia entre os gêneros. Além disso, os reformistas apostam no potencial interpretativo da comunidade muçulmana ao propor novas formas de interpretar versos do Alcorão, como o 4:34[154], que passaram a constituir o foco das abordagens que tratam da tensão entre igualdade e desigualdade no âmbito do casamento muçulmano.

Mir-Hosseini[155] também argumenta de forma favorável ao estabelecimento de um pensamento crítico capaz de "romper o vínculo, implícito nas determinações da jurisprudência (*fiqh*), entre as construções dos direitos de gênero e as teorias da sexualidade"[156], e assim demonstrar que aspectos como os direitos familiares e a sexualidade feminina eram sujeitos a uma regulação advinda de forças/interesses familiares e sociais, e não por uma orientação divina, estabelecida de forma imutável pela *Shari'a*, por exemplo.

Além da compreensão de aspectos do Alcorão que dizem respeito às relações entre mulheres e homens, a discussão acerca da atuação delas nas primeiras comunidades muçulmanas é constante na literatura sobre mulher e o Islã[157] e até mesmo tida como essencial para a compreensão

[152] CHAUDHRY, 2006, p. 157-170.

[153] *Ibidem*.

[154] "Os homens têm autoridade sobre as mulheres pelo que Deus os fez superiores a elas e porque gastam de suas posses para sustentá-las. As boas esposas são obedientes e guardam sua virtude na ausência de seu marido conforme Deus estabeleceu. Aquelas de quem temeis rebelião, exortai-as, bani-as de vossa cama e batei nelas. Se vos obedecerem, não mais as molesteis. Deus é elevado e grande" (Alcorão, 4:34).

[155] MIR-HOSSEINI, 2003, p. 20-26.

[156] *Ibidem*, p. 20, tradução minha.

[157] KEDDIE, 1991; AHMED, 1986; EL-NIMR, Raga'. Women in Islamic Law. *In*: YAMANI, Mai; ALLEN, Andrew (ed.). **Feminism and Islam**: legal and literary perspectives. New York: New York University Press, 1996. p. 87-102; TUCKER, Judith E. **Women, family, and gender in Islamic law**. Cambridge: Cambridge University Press, 2008; EL CHEIKH, 2015; LAMRABET, Asma. **Women and men in the Qur'ān**. London: Springer, 2018.

do desenvolvimento das leis e dos entendimentos religiosos nos séculos subsequentes[158].

No período de inserção do Islã, Khadijah (a primeira mulher do profeta Muhammad) e Aisha (uma das esposas mais jovens do profeta Muhammad e que teve papel essencial na transmissão do conhecimento religioso após a morte do profeta) foram consideradas figuras fundamentais no intuito de discutir o papel delas na ordem social proposta pela nova religião e por terem em sua vida alguns exemplos dos costumes preexistentes.

Khadijah, uma mulher sociabilizada no período pré-islâmico, dispunha de independência econômica, poder e prestígio social que proveram o apoio e a segurança financeira de que Muhammad precisava para dedicar-se à sua atividade contemplativa-religiosa, e principalmente a relevância e o simbolismo que advêm do fato de ela, uma senhora de prestígio da sociedade, ter manifestado sua crença no profeta e nova fé ao ser a primeira pessoa a converter-se ao Islã[159].

Já Aisha representa, nas análises de Ahmed[160] e anteriormente nas reflexões de Abbott[161], uma figura do período de transição entre os costumes e a moral do período pré-islâmico e o islâmico; tinha pais muçulmanos[162], casou-se com Muhammad e ao longo de sua vida passou a seguir os novos costumes e práticas estabelecidos (como o uso do véu e a reclusão). Além disso, passou a uma importante fonte de referência ao transmitir o conhecimento religioso e às vezes mediar disputas com base nos costumes e leis tais quais praticados pelo profeta Muhammad (principalmente na tradição sunita do Islã[163]). No entanto, cabe destacar que a participação de Aisha na Batalha do Camelo (656 EC), um grande

158 HAMADEH, Najla. Islamic family legislation: the authoritarian discourse of silence. *In*: YAMANI, Mai; ALLEN, Andrew (ed.). **Feminism and Islam**: legal and literary perspectives. New York: New York University Press, 1996. p. 331-349.

159 AHMED, 1992, p. 42-49.

160 AHMED, 1986.

161 ABBOTT, 1942b, p. 21-55.

162 Era filha de Abu Bakr al-Siddiqi, um dos companheiros do profeta Muhammad na primeira comunidade muçulmana e que após a morte deste foi eleito pelos membros da referida comunidade como o primeiro califa, de acordo com a história islâmica.

163 Cabe ressaltar que a cisão entre xiitas e sunitas — as duas principais correntes do Islã — data da crise relacionada à sucessão político-religiosa após a morte do profeta Muhammad. Os xiitas (partidários de Ali ibn Abu Talib, primo e genro do profeta) defendiam que a sucessão deveria ser circunscrita aos descendentes do profeta e sua família estendida. Já os sunitas (aqueles que seguem a *sunah*, a norma) argumentavam que o poder deveria ser exercido por um califa, um homem eleito por um grupo de muçulmanos (Jomier, 2002).

conflito civil no interior da comunidade muçulmana relacionado à sucessão política, gerou controvérsia acerca da atuação feminina na política e o acesso ao poder.

Ahmed[164] descreve com detalhes essa importância ao argumentar que, embora não seja possível precisar o grau de liberdade na Península Arábica à época, em algumas comunidades tribais as mulheres apresentavam certa autonomia em aspectos ligados ao direito familiar (composição das famílias, celebração de casamento e reconhecimento de linhagem), na atuação religiosa e na guerra. Porém, com a inserção do Islã e o reforço à padronização das formas de sociabilização entre os séculos VI EC e VII EC, como o casamento que enfatizava a linhagem patriarcal, os novos costumes impuseram-se:

> Ao contrário, autonomia e monogamia estiveram ausentes nas vidas das mulheres que se casaram com Muhammad depois que ele se estabeleceu como profeta e líder do Islã, e o controle das mulheres por tutores masculinos e a prerrogativa masculina da poligamia passaram a ser aspectos formais do casamento islâmico.[165]

As análises feitas acerca da atuação e influência de Aisha e Khadija são variadas, porém, em termos gerais, há o entendimento de que a restrição à atuação pública feminina ocorreu concomitantemente à consolidação do Islã, se considerarmos o grau de autonomia que as mulheres vivenciavam no período da *Jahiliyya*.

Keddie[166] concorda que as figuras femininas mais fortes do Islã (Khadijah e Aisha) estavam justamente no início dessa nova religião[167], mas argumenta que uma série de fatores internos e externos foram essenciais para que não tivessem paralelos diretos observáveis nas gerações posteriores. Em especial, a percepção de que a comunidade islâmica tomou para si alguns modelos sociais existentes nas sociedades que a cercavam

---

164 AMHED, 1992, p. 45-60.

165 AMHED, 1992, p. 42-43, tradução minha.

166 KEDDIE, 1991, p. 1-21.

167 Keddie (1991) faz uma breve pericdização da atuação feminina e argumenta que as mulheres muçulmanas teriam vivenciado maior liberdade de ação política, social e religiosa em quatro momentos principais, a saber: o período da fundação das comunidades do Islã (com destaque para a atuação de Khadijah e Aisha); os dois primeiros séculos; os períodos de comando nômade (mongóis, mamelucos e safávidas); e o período das reformas modernas. Os limites da periodização, ainda de acordo com a autora, estariam no fato de que até aquele momento havia poucos estudos dedicados exclusivamente à atuação feminina em determinados períodos da história no Oriente Médio.

(por exemplo, o Império Bizantino e o Império Sassânida), entre elas a estratificação social e o patriarcado.

Um outro aspecto relevante da atuação feminina nas primeiras décadas do Islã, destacado por Asma Sayeed[168], foi a participação na transmissão de conhecimento religioso (principalmente os *ahadith*), em que as mulheres da primeira comunidade muçulmana guiada por Muhammad partilhavam seu conhecimento religioso, ligado às memórias das ações, palavras e decisões do profeta, como uma forma de trocar e transmitir conhecimento, e orientando a atuação e prática religiosa das futuras gerações.

Destaquem-se, na tradição xiita (em específico a dos xiitas do duodécimo ou duodecimais[169]), duas mulheres, a saber: Fátima Zahra (filha do profeta) e Sayyida Zaynab (filha de Fátima e neta do profeta), que tiveram um papel central na consolidação do imaginário religioso-político por trazerem princípios éticos de conduta e atuarem em sua transmissão, principalmente após o martírio do Imam Hussein, em 680 EC (Karbala, Iraque). Ainda no século VII EC, ao longo da Dinastia Omíada (680-750 EC) e depois na Dinastia Abássida (750-1250 EC), uma série de rituais de memória foi desenvolvida para trazer à tona os acontecimentos da Batalha de Karbala e os ensinamentos dela à comunidade xiita. A ênfase inicial era no luto e pela morte de Hussein [com destaque às condições de batalha, aos princípios por ele defendidos e ao sofrimento dos sobreviventes (as mulheres e crianças)]. No entanto, a "narrativa clássica" da batalha, transmitida de forma oral e redigida na Dinastia Safávida (século XVI EC), passou a enfatizar a importância de Fátima como um modelo feminino a ser seguido, por ter forjado o caráter religioso-moral de seu filho (Hussein). Fátima também figura — em uma abordagem popular do xiismo — como uma espécie de mediadora entre os fiéis e Deus, atuando de forma a auxiliá-los a sobreviver em sociedades que de alguma forma

---

168 SAYEED, Asma. **Women and the transmission of religious knowledge in Islam**. Cambridge: Cambridge University Press, 2013.

169 A referida corrente da doutrina xiita crê em aspectos como a doutrina do *Imamato*, segundo a qual o comando religioso e político da comunidade muçulmana deveria ser composto pela linhagem do profeta Muhammad, e na existência de 12 *imams* (de Ali ibn Abu Talib, genro de Muhammad, até Mohammed al-Muntazar, sendo que o último está oculto desde o século IX), e no aspecto escatológico de que o 12º5 *imam* deverá retornar de sua reclusão aos olhos humanos para restaurar os valores islâmicos autênticos e desenvolver um governo de justiça e paz, livre de todas as formas de opressão religiosa e política experenciadas pela comunidade até o momento de seu retorno (CAMPANINI, 2007, p. 247-264; MOMEN, 1985, p. 147-168).

lhes oprimiam e faziam com que depositassem confiança na promessa de paraíso, ou seja, no pós-morte.

A relevância de Sayyida Zaynab antes, durante e depois dos eventos que culminaram na morte de seu irmão (Hussein) em Karbala passou a ser observada séculos mais tarde, sobretudo com a revitalização do pensamento xiita no século XX EC, e ela passou a ser entendida como uma espécie de porta-voz da comunidade xiita responsável por transmitir o legado ético, moral e religioso de sua família; além de atuar de forma a questionar poder do califado, que passara a ser exercido por governantes tidos pela comunidade xiita como opressores e corruptos[170].

Sayeed[171], que buscou investigar o papel das mulheres na consolidação da memória comunal muçulmana, apontou que elas eram não apenas transmissoras do conhecimento religioso (e memória) e modelos de religiosidade a serem seguidos, mas também intérpretes desse conhecimento. A participação pública feminina passou a ser um tema disputado em um ambiente teórico majoritariamente masculino, ao longo do processo de desenvolvimento das coletâneas de *hadith* (sobretudo final do século VIII EC e meados do século IX EC).

Assim, a vida das mulheres muçulmanas nos primeiros séculos do Islã variou de acordo com características como classe, localidade (região rural ou urbana) e grau de influência da lei de costume pré-islâmica, principalmente em aspectos relacionados ao binômio honra e vergonha[172].

Keddie[173] enfatiza a sua importância como elemento central no código de conduta feminina, ao destacar que, em sociedades do Mediterrâneo e da Mesopotâmia, a honra familiar estava ligada à pureza da menina (ou mulher); e a vergonha advinha de qualquer conduta dela que pudesse gerar dúvidas em relação a sua virgindade e fidelidade.

Hamadeh[174] e Esposito[175] convergem ao apontarem que as mulheres que viveram na época de Muhammad e durante os primeiros califados tinham certa autonomia nas sociedades de que participavam. Porém, tal

---

170 AGHAIE, Kamran S. The Karbala narrative: Shi'i political discourse in modern Iran in the 1960's and 1970's. **Journal of Islamic Studies**, v. 12, n. 2, p. 151-176, 2001.

171 SAYEED, Asma. Gender and legal authority: an examination of early juristic opposition to women's Ḥadīth transmission. **Islamic Law and Society**, Leiden, v. 16, p. 115-150, 2009.

172 KEDDIE, 1991; ESPOSITO, 1975.

173 KEDDIE, 1991.

174 HAMADEH, 1996, p. 331-34.

175 ESPOSITO, 1975, p. 99-114.

agência foi capturada e delimitada pelo desenvolvimento de um corpo de leis escritas por homens que interpretavam os textos sagrados.

Hamadeh[176] discute o processo de construção do que denomina de *discurso do silêncio* quando da elaboração das leis de família. Trata-se do silenciamento de aspectos centrais do Alcorão e da *Sunnah*, como as noções de igualdade entre mulheres e homens, sobretudo ao questionar as relações que se estabeleceram entre o poder político e o poder religioso (*ulama*, *fuqaha*). Ao trazer dois exemplos gerais de leis relacionadas ao âmbito familiar, um que diz respeito aos impedimentos para a mulher pedir divórcio e outro que trata da custódia de filhos menores de idade (sobretudo entre 2 e 9 anos de idade). Assim, argumenta que o silenciamento das mulheres moldou e foi moldado pelo discurso legal islâmico:

> Os legisladores islâmicos optaram por uma interpretação do Islã que concede um retrato caprichoso e não-realista da natureza feminina e reduz os direitos que o Islã atribuiu à mulher, ignorando não apenas os ditames do bom senso, mas também o espírito e às vezes o sentido explícito do texto corânico, bem como os fatos já aceitos com relação à vida do Profeta. Com o intuito de perpetuar tal interpretação, as vozes das mulheres juristas, e daqueles que se engajaram no diálogo sobre o Islã, foram silenciadas.[177]

No entanto, que tal processo de silenciamento não foi isento de críticas, tendo em vista os relatos da atuação do profeta Muhammad (e dos califas que seguiram seu exemplo), nos quais é retratada uma maior influência da mulher na vida política e religiosa, sobretudo na interpretação dos princípios corânicos. Além disso, as escolas de pensamento jurídico (*madahabib*) desenvolveram entendimentos diferentes para lidar com contradições com relação aos direitos concedidos pela nova religião às mulheres (como a gestão de propriedade, o direito à herança e o direito ao dote como propriedade individual), mas possuíam alguns impedimentos em áreas como as leis de família, em que o exercício de sua capacidade poderia ser mediado por um tutor.

O baixo status da mulher observado após os primeiros séculos do Islã seria, então, o resultado da influência de costumes sociais anteriores à inserção do Islã nas diversas regiões que foram conquistadas e pela atua-

---

[176] HAMADEH, 1996, p. 331-349.

[177] *Ibidem*, p. 333, tradução minha.

ção de juristas que de alguma maneira buscaram compatibilizar práticas sociais com a interpretação de princípios corânicos.

Ao longo do período de formação do Islã, sob o comando do profeta Muhammad, as proposições gerais contidas no Alcorão eram tomadas do ponto de vista ético basilar para a tomada de atitudes no interior da *ummah*, definindo comportamentos sociais, familiares, religiosos e políticos que mais tarde seriam tidos por juristas como um padrão de entendimento e atuação que poderia ser emulado. Porém, cabe ressaltar que neste contexto inicial as atitudes e os entendimentos não eram um conjunto de formulações legislativas e inflexíveis[178].

Por alguns anos Muhammad foi responsável pela interpretação das proposições gerais contidas na revelação divina e pela mediação de conflitos que surgiram a partir das interações estabelecidas entre as crenças existentes e os princípios éticos do Islã no tocante à vida da comunidade que se organizava. Após a morte de Muhammad, os sucessores ao poder político-religioso da *ummah*, os califas, passaram a ser responsáveis pela interpretação das proposições corânicas contidas em práticas diárias. As dificuldades de transportar tais proposições para o âmbito legal foram observadas por uma série de fatores, tais como a multiplicidade de interpretações/entendimentos acerca do texto sagrado e das ações de Muhammad[179], as interações com os povos árabes conquistados e a assimilação de conceitos junto ao corpo jurídico islâmico que estava em desenvolvimento.

Ahmed apresenta o exemplo da organização administrativa do Império Omíada (661 EC-750 EC) para discutir as diferentes formas de interpretação de princípios corânicos, junto a juízes e autoridades de governos locais, em temas diversos da vida cotidiana, mas principalmente naqueles vinculados ao âmbito familiar: disposições sobre casamento e divórcio. Os juízes (que acumulavam também a função de administradores) costumavam aplicar as leis locais e de acordo com seus entendimentos acerca do Alcorão, e desta forma diferenças regionais eram observadas

[178] AHMED, Leila. Early Islam and the Position of Women: The Problem of Interpretation. *In*: KEDDIE, Nikki; BARON, Beth (ed.). **Women in Middle Eastern History**: Shifting Boundaries in Sex and Gender.New Haven: Yale University Press, 1991. p.58-73.

[179] Ao analisar o papel das mulheres na história intelectual islâmica, Aslan (2013) argumenta que, mesmo antes da morte do profeta Muhammad, alguns muçulmanos da primeira comunidade preservavam tradições pré-islâmicas em seus processos de tomada de decisão; porém o conflito entre tal forma de atuação e os princípios corânicos pode ser observado com maior intensidade na transmissão dos *ahadith*.

em aspectos como a compreensão da capacidade/maioridade da mulher para contratar seu próprio casamento.

Em Cufa (Iraque), por exemplo, a mulher detinha certa liberdade para realizar seu contrato de casamento, sem a necessidade de uma mediação masculina; enquanto em Medina (Arábia Saudita) a figura do guardião (geralmente o pai da mulher em questão) era necessária. A escola de leis de Cufa (que posteriormente integrou a escola Hanafi) teria sido fortemente influenciada por costumes da Dinastia Sassânida em aspectos relacionados à escolha de parceiros para o casamento, compartilhando de um forte senso de classe em que o noivo/marido ideal deveria ser da mesma classe social da noiva[180].

Com o passar dos anos, e maior intensidade na transição para o Império Abássida (750 EC-1250 EC), a doutrina jurídica foi formulada por pessoas que se debruçaram na compreensão do Alcorão e dos *ahadith*, com o objetivo de colocar em prática as orientações nestes contidas para a vida cotidiana e a mediação de conflitos.

A pluralidade de visões deu origem, a partir do século IX EC, a diferentes escolas de pensamento jurídico, que influenciaram a elaboração de preceitos para a posterior codificação das leis de família e códigos de status pessoal. Neste período de formação os indivíduos (muçulmanos das diversas comunidades existentes) eram livres para decidir qual escola de pensamento gostariam de seguir, de forma integral ou parcial, isto é, por meio da combinação de entendimentos de diferentes escolas, de acordo com a temática de interesse; porém, na medida em que os Estados se fortaleceram enquanto unidades de autoridade, fez-se a opção por uma determinada escola, e passou-se seguir a jurisprudência de uma determinada escola como lei[181].

São cinco as principais escolas de pensamento jurídico, quatro de orientação sunita (Hanafi, Maliki, Hanbali, Shafi) e uma xiita (Jafari). Azizah Al-Hibri argumenta que entre essas escolas havia concordância em alguns princípios básicos comuns sobre as leis islâmicas: "1) mudam com o passar do tempo e com a mudança de lugar ou circunstâncias; 2) devem evitar danos; 3) podem ser descartadas se foram baseadas em

[180] AHMED, 1986, p. 665-678.

[181] AL-HIBRI, Azizah Y. Islam, law and custom: redefining Muslim women's rights. **American University Journal of International Law**, Washington, v. 12, p. 1-44, 1997.

uma causa que já não existe mais; e 4) devem servir ao bem comum"[182]. No entanto, ao longo dos séculos, tais princípios, que deveriam nortear relações sociais de forma mais igualitária, foram aplicados por juízes homens que partiam de seus entendimentos com relação às noções de "dano" ou "bem comum" para determinar a aplicação das leis.

As quatro escolas de pensamento jurídico da tradição islâmica sunita desenvolvida entre os séculos IX EC e XI EC passaram ser seguidas de forma integral ou parcial por Estados de população muçulmana.

As escolas Hanafi e Maliki foram as primeiras a ser elaboradas ainda no início do Califado Abássida (750 EC-1250 EC) e ampliaram a sua área de influência, de acordo com uma série de eventos políticos, sociais e demográficos. Em comum, no entanto, ambas as escolas tinham a perspectiva de observar práticas preexistentes (pré-islâmicas) e islâmicas formuladas ao longo dos governos dos primeiros Califas em diversas comunidades como fonte de inspiração para desenvolver seus entendimentos acerca da *Shari'a*. Além disso, outro ponto relevante foi o princípio do consenso (*ijma*)[183] que atuou como uma "força unificadora que visava reunir aspectos substantivos de todas as escolas sunitas por meio do uso do raciocínio jurídico independente (*ijtihad*)"[184].

A escola Hanafi foi construída no Iraque com base nos ensinamentos de Abu Hanifa no século VIII EC, alcançou maior notoriedade no Califado Abássida e atualmente é considerada a escola mais influente no direito islâmico, sobretudo em temas relacionados às leis de família, ao direito penal e ao tratamento dispendido às diferentes comunidades religiosas[185]. Já a escola Maliki, vinculada ao pensador Malik b. Anas, além dos princípios metodológicos supramencionados, baseou seus ensinamentos em princípios como a adoção do texto corânico explícito, a evidência de um texto (em que a interpretação pode divergir de um entendimento aparente de

[182] *Ibidem*, p. 8, tradução minha.

[183] Um aspecto dessa preocupação com o princípio do consenso (*ijma*) foi a polêmica desenvolvida no final do século IX EC e início do século X EC em que juristas confirmaram que todas as possibilidades de *ijtihad* tinham sido exploradas e, portanto, os "portões da *ijtihad*" estariam fechados, ou seja, a partir daquele momento as futuras decisões deveriam tomar como base entendimentos, aplicações e principalmente explicações definidas até então. Hallaq (1984) e Vogel (1993, p. 396-401) discutiram de forma mais profunda as implicações desse processo de fechamento do raciocínio jurídico livre/independente, bem como o posicionamento de juristas modernos acerca do referido raciocínio no contexto de modernização e secularização das leis de diversos países de população muçulmana.

[184] AN-NA'IM, 2002, p. 2-24, 7, tradução minha.

[185] AN-NAIM, 2002, p. 1-9; ESPOSITO, 2001, p. 107.

seu conteúdo) e o uso de textos expositivos que retomam as razões para uma determinada decisão jurídica ou entendimento acerca de um tema específico. Neste último, dever-se-ia observar a influência de costumes e práticas das primeiras comunidades muçulmanas[186].

As escolas Hanbali e Shafi desenvolveram-se em contextos que foram descritos na literatura especializada[187] como tendências regionais ou personalistas. A escola Hanbali, derivada dos entendimentos do teólogo Ahmad ibn Hanbal, priorizou fontes sagradas como o Alcorão e *hadith*, rejeitando a adesão completa e não questionada das opiniões de estudiosos e teólogos.

A escola Shafi, que teve no pensador iraquiano Muhammad ibn Idris al-Shafi seu principal representante, disputou espaço com a escola Hanafi durante o Califado Abássida (750 EC-1250 EC). Entre suas contribuições teóricas, figuram a preocupação com o desenvolvimento de leis condizentes com os ensinamentos de Muhammad e as circunstâncias sociais e políticas existentes. Al-Shafi enfatizou a importância do Alcorão e dos *ahadith* como fontes de inspiração centrais para elaboração de regras e entendimentos inspirados na religião[188].

Na corrente islâmica xiita, a principal escola de pensamento jurídico é a Jafari, escola que orientou os xiitas duodécimos em regiões no Irã, Iraque e Líbano. Compartilha com a doutrina sunita os princípios (*usul al-fiqh*) que visam elucidar o conteúdo da *Shari'a* e sua aplicação por meio de discussões éticas em torno das fontes sagradas. Desenvolvendo-se a partir do século X EC, o corpo jurídico e metodológico xiita diferencia-se ao adotar, por exemplo, fontes secundárias para elaborar entendimentos[189] e assim orientar futuras decisões, ganhando maior aderência ao longo da Dinastia Safávida (século XVI EC)[190].

---

186 ESPOSITO, 2001, p. 190; BSOUL, Labeeb Ahmed. The emergence of the major schools of Islamic Law/ madhhabs. *In*: EL FADL, Kaled Abou; AHMED, Ahmed Atif; HASSAN, Said Fares (ed.). **Routledge handbook of Islamic law**. New York: Routledge, 2019. p. 141-154.

187 *Cf.* SCHACHT, 1959 *apud* HALLAQ, 2001, p. 1-13.

188 ALI, Kecia. **Imam Shafi'i**: school and saint. London: OneWorld Books, 2011; ESPOSITO, 2004, p. 285.

189 Giunchi (2014, p. 1-30) discute as implicações das diferentes metodologias e escolas de pensamento jurídico junto às decisões proferidas por juízes em cortes de família. Um elemento interessante dos debates trazidos pela autora é o de que o desenvolvimento das escolas não ocorreu de forma tão sistemática e progressiva como a literatura especializada (em que figura o trabalho clássico *An introduction to Islamic law*, publicado em 1964 por Joseph Schacht) apresentava durante a primeira metade do século XX EC.

190 GIUNCHI, 2014, p. 1-6; HALLAQ, Wael B. **Sharia**: theory and practice. Cambridge: Cambridge University Press, 2009. p. 27-124. p. 113-124.

A pluralidade de formas de articulação e intepretação das fontes sagradas do Islã — sobretudo o Alcorão, os *ahadith* e a *sunnah* — teve como resultado, em última instância, diferentes leis e entendimentos acerca do conteúdo e da aplicação dos direitos das mulheres no âmbito familiar. Entre as principais controvérsias envolvendo os direitos das mulheres, está a centralidade da figura do *wali* como um tutor da mulher (e portanto a discussão acerca de qual deveria ser a extensão da tutela dos pais aos seus filhos); a possibilidade da mulher estipular as cláusulas de seu contrato de casamento (abordando, até mesmo, temas como a permissão ou não para a celebração de um segundo casamento); o questionamento sobre direito de iniciativa ao divórcio como um direito unilateral do homem e o entendimento de que as mulheres também poderiam ter acesso a tal direito (como ocorre em diferentes graus e de acordo com a escola Maliki e Hanafi); e a tutela dos filhos oriundos de um casamento considerado válido e legal[191].

As sistematizações apresentadas por pesquisadores como Esposito[192], Ahmed[193], Keddie[194], Hamadeh[195], Bauer[196] e discutidas ao longo desta seção são interessantes para a tarefa de compreender os desenvolvimentos das leis islâmicas — no que concerne aos direitos das mulheres — ao longo dos séculos, destacando até mesmo as diferentes interpretações conferidas às fontes sagradas (Alcorão e *ahadith*) por parte de juristas e estudiosos das escolas de pensamento jurídico (*madahabib*) que compõem a jurisprudência islâmica (*fiqh*), bem como as críticas levantadas nos séculos XIX EC e XX EC acerca dos direitos dos cônjuges no casamento e suas implicações sociais, legais e econômicas.

1.3 As leis de família muçulmanas e os direitos das mulheres: disposições sobre casamento, divórcio, custódia de filhos

O direito de família ocupa importante porção da lei islâmica (*Shari'a*), sobretudo ao considerarmos ser um tema de maior densidade de regulamentações e orientações, e manteve sua influência entre os muçul-

191 *Cf.* AHMED, 1991; ALI, 2003, AL-HIBRI, 1997.

192 ESPOSITO, 1975, p. 99-114.

193 AHMED, 1986, 1992.

194 KEDDIE, 1991, 2007.

195 HAMADEH, 1996.

196 BAUER, 2009, 2015.

manos e o próprio sistema jurídico dos países de população muçulmana, por ter sido uma área que não foi alcançada com grande intensidade pela dinâmica de transição jurídica subsequente ao processo de secularização ocorrido no fim do século XIX EC e ao longo do século XX EC.

As leis de família muçulmanas (também conhecidas como Código de Status Pessoal) são responsáveis por reger aspectos da vida cotidiana, tais como o casamento, o divórcio, a guarda dos filhos e os direitos de herança. Em comum, as leis derivam de uma série de entendimentos humanos acerca das fontes sagradas do Islã, a saber: o Alcorão, os *ahadith* e a *sunnah*, e tiveram seu desenvolvimento legal construído entre os séculos IX EC e XIII EC.

Conforme elucidam Esposito e DeLong-Bas[197] e Leila Ahmed[198], a Arábia pré-islâmica é descrita, com frequência, como um período em que diversas formas de costumes e práticas sociais tribais delineavam os contornos da vida cotidiana. Aspectos como o status da mulher nas diversas comunidades tribais e os diferentes arranjos que o casamento assumia (fosse ele poligâmico, monogâmico, fundamentado na descendência paterna ou materna) estavam diretamente relacionados a um padrão desenvolvido em cada agrupamento. O mais comum, porém, era uma configuração segundo a qual as mulheres eram colocadas sob o poder do marido e passavam a viver segundo os costumes da tribo ou clã aos quais ele pertencia.

Ao descrever a transição histórica da Arábia pré-islâmica para a ascensão e consolidação do Islã na região, tratando da formação clássica da lei de família muçulmana, Esposito e DeLong-Bas[199] argumentam que, por mais que o padrão comum dos arranjos familiares fosse patriarcal, as mulheres não eram necessariamente subservientes e desenvolviam diversas atividades da vida cotidiana de suas comunidades. No entanto, o baixo status da mulher naquelas sociedades pode ser apreendido nas referências ao período pré-islâmico presentes no Alcorão, em que são condenadas práticas que eram toleradas antes da introdução dos valores islâmicos, tais como o infanticídio (geralmente de meninas)[200] e o casamento forçado de viúvas com parentes diretos de seus respectivos maridos.

---

197 ESPOSITO; DELONG-BAS, 2001.

198 AHMED, 1992.

199 ESPOSITO; DELONG-BAS, 2001, p. 20-45.

200 Alguns trechos do Alcorão que exemplificam tal prática (16:58-59).

Leila Ahmed[201] desenvolve um extenso e relevante estudo com o intuito de distinguir aspectos históricos da fundação da doutrina islâmica em regiões na Arábia, no Iraque e no Egito até os séculos XIX EC e XX EC. Nesse período, as sociedades de população muçulmana no Oriente Médio e Norte da África foram expostas aos valores de nações ocidentais e em alguns casos "remodelaram seu discurso" com relação às mulheres. Ahmed assinala que nas sociedades pré-islâmicas prevalecia o princípio da sobrevivência, que naturalizava a existência de práticas de violência contra as mulheres. Com a introdução do Islã, novos aspectos morais, direitos e obrigações foram apresentados àqueles que passaram a integrar a *ummah* (comunidade muçulmana).

Uma narrativa fundamental que conferia uma noção de positividade quanto ao status das mulheres no que diz respeito aos seus direitos no período de formação/consolidação do Islã é a de que a introdução da nova religião permitiu uma mudança na base social ao garantir nos âmbitos social e familiar o reconhecimento da condição humana das mulheres. Ou seja, o que Ahmed[202] denomina *visão* ética do Islã, que toma como base a existência de virtudes e qualidades que conferem a todos os indivíduos condições moral e espiritual igualitárias.

Consolidou-se, entre estudiosos e clérigos islâmicos, que a adesão à nova religião permitiu o reconhecimento da *condição humana* das mulheres. Porém, os entendimentos desenvolvidos acerca dos direitos, dos deveres e até mesmo das punições para eventuais transgressões variaram para as mulheres e homens no que pode ser observado como um exemplo da dificuldade de balancear concepções de justiça e igualdade.

Ahmed ressalta que o formato de casamento legitimado alterou o "nexo da sexualidade e do poder entre homens e mulheres"[203] e investiu os pais (e posteriormente o marido) da propriedade dos direitos da sexualidade do corpo feminino, sob argumentos de proteção e garantia da honra familiar.

A concepção dos papéis de gênero na jurisprudência clássica (*fiqh*) baseou-se, com algumas diferenças de grau conforme a interpretação de cada escola de pensamento jurídico, na interação de elementos como a hierarquização de gênero, a concepção da família como unidade estrutural

[201] AHMED, 1992.

[202] *Ibidem*.

[203] *Ibidem*, p. 45, tradução minha.

da sociedade e no entendimento do casamento como um contrato que estabelece os direitos e deveres dos cônjuges.

A hierarquização de gênero esteve relacionada ao entendimento de que os homens e as mulheres possuem características que os individualizam. É "esta individualidade que fornece a ambos honra e dignidade, e os habilitam a exercer seus papéis específicos na sociedade de uma forma efetiva"[204]. Surge então, nas sociedades muçulmanas, a concepção de que homens e mulheres tinham papéis diferentes a serem exercidos nos âmbitos privado e público; ao homem cabia a manutenção do sustento da mulher (e da família com ela formada), enquanto sobre ela havia um reforço social e legal (jurídico) para obedecer ao marido.

Ao tomar a concepção da família como unidade estrutural da sociedade, considerando as "diferenças naturais" (biológicas) entre homens e mulheres, observou-se uma tendência a reforçar a hierarquização de gênero. No âmbito social, por exemplo, as mulheres eram incentivadas a desempenhar seus papéis de mãe e esposa como os mais essenciais; enquanto os homens eram tidos como os provedores e chefes das famílias.

Quando da celebração de um casamento, entendido pelas escolas de pensamento jurídico primeiro como um contrato que estabelece os direitos e os deveres dos cônjuges, a hierarquização de gênero e a concepção da família como unidade estrutural se entrelaçam de forma mais direta e concreta.

Os direitos e deveres estabelecidos no casamento são definidos de forma diferente para os cônjuges, visto que, de acordo com a jurisprudência islâmica clássica (*fiqh*), o homem possuía um papel privilegiado de autoridade e responsabilidade (esta última claramente relacionada ao aspecto econômico). Esse papel privilegiado lhe garantia, por exemplo, o direito a poligamia e a facilidade de iniciar um divórcio de forma unilateral. O dever matrimonial mais importante da mulher era sua obediência ao marido em contrapartida ao sustento e à proteção providos a ela pelo marido[205].

No século XX EC, em meio ao fortalecimento do discurso de libertação nacional e ao clamor para a formação de Estados independentes do colonialismo europeu, as mulheres (inicialmente urbanas e pertencentes à classe média e alta, como ocorreu no Egito do início do século XX EC) desenvolveram um discurso ativista pelos seus direitos, buscando

[204] EL-NIMR, 1996, p. 88-89, tradução minha.

[205] ALI, 2003, p. 163-189.

maior participação feminina na esfera pública em meio a um *processo de modernização* entre os Estados da região que compreendia, até mesmo, a reforma de seu sistema legal[206].

Fatima Mernissi[207] ressalta que, quando os países de população muçulmana foram colonizados, as potências europeias se utilizaram de diversos argumentos para justificar uma inferioridade dos colonizados e as *intenções da atuação europeia* nos novos territórios.

Entre os argumentos apresentados para tal atuação, esteve o da "situação das mulheres" nos territórios ocupados; sendo que o legado de tal presença direta (e das pressões dele advindas) para as forças políticas em disputa naquele momento (movimentos nacionalistas e islâmicos, por exemplo) ainda impacta qualquer discussão acerca da situação da mulher no mundo muçulmano, resultado que são desse conflito de narrativas:

> 1. Desde que os colonizadores desenvolveram uma defesa paternalista das mulheres muçulmanas, qualquer alteração na condição das mesmas passou a ser compreendida como uma concessão ao colonizador. Já que os aspectos externos da liberação feminina, como o abandono do uso do véu por roupas ocidentais, eram uma forma de imitar a mulher ocidental, tal liberação era facilmente identificada como uma forma de rendição à influência externa.
> 2. A questão da liberação feminina tem sido vista quase exclusivamente como um problema religioso. O movimento nacionalista começou como um movimento religioso, e a luta contra o Ocidente foi percebida como uma cruzada religiosa moderna. Os nacionalistas advogaram a liberação das mulheres em nome do triunfo do Islã, não em nome de uma genuína ideologia moderna global.[208]

Com a formação dos Estados nacionais, ainda nas primeiras décadas do século XX EC, o conjunto de leis de diversos países do Oriente Médio e Norte da África foi reformado de forma seletiva. A jurisprudência islâmica clássica (*fiqh*) se manteve como elemento norteador no que diz respeito ao âmbito familiar, permitindo a manutenção da hierarquia dos papéis de gênero, com poucas exceções, nas suas novas legislações[209].

---

206 WELCHMAN, 2007.

207 MERNISSI, Fatima. **Beyond the veil**: male-female dynamics in modern Muslim society. Bloomington: Indiana University Press, 1987. p. 7-19, 22-34.

208 *Ibidem*, p. 7-8, tradução minha.

209 AL-HIBRI, 1997; MERNISSI, 1987, p. 11-25.

As leis de família elaboradas neste contexto mantiveram como característica central a desigualdade de gênero, devido a uma compreensão específica dos direitos e deveres de homens e mulheres no casamento, que, por sua vez, sustentavam a noção de autoridade masculina.

A hierarquização de gênero era fundamentada nas interpretações feitas por juristas islâmicos dos elementos que compõem a tradição islâmica, a saber: o Alcorão e os *ahadith*, e sua posterior aplicação nas práticas sociais cotidianas; seja por meio do reforço dos ensinamentos religiosos, das leis de família ou das decisões de cortes de família quando da introdução de casos no âmbito jurídico.

Em consonância com Bauer[210] e Tucker[211], é possível identificar tendências na forma pela qual se interpretam e analisam questões relacionadas a casamento, divórcio, custódia de filhos.

Assim, ao longo deste subcapítulo, foram analisados os principais entendimentos jurídicos das escolas de pensamento islâmicas (as sunitas Hanafi, Maliki, Shafi, Hanbali e a xiita Jafari) acerca dos papéis de gênero e dos direitos das mulheres que compõem as leis de família, enfatizando as disposições temáticas de casamento, divórcio, custódia de filhos, com o intuito de apresentarmos um panorama do quadro teórico, jurídico e social que serve como ponto de partida para o desenvolvimento de demandas e atuação política e social dos movimentos de mulheres muçulmanas a partir do século XIX EC.

1.3.1 Casamento

O casamento é considerado uma de suas instituições centrais do Islã, pois permite que a mulher e o homem, vistos como complementares, embora frutos da mesma fonte (Deus), unam-se por um laço comum, e servindo a um duplo propósito: o instinto sexual e a manutenção da sociedade longe de práticas que a prejudicam[212]. A partir disso, é possível fazer alguns apontamentos.

Primeiro, o instinto sexual e a sexualidade, conforme discutem Yaken[213] e Ali[214], não são vistos como um problema para a doutrina islâ-

[210] BAUER, 2015.

[211] TUCKER, 2008.

[212] AHMED, 1992; ALI, 2006.

[213] YAKEN, Fathi. **O islam e o sexo**. São Paulo: Centro de Divulgação do Islam para América Latina, 1992.

[214] ALI, 2006, p. 29-54.

mica. Ao contrário, a sexualidade humana era vista de forma positiva em comparação com outras religiões monoteístas existentes à época (o cristianismo e o judaísmo), principalmente por reconhecer as necessidades e os desejos sexuais de mulheres e homens, bem como a importância de satisfazê-los.

Porém, tal reconhecimento da sexualidade feminina foi acompanhado de controvérsias que tiveram suas discussões reconfiguradas ao longo dos séculos, a saber: a) a noção da importância de preservar a pureza, sobretudo da mulher, cuja virgindade era relacionada à sua honra e à de sua família; enquanto aos homens eventuais transgressões não previam sanções mais graves; e b) a crença de que a sexualidade feminina possuía um aspecto perigoso, devido ao seu caráter insaciável, com potencial de provocar os homens, e ameaçar a ordem social[215].

Algumas passaram a discutir a contradição com relação à sexualidade feminina, marcada pela preocupação com a possível desordem causada pela mulher social, por um lado, e a ênfase que foi conferida à satisfação sexual masculina, por outro[216].

A importância conferida ao casamento privilegia a lógica da família enquanto uma unidade responsável pelo processo de socialização de seus membros de acordo com a moral religiosa e social islâmica. Ao contraírem núpcias, mulheres e homens afirmavam novamente seu compromisso com os valores religiosos, ao manterem-se afastados de ações ilícitas (como o sexo fora de um casamento), e comprometer-se-iam a transmitir os valores religiosos aos seus filhos.

O casamento é, em primeira instância, um contrato civil consensual realizado entre os cônjuges ou seus representantes/guardiões legais (*wali*) que pressupõe a oferta e aceitação dos termos por ambas as partes. O sentido religioso atribuído ao casamento não se encontrava na con-

---

215 Leila Ahmed (1992) discute que o isolamento das mulheres do profeta Muhammad durante sua vida criou uma espécie de "distância apropriada" entre aquelas e a comunidade muçulmana; prática social semelhante já era observada nas sociedades bizantina e sassânida (persa). No entanto, após a morte do profeta, os entendimentos acerca dessa prática foram alterados no sentido de impor uma atitude semelhante para as mulheres de forma geral, sendo que o discurso para apoiar tal prática se atualizou com o tempo de modo a apresentar uma moral religiosa-cultural da modéstia. Já a psiquiatra e ativista egípcia Nawal El Saadawi (1931-2021) dedicou alguns capítulos de sua obra central, *A face oculta de Eva* (2002), a reflexões acerca das implicações psicológicas e sociais que a segregação sexual ocasionava, sobretudo para as meninas/mulheres que aprendiam a nutrir uma preocupação excessiva com seus corpos, visando a modéstia e a proteção.

216 ALI, 2003, 2006; ALI, Kecia. **Marriage and slave in early Islam**. Cambridge: Harvard University Press, 2010; SHAIKH, 2003.

cepção deste como um sacramento (como observado no cristianismo), mas sim no fato de que o casamento permitia seguir os entendimentos religiosos e garantia a legitimação de relações sexuais entre mulheres e homens, a expressão do instinto sexual e a procriação. Ainda em relação ao contrato, cabe ressaltar que este era tido como permanente, sobretudo entre as escolas de pensamento sunita, embora entendessem o divórcio como uma possibilidade.

Apenas na jurisprudência xiita (que aqui será explorada pela perspectiva da escola Jafari) é que foram observados dois tipos de casamento: o permanente (assim como nas escolas sunitas, com exceção de aspectos como a idade mínima para considerar a capacidade legal dos cônjuges, os termos de divórcio) e o temporário (*mut'a*), que, por sua vez, constitui um contrato de casamento por um período específico, que legaliza as relações sexuais, mas não garante a ambos os cônjuges direitos de herança, não gera ao homem nenhuma forma de obrigação de manter financeiramente a mulher e, cabe ressaltar, a mulher não possui o dever de obediência ao marido.

Isso posto, serão analisados os principais entendimentos jurídicos das escolas de pensamento islâmicas (as sunitas Hanafi, Maliki, Shafi, Hanbali e a xiita Jafari) acerca dos papéis de gênero e dos direitos das mulheres que compõem as leis de família, bem como a centralidade da figura do *wali* como um tutor da mulher (e portanto a discussão acerca de qual deveria ser a extensão da tutela dos pais aos seus filhos); a possibilidade de a mulher estipular as cláusulas de seu contrato de casamento (abordando, até mesmo, temas como a permissão ou não para a celebração de um segundo casamento); e os direitos e deveres de mulheres e homens durante o casamento.

Tomaremos como base as discussões realizadas pela literatura especializada — dentre as quais destacamos Ahmed[217]; Rapoport[218]; Tucker[219];

[217] AHMED, 1992, *passim*.

[218] RAPOPORT, Yossef. Family Law reform, gender equality and underage marriage: a view from Morocco and Jordan. **The Review of Faith & International Affairs**, Georgetown, v. 13, n. 3, p. 32-40, 2015; RAPOPORT, Yossef. **Marriage, money, and divorce in medieval Islamic society**. Cambridge: Cambridge University Press, 2005.

[219] TUCKER, 2008, p. 41-65.

Ali[220]; Welchman[221]; Spectorsky[222] e Bauer[223] — acerca do enlace entre a história islâmica e as diversas exegeses (*tafsir*) ao Alcorão e aos *ahadith* da jurisprudência islâmica clássica (*fiqh*), bem como exemplos históricos destacados das cinco escolas de pensamento jurídico observadas.

O relacionamento conjugal descrito no Alcorão, e que figura como um dos conteúdos centrais para o desenvolvimento da jurisprudência islâmica clássica (*fiqh*), trazia em sua concepção de casamento princípios éticos como companheirismo, reciprocidade, gentileza e o diálogo, que foram interpretados por juristas das diferentes escolas de pensamento jurídico[224]. Além disso, alguns dos seus versículos estipulavam as restrições da celebração do casamento entre grupos específicos de pessoas, a saber: a família estendida, ou seja, considera o impedimento para uniões de pessoas com algum tipo de consanguinidade (irmãos, pais e parentes próximos nas linhagens materna e paterna); e a família adotiva, no sentido de que mulheres e homens que forem amamentados pela mesma mulher passam a ser considerados irmãos e, portanto, impedidos um ao outro. Outro aspecto relevante é o do casamento inter-religioso. Neste tema, duas passagens foram comumente acionadas por juristas das escolas de pensamento — são elas 5:5 e 60:10 — e de maneira geral desenvolveu-se um consenso de que apenas os homens podiam casar-se com pessoas das "religiões do livro" (cristãs e judias), embora tal união não fosse encorajada[225].

O formato do casamento incentivado após a inserção do Islã (século VII EC) consolidou algumas práticas já existentes nas sociedades bizantina e sassânida, como o casamento patrilinear, em que os homens controlavam

---

220 ALI, 2006, 2010.

221 WELCHMAN, 2007.

222 SPECTORSKY, Susan A. *et al.* **Chapters on marriage and divorce**: responses of Ibn Hanbal and Ibn Rahwayh. Austin: University of Texas Press, 1993; SPECTORSKY, Susan. **Women in classical Islamic law**: a survey of the sources. Leiden: Brill, 2010.

223 BAUER, 2009, 2015.

224 Leila Ahmed (1992), Kecia Ali (2006, 2010), Ziba Mir-Hosseini (2003), Asma Barlas (2001) e Fatima Mernissi (1987, 1991) estão entre as pesquisadoras que discutem de maneira crítica elementos da relação entre mulheres e homens no Islã, sobretudo ao questionarem a autoridade masculina na família e as consequências de tal noção para os direitos das mulheres. Ahmed (1992) e Ali (2006, 2010) fazem uma crítica enfática ao que entendem ser a contradição entre a existência de princípios éticos positivos, principalmente no que diz respeito à igualdade nas relações maritais e familiares, e a dimensão prática das leis de família, que por sua vez são uma construção humana que toma como base fontes sagradas do Islã. Ali (2010) questiona o fato de que aspectos como a intimidade (expressão da sexualidade no casamento) e a iniciativa do divórcio continuam sendo entendidos como provenientes da iniciativa masculina.

225 SPECTORSKY, 2010.

a sexualidade feminina para garantir a linhagem familiar. Além disso, a apropriação seletiva de práticas culturais existentes permitiu ao homem a poligamia[226], contanto que fosse capaz de prover um tratamento igual (a igualdade aqui derivada de uma noção de justiça) às suas esposas. Neste contexto, os *hadith* atribuídos à Aisha foram importantes, pois traziam de forma detalhada as diferentes formas de casamento existentes na Península Arábica antes da inserção do Islã[227].

O casamento foi entendido pelas escolas de pensamento jurídico primeiro como um contrato consensual realizado entre os cônjuges ou seus representantes/guardiões legais (*wali*), que pressupõe a oferta e aceitação dos termos por ambas as partes e estabelece os direitos e os deveres dos cônjuges, garantindo assim a legitimação de relações sexuais entre mulheres e homens, a expressão do instinto sexual e a procriação[228].

A celebração do referido contrato de casamento pressupõe nesse âmbito procedimental alguns elementos, quais sejam: o aceite dos termos estipulados no contrato; o dote (*mahr* ou *sadaq*)[229] entregue à noiva, observado pela manutenção de uma forma de transferência de propriedade; a capacidade legal dos cônjuges para aderirem ao contrato. Nesse tema, uma discussão central é a do conceito de capacidade vinculado à noção de maioridade, algo que as escolas jurídicas vão definir de formas diferentes, bem como a centralidade da figura do *wali* (tutor/guardião)[230].

A elaboração dos termos do contrato de casamento pode variar; porém, de modo geral, compreende a oferta e o aceite da proposta de casamento por ambas as partes. A mulher deve ser representada por um *wali* (tutor/guardião) em três das cinco escolas (Maliki, Shafi, Hanbali),

---

226 A passagem 4:3 do Alcorão apresenta ao homem as condições para um possível exercício da poligamia, limitando para quatro o número de espoas, e argumenta que, caso se perceba que não será possível sustentar e garantir condições iguais para as esposas, deve-se apenas se casar com uma mulher.

227 AHMED, 1992, p. 44-47.

228 Judith Tucker (2008, p. 41-50) discute que os juristas não costumavam utilizar muitos argumentos e espaço/tempo de suas interpretações das fontes sagradas para descrever as virtudes do casamento, visto que parecia existir um consenso entre eles de que todos os muçulmanos deveriam casar-se (considerando que estes sejam capazes perante a lei, aspecto que varia de acordo com cada escola de pensamento) e cabia-lhes apenas expressar da maneira mais direta os procedimentos corretos para tal ação.

229 Kecia Ali (2006, p. 3-5) argumenta pela existência de evidências de que os termos *mahr* e *sadaq* representavam, originalmente, diferentes formas de compensação, sendo o primeiro termo utilizado nos costumes da Arábia pré-islâmica para determinar uma espécie de compensação à família da noiva em face da entrada dela na tribo do marido. Já o segundo termo designa o pagamento do dote diretamente à noiva, prática que também ocorreria antes da introdução do Islã e foi revisitada e apropriada pela prática islâmica. Nos textos dos juristas clássicos, ambos os termos são usados de forma equivalente.

230 ALI, 2006, p. 1-23; SPECTORSKY, 2010, p. 21-59.

que estipula os direitos de ambos os cônjuges[231]. Um elemento que faz parte do processo de elaboração do contrato de casamento é a doutrina da adequação (*kafaah/kafa'a*), observada pelo *wali* (tutor/guardião) da menina/mulher que visa o casamento.

A noção de adequação (*kafaah/kafa'a*) advém da ideia de que o *wali* (tutor/guardião) deve consentir com um casamento de acordo com alguns critérios, sendo um deles a adequação do noivo (em termos sociais e econômicos) à noiva. Considerando o caráter subjetivo que a adequação poderia assumir, juristas das escolas Hanafi, Maliki, Shafi e Jafari determinaram diferentes graus de importância para o critério[232].

Entre os juristas Hanafis, por exemplo, a adequação foi considerada uma condição essencial para que o casamento pudesse ser considerado válido[233]. Siddiqui[234] aponta, na tradição sunita, seis critérios para garantir a adequação do noivo à noiva "a descendência, o Islã, a profissão, a liberdade, o bom caráter, e a riqueza ou meios"[235]. Além disso, a autora aponta que a noção da adequação foi capaz de garantir por muito tempo que a decisão final sobre uma proposta de casamento fosse uma prerrogativa masculina, aspecto bastante discutido pelas feministas islâmicas e ativistas ao longo do século XX. A partir do entendimento de que o *wali*

---

231 Vale destacar que, em discussões mais recentes, desenvolvidas por autoras como Azizah Al-Hibri (1997) e Kecia Ali (2003), um elemento constantemente retomado é o de que a mulher deve ter o direito de estipular as cláusulas de seu próprio contrato de casamento, principalmente no que diz respeito à limitação da poligamia masculina, determinando que a celebração de um segundo casamento pelo marido deve ser permitida ou não pela primeira esposa em uma cláusula preestabelecida e, portanto, imutável.

232 TUCKER, 2008.

233 Dawoud El Alami (1991, p. 190-204) discutiu em profundidade a interligação entre a função social do *wali* na elaboração do contrato de casamento e doutrina da adequação às escolas Hanafi e Maliki, tomando como exemplos o Egito e o Marrocos, respectivamente. Já Mona Siddiqui (1996, p. 49-68), em seu artigo "Law and desire for social control: an insight into the Hanafi concept of Kafa'a with reference to the Fatawa 'Alamgiri (1664-1672)", dedicou-se à compreensão da doutrina da adequação (Kafa'a) junto à tradição sunita Hanafi, destacando a Fatwa 'Almagir, que compilou no século XVII diversos argumentos e discussões da tradição Hanafi em forma de questionamentos e entendimentos estabelecidos até então. Saddiqui (1996) percorre o caminho até o século XX e argumenta que, embora aspectos da adequação, tais como a origem familiar e a riqueza (patrimônio), continuassem a ser importantes para estabelecer a escolha dos noivos, mudanças sociais e de valores permitiram que elementos como a compatibilidade mental e o amor fossem considerados mais relevantes em diversos contextos. Outro ponto importante na argumentação de Saddiqui é justamente o fato de que as mulheres aos poucos alcançaram maiores níveis educacionais e tornaram-se mais conscientes de seus direitos adquiridos e presentes na lei islâmica e, sobretudo, das distinções necessárias entre a *Shari'a* e a jurisprudência, ou seja, os princípios da lei e a sua interpretação humana, muitas vezes carregadas de crenças e valores pessoais dos juristas.

234 SIDDIQUI, Mona. Law and desire for social control: an insight into the Hanafi concept of Kafa'a with reference to the Fatawa 'Alamgiri (1664-1672). *In*: YAMANI, Mai (ed.). **Feminism and Islam**: legal and literary perspectives. New York: New York University Press, 1996. p. 49-68.

235 *Ibidem*, p. 53, tradução minha.

(tutor/guardião) de uma mulher poderia impedir o casamento com base na noção de adequação e na suposta precaução de que a mulher fosse capaz de escolher um "parceiro correto" nos aspectos sociais e econômico, a decisão da mulher de aceitar o casamento ficava automaticamente subordinada a um aceno positivo de uma figura masculina (geralmente seu pai ou parente masculino mais próximo).

Já para as demais escolas de tradição sunita, tal noção de adequação possuía uma importância limitada. O *wali* não poderia impedir o casamento de uma mulher com um homem tido como decente, ético, que fosse capaz de entregar um dote justo e sustentar a futura mulher. Os juristas Malikis desenvolveram outros critérios para lidar com a noção de adequação, quais fossem, a piedade, a caridade, a força espiritual e o conhecimento, sendo que as ações do possível noivo também tinham papel importante na demonstração externa da manifestação (ou não) de suas qualidades, virtudes[236].

Com o aceite e celebração do contrato de casamento, o dote[237] (*mahr* ou *sadaq*) estipulado nesse instrumento — que pode ser, por exemplo, em dinheiro ou propriedade(s) — é entregue diretamente à noiva e passa a integrar sua fortuna pessoal, até mesmo após um eventual divórcio[238], a menos que a mulher decida, por algum motivo, devolver uma parte ou algum valor ao ex-marido. Existia um consenso entre os juristas de todas as escolas de que o dote (*mahr* ou *sadaq*), ou ao menos parte substancial dele, deveria ser entregue logo após a celebração/assinatura do contrato e, portanto, antes que os noivos passassem a morar juntos.

Com relação a este aspecto, Ali[239] desenvolve uma assertiva análise sobre o assunto. A manutenção da prática de transferência de propriedade para a celebração de um casamento teria sido uma forma de apropriar-se de práticas culturais existentes e ao mesmo tempo modificar elementos considerados necessários, principalmente ao disponibilizar à mulher uma propriedade (algum valor), e não mais a sua família ou tribo. O dote

[236] TUCKER, 2008, p. 44-46.

[237] As menções mais diretas ao dote no Alcorão encontram-se na Surata 4 (4:4; 4:20; 4:24-25) e na Surata 2 (2:237).

[238] Dentre os versículos do Alcorão que tratam da temática, destacam-se dois, a saber o 4:4 (que orienta o homem com relação ao dote da mulher e apresenta a possibilidade de ela dispor como quiser do referido valor/propriedade) e o 4:20 (que argumenta que o homem não deve tentar retomar o dote entregue à mulher, sobretudo quando de um divórcio).

[239] ALI, 2006, p. 1-19.

seria uma espécie de segurança financeira da mulher no casamento e eventualmente quando de um divórcio.

No entanto, Ali[240] irá questionar esse argumento, pois, na tradição dos comentários de juristas à temática, a questão do dote vai surgir também como uma espécie de compensação à mulher por um acesso íntimo específico: o sexual, conforme evidenciado nas diversas referências diretas feitas na tradição sunita Shafi. A ligação entre o dote e aqueles que foram entendidos como os direitos dos homens no casamento não é facilmente identificada, mas figurou para os juristas como um entendimento lógico que, ao pagar o dote à noiva e manter suas obrigações financeiras, homem adquiria não apenas o controle sexual, mas também da capacidade reprodutiva do casal, bem como o direito de dissolver o casamento sem a necessidade de um processo mediado por um juiz em uma corte especializada.

Outro aspecto discutido com maior intensidade foi o das inúmeras analogias observadas entre o contrato de casamento e um contrato comercial, que passaram a permear a sua análise acerca da influência das suposições dos juristas do período formativo (séculos VII EC-IX EC)[241].

A relação dos muçulmanos com o dote (*mahr* ou *sadaq*) foi variada, considerando as escolas de pensamento jurídico e os costumes locais em que as comunidades muçulmanas estavam inseridas. Aqui destacamos apenas alguns pontos de debate ou convergência entre as escolas de pensamento e exemplos de como tais entendimentos foram aplicados. Na tradição sunita se desenvolveram alguns entendimentos acerca do dote, que iam desde a tentativa de fixar um valor mínimo (como fizeram os Hanafi e os Maliki) até uma ampliação do entendimento de valor ou bem que poderia ser entregue com dote. Para os Maliki[242] e os Shafi, por exemplo, um serviço ou empenho pessoal — como compartilhar seu conhecimento — poderia ser considerado válido.

A tradição xiita foi elaborada uma definição ampla do dote, permitindo que, de forma semelhante, algo que tivesse valor determinado pudesse ser visto como um bem. Além disso, é interessante observar que,

[240] ALI, 2010, p. 30-60.

[241] *Cf.* ALI, 2006, p. 1-13, 2010, p. 49-62.

[242] No livro 31, capítulo 3, excerto 1643, Malik b. Anas recorre a um *hadith* reportado por Abu Hazim b. Dinar e Sahl b. Sa'd al-Sa'idi em que o profeta Muhammad teria dito a um homem que o conhecimento do Alcorão que ele possuía (até mesmo ao citar alguns capítulos) seria o dote entregue a sua futura noiva (MALIK B. ANAS *apud* FADEL; MONETTE, 2019, p. 475-476).

entre os argumentos para sustentar tal visão ampliada, figura justamente um *hadith* também usado na tradição Maliki em que o profeta Muhammad teria dito a um homem que o conhecimento do Alcorão que ele possuía e buscaria transmitir à futura mulher poderia ser entendido como um dote.

Outro aspecto central é o entendimento acerca da capacidade legal dos noivos para aderir ao contrato. Dois elementos são essenciais aqui para os desdobramentos que conduziram os juristas a entendimentos relativamente homogêneos, a saber: a) a doutrina *Wilayat* (guarda/tutela) que permitiria ao pai (ou familiar masculino mais próximo, como avô, tio ou irmão) agir em prol de menores de idade no que dizia respeito à celebração de contrato de casamento; e b) os entendimentos acerca da maioridade eram vistos de maneira diferente para meninas/mulheres e meninos/homens, conforme explicaremos a seguir.

A *Wilayat* discutida aqui refere-se ao processo de elaboração e efetivação do contrato de casamento, principalmente a capacidade das mulheres para gerir suas propriedades ou elementos financeiros. Essa capacidade é tida como certa pela maioria das escolas sunitas e xiitas às mulheres e aos homens a partir do momento em que alcançam a puberdade. Tal condição era essencial para determinar a possibilidade de manutenção ou não da interferência externa (paterna ou familiar) na vida de mulheres e homens.

No entanto, a doutrina *Wilayat* (guarda/tutela) é complexa e possui alguns desdobramentos para as pessoas que tiveram a sua vida alcançada por tal prática, sejam elas meninas ou meninos, sobretudo se considerarmos a questão da extensão do poder do *wali* (guardião/tutor) em temas específicos e nas diferentes escolas jurídicas, como "o quão longe pode ir o direito de um pai de casar sua filha virgem sem o consentimento dela; quando uma mulher adulta possui o direito de contratar seu próprio casamento"[243].

Um componente importante nas discussões desenvolvidas no interior das escolas jurídicas (e entre elas também) foi a definição da maioridade (ou capacidade legal) para meninas/mulheres e meninos/homens. De forma geral, entre os expoentes das escolas jurídicas, parece existir a ideia de que alguém menor de idade seria considerado incapaz de tomar decisões em áreas financeiras, por exemplo, enquanto em outras áreas

[243] ALI, 2003, p. 168, tradução minha.

um menor poderia pedir auxílio, conselhos a outras pessoas, porém tal ação externa não seria compulsória[244].

Conforme argumentam Hallaq e Welchman[245], a maioridade constituiu um conceito complexo entendido de forma relacional, ou seja, estava ligado a duas noções principais: à *puberdade* (entendida como um momento que marcava a entrada de meninos e meninas para uma vida que poderia ser vista como independente e adulta) e à *idade de casar-se*. As idades entendidas pelos juristas e estudiosos religiosos como as adequadas para casar-se não necessariamente correspondiam àquelas estabelecidas como parâmetro para a puberdade.

Na tradição sunita, por exemplo, a idade aproximada da puberdade esteve entre 14 e 17 anos completos para meninos e entre 15 e 18 anos completos para meninas. Enquanto isso, a idade de casar-se era tida, para os Shafi, Maliki, como igual para meninos e meninas, estabelecida em 15 anos completos; para os Hanbali, era de 17 anos completos. Já na tradição xiita, foi entendida como 15 anos para os meninos e 9 anos para as meninas. Um consenso que se apresentou foi o de que as partes envolvidas no contrato de casamento (os noivos) deveriam ter o direito de manifestar o seu consentimento quando da elaboração do referido contrato.

Em um extenso estudo realizado sobre a doutrina *Wilayat* (guarda/tutela) na tradição sunita Maliki, o pesquisador Mohammed Fadel[246] apontou que as diferenças no grau de liberdade de casamento (no sentido de uma possibilidade maior de escolha) para mulheres e homens são uma consequência do que ele denominou regras de emancipação; de acordo com o autor:

> Considerando que uma criança do sexo masculino era automaticamente emancipada da jurisdição de seu pai ao atingir a maturidade biológica e social, uma mulher não era emancipada da jurisdição de seu pai até que dois requisitos adicionais fossem alcançados — a entrada em seu lar conjugal e o depoimento de testemunhas confiáveis de que ela poderia administrar sua propriedade com sucesso. De forma alternativa, uma mulher poderia ser emancipada se seu pai ou tutor designado por seu pai a declarasse madura

244 HALLAQ, 2009, p. 27-124.

245 *Ibidem*, p. 27-124; WELCHMAN, 2007, p. 69-76, 134-142.

246 FADEL, Mohammed. Reinterpreting the guardian's role in the Islamic contract of marriage: the case of the Maliki school. **The Journal of Islamic Law**, Cambridge, v. 3, n. 1, p. 1-26, 1998.

> em um tribunal. Em ambos os casos uma mulher só poderia se emancipar após a intervenção de um processo legal. Esse tratamento diferente de homens e mulheres pela lei da emancipação era justificado — pelo menos aos olhos da tradição Maliki mais tarde — por um estereótipo das mulheres como frágeis. Com efeito, então, a lei da emancipação presumia — sujeito a refutação no tribunal — que uma mulher biologicamente madura era incapaz de administrar seus negócios financeiros de forma independente. Assim, embora um homem fisicamente e socialmente maduro não pudesse estar sujeito à tutela de uma terceira pessoa, a menos que sua incapacidade de administrar seus próprios negócios fosse provada em tribunal, as mulheres deveriam demonstrar sua maturidade social antes de gozar de seus direitos legais como indivíduos autônomos.[247]

A questão da extensão do poder do *wali* (guardião/tutor) foi discutida em profundidade, principalmente no que diz respeito à tutela paterna em relação a uma filha (jovem ou madura) em seu primeiro contrato de casamento ou ao casamento de uma filha que ficou viúva. A sustentação dos entendimentos desenvolvidos pelos juristas das escolas esteve galgada na interpretação de passagens do Alcorão, e na retomada de *hadith* e da *sunnah*.

Com relação ao casamento, a doutrina *Wilayat* apresenta dois tipos principais de guardiões/tutores, sendo que a diferença central entre ambos é a capacidade entregue ao tutor de compelir seus filhos (menores) a entrarem em um determinado contrato de casamento. Quando se trata do casamento de uma filha, o fato de ela ser ou não menor de idade nem sempre determinou seu grau de independência com relação à tutela masculina, visto que mesmo mulheres adultas costumam necessitar da figura do *wali* no processo de elaboração e celebração de seu contrato de casamento, seja por estarem sujeitas a uma escola de pensamento jurídico que prevê sua existência ou por conta da influência dos costumes/práticas locais.

A tradição sunita Maliki, por exemplo, concedeu ao pai o poder de atuar em prol do casamento de sua filha menor de idade (seja ela jovem ou madura) ou de uma filha anteriormente casada que ficou viúva, visto "que a única limitação do direito do pai de exercer esse poder era que a filha não sofra nenhum dano legalmente reconhecível por causa do

[247] *Ibidem*, p. 9, tradução minha.

casamento"[248]. Em um contraponto, para os Hanafi e os xiitas da tradição Jafari, uma mulher adulta não precisa de um *wali* como intermediário para o seu contrato de casamento. Ainda assim, alguns juristas assinalam que a mulher pode buscar esse tipo de aconselhamento por sua própria iniciativa, prevalecendo sua decisão ao final do processo.

Outro aspecto relevante a partir do século XIX EC é a *noção de hierarquia* no interior do casamento, conforme denominado por estudiosas como Kecia Ali[249] e Ziba Mir-Hosseini[250]. O relacionamento conjugal era regido por uma série de elementos, entre os quais figuram os costumes/práticas locais que se mantiveram mesmo após a introdução do Islã em diferentes sociedades. Os princípios contidos no Alcorão, *hadith* e *sunnah*, tais quais interpretados por juristas e religiosos de acordo com seu contexto, metodologia e escola de pensamento jurídico, refletem-se nos direitos das mulheres e em sua vida cotidiana.

Diversos versículos do Alcorão dispõem da relação entre os cônjuges, principalmente ao trazerem aspectos mais relacionados à ordem moral do que legal ou procedimental[251]. É justamente nesse âmbito moral que figuram versículos como 4:34[252], 2:228[253], 2:223[254], que foram interpretados de modo a sugerir uma espécie de hierarquia entre homens e mulheres no interior do casamento.

Neste contexto, é importante ressaltar que a formação do pensamento jurídico islâmico ocorreu em um ambiente em que a lógica da hierarquia se fez presente na sociedade em diversas formas — a saber, na estratificação social e econômica, e principalmente pela existência de formas de escravidão e concubinato — e tal hierarquia influenciou

248 *Ibidem*, p. 6, tradução minha.

249 ALI, 2003, 2006, 2010.

250 MIR-HOSSEINI, 2003, p. 1-28.

251 SPECTORSKY, 2010.

252 "Os homens têm autoridade sobre as mulheres pelo que Deus os fez superiores a elas e porque gastam de suas posses para sustentá-las. As boas esposas são obedientes e guardam sua virtude na ausência de seu marido conforme Deus estabeleceu. Aquelas de quem temeis a rebelião, exortai-as, bani-as de vossa cama e batei nelas. Se vos obedecerem, não mais as molesteis. Deus é elevado e grande" (Alcorão, 4:34, 2015).

253 "As divorciadas devem observar na abstinência o prazo de três menstruações, e não lhes é permitido ocultar o que Deus tiver criado nas suas estranhas se acreditam em Deus e no último dia. Nesse prazo, seus maridos terão o direito de retomá-las de volta se desejarem a reconciliação. As mulheres têm direitos correspondentes às suas obrigações; mas os homens superam de um degrau. Deus é poderoso e sábio" (Alcorão, 2:228, 2015).

254 "Vossas mulheres são vosso campo a lavrar. Lavrai vosso campo quando o desejardes. Mas cuidai, antes, de vossas almas e temei a Deus e lembrai-vos de que O encontrareis um dia. E anuncia as boas-novas aos crentes" (Alcorão, 2:223, 2015).

o sistema o desenvolvimento dos entendimentos acerca dos direitos e deveres (obrigações) matrimoniais[255].

Após a celebração do contrato de casamento, a entrega do dote e da mudança da noiva para a casa no marido, os direitos e deveres dos cônjuges passariam a ser regidos, em grande medida, por *direitos interdependentes e diferenciados por gênero*[256].

Tucker[257] e Ali[258] argumentaram que as doutrinas de *nafaqa* (manutenção/sustento) e *nushuz* (desobediência) compuseram a lógica central de interdependência que regeu os casamentos[259]. A *nafaqa* (manutenção/sustento) esteve relacionada ao entendimento compartilhado pelas tradições sunita e xiita de que o marido era responsável por garantir a manutenção/o sustento (que incluía promover alimento, abrigo e vestuário) à sua mulher e à família com ela iniciada. Assim, a *nafaqa* era uma obrigação (um dever) do marido junto à mulher e ao mesmo tempo um direito desta última. O embasamento jurídico comum é o versículo 4:34 do Alcorão, que trata da noção de autoridade masculina e da obediência da mulher ao marido).

A manutenção devida pelo marido à esposa era diferenciada de acordo com critérios como o trabalho e a renda do marido, sua classe social, sua localização, bem como aos itens que poderiam compor a manutenção, tais como a contratação de pessoas para auxiliar nos serviços domésticos. Entre os juristas e estudiosos das tradições sunitas Hanafi, Maliki e Shafi, bem como na tradição xiita, existia um debate no sentido de estipular um valor fixo para a manutenção ou sustento da mulher. Além disso, no caso da tradição Maliki, quando um marido não era capaz de fornecer o sustento mínimo à esposa (abrigo, alimentação), esta teria direito a iniciar um divórcio, levando seu caso para uma corte de família.

As obrigações financeiras do marido com relação à sua esposa seriam revogadas apenas quando a mulher fosse formalmente tida como

---

255 AHMED, 1992; ALI, 2006.

256 TUCKER, 2008; ALI, 2003; WELCHMAN, 2007; SPECTORSKY, 2010; RAPOPORT, 2005.

257 TUCKER, 2008, p. 50-65.

258 ALI, 2003, p. 169-175.

259 Yossef Rapoport trouxe, em seu livro *Marriage, money and divorce in medieval Islamic society* (2005), uma análise detalhada das dinâmicas de gênero no Império Mameluco (1250 EC-1517 EC) em duas sociedades principais, a saber, Cairo e Damasco, por meio do resgate de textos e documentos que apresentavam a vida cotidiana da população. Rapoport (2005) discutiu a noção de interdependência entre os direitos de mulheres e homens no casamento, a prática do dote (*sadaq* ou *mahr*), a atuação dos juízes em casos de família e os procedimentos observados quando da entrada de processos de divórcio.

desobediente ou rebelde, ou seja, não cumprindo com os seus deveres no contrato de casamento. Neste sentido, caminhamos para a explicação da interação entre as doutrinas de *nafaqa* (manutenção/sustento) e *nushuz* (desobediência).

A *nushuz*, por sua vez, é para as mulheres uma espécie de contrapartida à doutrina de discute a *nafaqa* (manutenção/sustento), ou seja, para que a esposa seja contemplada pelo seu direito à manutenção, ela deve preencher o requisito de "obediência" ao marido, algo que é entendido de forma diferente pelas escolas de pensamento jurídico. A possibilidade de *desobediência* ou *rebeldia* teoricamente poderia ser um comportamento observado em ambos os cônjuges que por alguma ação violassem os direitos do outro. Porém, a maior parte das discussões dos juristas e estudiosos acerca do tema implicava quase que diretamente a necessidade de obediência como uma obrigação da esposa para com seu marido, principalmente no que diz respeito à disponibilidade para relações sexuais[260].

Um dos aspectos que qualificam a obediência da mulher é sua permanência na sua residência, ou seja, ao entendimento da existência de circunstâncias específicas em que ela poderia sair de casa com ou sem o consentimento do marido (para fazer atividades como trabalhar, visitar a família). Entre as escolas de pensamento sunita e xiita, foram discutidas algumas "consequências" às esposas que pudessem ser enquadradas como desobedientes, relutantes ou rebeldes.

Outro aspecto se relaciona ao acesso sexual do marido à esposa. De acordo com a tradição Shafi, por exemplo, a recusa da mulher em manter relações sexuais enquanto vivesse junto ao seu marido poderia permitir a ele cessar suas obrigações. No entanto, para os Maliki e Hanafi, a recusa não poderia inviabilizar o direito da mulher à manutenção e ao sustento[261].

As tarefas domésticas como cuidar da casa (fazer a limpeza, fazer a comida), além do cuidado dos filhos, figuraram uma espécie de consenso entre juristas e estudiosos, em algumas escolas de pensamento, e discutiu-se a possibilidade de contratar auxiliares para a mulher.

Havia um consenso de que a família era liderada, chefiada, pelo homem, cujo cumprimento de suas obrigações financeiras lhe conferia uma espécie de autoridade moral e legal. A jurisprudência clássica (*fiqh*)

---

[260] TUCKER, 2008, p. 42-54.

[261] ALI, 2003.

concebeu um regime matrimonial em que prevaleceu a dominação masculina, e os direitos e deveres de mulheres e homens foram definidos de forma a permitir a perpetuação de um modelo de família patriarcal. Essa configuração, de acordo com Ahmed[262], alterou as relações de poder entre mulheres e homens de maneira definitiva para as futuras gerações muçulmanas.

É evidente que as sociedades muçulmanas se desenvolveram de forma diferente, e o desenvolvimento de um corpo jurídico foi um processo longo e diverso, em razão da influência de práticas ou costumes locais em sociedades que se estenderam da Península Arábica às regiões na Ásia, África e Europa[263].

Os princípios éticos e igualitários contidos no Alcorão, tais como justiça, companheirismo, reciprocidade, gentileza e diálogo, passaram a conviver com os entendimentos humanos (e majoritariamente masculinos) em um sistema jurídico desigual. No entanto, é importante destacar que a jurisprudência islâmica clássica desenvolveu, também, uma grande diversidade de entendimentos acerca das leis de família e dos direitos de mulheres e homens no interior desta, fato que, em uma análise cuidadosa, é observado para impedir o impulso de tachar uma ou outra escola de pensamento jurídico como liberal ou conservadora. Tucker captou a questão em discussões desenvolvidas acerca do tema do casamento, ao argumentar que,

> Enquanto lidavam com questões complexas de justiça e necessidades humanas, eles chegaram a uma série de opiniões diferentes sobre como os textos sagrados deveriam receber uma vida legal. Eles foram influenciados por uma série de fatores, desde as tradições de cada escola e seita, até suas tendências pessoais. O resultado, como visto, foi uma gama estonteante de regras sobre o casamento que variava de uma tradição ou escola para outra, onde várias versões foram desenvolvidas simultaneamente ao longo do tempo. O crescimento contínuo, as ramificações e eventuais cortes do pensamento jurídico produziram um denso discurso jurídico que serviu de ponto de critério para a prática jurídica antes do século XIX.[264]

---

262 AHMED, 1992.

263 HOURANI, 2006, p. 46-90.

264 TUCKER, 2008, p. 59, tradução minha.

Foi apenas a partir dos séculos XV EC e XVI EC que registros mais sistemáticos de ações jurídicas e do cotidiano da aplicação da lei foram realizados em sociedades dos Impérios Mameluco (1250 EC-1517 EC) e Otomano (1299 EC-1922 EC), embora existissem relatos de decisões, documentos de contratos de casamento e um sistema judicial estabelecido já durante a Dinastia Omíada (680-750 EC)[265].

A análise feita por Rapoport[266] acerca de regiões sob influência do Império Mameluco (1250 EC-1517 EC), com destaque das cidades de Damasco e Cairo, ressaltou a interdependência dos *direitos maritais*, principalmente quando juristas recorriam aos entendimentos de Al-Shafi de que o dever mais importante da esposa no âmbito matrimonial seria a disponibilidade sexual (em contrapartida pelo sustento provido pelo marido) e questionou a noção comumente apresentada pela literatura ocidental acerca de uma passividade das mulheres ao apresentar a atuação feminina nas cortes de família em prol de seus direitos, como o de iniciar um divórcio.

Rapoport[267] ainda argumentou que, apesar da desigualdade nas leis, que permitia ao homem um divórcio teoricamente unilateral, estudos sobre o período sugerem que raramente a questão do divórcio foi tratada de forma unilateral. O padrão de *divórcio* das sociedades mamelucas é um exemplo positivo no que diz respeito à iniciativa feminina em busca do fim do enlace de forma consensual (até mesmo negociando com o marido a possibilidade de abrir mão de direitos financeiros, como a pensão, em troca do divórcio). Além disso, demonstra que as mulheres tinham relativa independência para inserir cláusulas no contrato de casamento que a protegeriam em caso de um possível divórcio.

Neste sentido, ainda é possível argumentar que uma diversidade de variáveis (tais como classe social, localização urbana ou rural) garantiu às mulheres níveis de independência no interior do casamento, sobretudo ao permitir que elas questionassem a interdependência e hierarquia entendida por juristas acerca dos direitos e deveres de ambos os cônjuges no casamento.

O período do Império Otomano (1299 EC-1922 EC) concentra uma série de transformações relevantes às sociedades muçulmanas em dife-

---

265 AHMED 1991, 1992; AN-NAIM, 2002; RAPOPORT, 2005; TUCKER, 2008; CHEIKH, 2015.

266 RAPOPORT, 2005.

267 *Ibidem*, p. 10-32.

rentes frentes, quais sejam, econômicas, políticas e sociais, porém é no campo do desenvolvimento e aplicação das leis de família e suas consequências mais diretas que faremos nossas discussões.

Nesse período, destacamos três pontos centrais: o volume de registros jurídicos diversos que apresentam a realidade cotidiana das sociedades sob influência otomana, as reformas relacionadas às leis de família, sobretudo no século XIX EC, e os processos de codificação das leis nas primeiras décadas do século XX EC.

Primeiro, é no período otomano que podemos observar um número maior de informações sobre a temática das leis de família, principalmente do casamento e do divórcio, em registros de contratos de casamento, debates jurídicos e decisões em um sistema judicial. A análise desses registros nos permite observar, assim como no caso das sociedades sob influência mameluca, os níveis de independência das mulheres em relação ao casamento em diferentes momentos, tais como no processo de elaboração do contrato e na iniciativa do divórcio[268].

A adoção da doutrina sunita Hanafi por parte de juristas, descrita por An-Naim[269] e Tucker[270], por exemplo, era um aspecto que em teoria poderia conferir às mulheres maior grau de independência para contratar seu próprio casamento, tendo em vista que, conforme foi discutido anteriormente, a referida escola considerava que a mulher adulta poderia contratar seu casamento sem a obrigatoriedade de ter o consentimento da figura do *wali* (tutor/guardião), ou seja, a opinião daquele era tida como consultiva. A interferência do sultão otomano por meio de um edito bem como os costumes das sociedades locais tiveram papel importante no reforço da diversidade interpretativa acerca da doutrina *Wilayat* (guarda/tutela) e, portanto, na determinação das possibilidades de atuação feminina no contexto do casamento.

O segundo ponto central do período otomano foi o desenvolvimento de reformas relacionadas aos assuntos familiares, sobretudo a partir da metade do século XIX EC, bem como os processos de codificação das leis de família nas primeiras décadas do século XX EC. Um recurso já observado nas sociedades sob influência do poder mameluco[271] se ampliou também

[268] AHMED, 1992; AN-NAIM, 2002; TUCKER, 2008.

[269] AN-NAIM, 2002, p. 5-19.

[270] TUCKER, 2008.

[271] *Cf.* RAPOPORT, 2005, p. 12-30.

em territórios de domínio otomano: a ampliação dos direitos das mulheres por meio de cláusulas/estipulações em contratos de casamento, que permitiam ações como direito ao divórcio caso o marido descumprisse seus deveres para com ela (como sua manutenção) ou condições matrimoniais, como a de não estabelecer um segundo casamento.

Ao desenvolver tais contratos de casamento, as mulheres conseguiram fazer o que Tucker[272] denominou *alteração dos termos do relacionamento conjugal*, negociando os termos da *obediência* presente na interação entre as doutrinas de *nafaqa* (manutenção/sustento) e *nushuz* (desobediência).

Sob a influência do poder político e militar colonial europeu (sobretudo francês e britânico, iniciado ainda no século XVI EC), uma série de reformas nas leis foi realizada nos territórios dominados pelo Império Otomano a partir da metade do século XIX EC com o intuito de remover da esfera da lei religiosa (*Shari'a*) áreas da lei como a civil e a criminal, permitindo, por exemplo que cortes/tribunais consulares tivessem jurisdição para tratar de casos que envolvessem seus nacionais em solo de influência otomana ou aos nacionais de tais áreas que fossem de comunidades religiosas protegidas pelas potências europeias[273]. As reformas deram origem a novos códigos penais e comerciais, por exemplo, visto que, para as elites locais e as coloniais, era mais conveniente voltar as atenções aos temas que afetassem diretamente seus interesses econômicos e/ou políticos.

O âmbito do estatuto pessoal ou das relações familiares, no entanto, continuou sob intensa influência da religião, sobretudo dos entendimentos da escola jurídica sunita Hanafi e da aplicação do princípio da seletividade, que permitiu considerar uma série de entendimentos minoritários da tradição jurídica. Existia uma espécie de consenso entre a elite intelectual e a religiosa de que a tradição jurídica e as cortes compunham a identidade islâmica[274].

Uma revisão mais detida aos assuntos familiares ocorreu apenas nas primeiras décadas do século XX EC e teve como plataforma de ação inicial um édito imperial que garantiu às mulheres direitos limitados para iniciarem processos de divórcio em casos específicos, como quando do abandono do lar, aspecto que esteve em discussão por muito tempo no interior das escolas de pensamento jurídico.

---

[272] TUCKER, 2008, p. 59-77.

[273] AN-NAIM, 2002.

[274] ESPOSITO; DELONG-BAS, 2001.

A *Lei Otomana dos Direitos de Família* (LODF) foi promulgada em 1917 e considerada um marco do que Welchman[275] denominou de *processo de codificação das leis de família muçulmanas.* A LODF apresentou alterações na aplicação das leis de família, nas cortes da *Shari'a* (cortes religiosas) e nos entendimentos de casos concretos derivados. Essas modificações afetaram não apenas os territórios sob a influência do Império Otomano no Oriente Médio e Norte da África, mas o próprio sistema jurídico, tendo em vista que ele teve sua metodologia para não se limitar a apenas uma escola de pensamento.

Antes da promulgação da LODF, as decisões em matéria de direito familiar eram tomadas a partir de uma jurisprudência não codificada, baseada nos entendimentos de juristas e estudiosos das diferentes escolas de pensamento jurídico, bem como nas decisões proferidas por juiz (*qadi*). Neste contexto, manuais, compilados de discursos, *sunnah* e registro de opiniões em temas centrais — tais como o casamento, o divórcio, a herança e a custódia de filhos — serviam como base para decisões.

A *inovação metodológica* desenvolvida na LODF permitia aos juristas e aos estudiosos da religião a aplicação do princípio da seletividade. Isso ampliou a seleção de fontes e sínteses de outras escolas de pensamento, mas também expôs algumas dificuldades internas. Entre estas, a formação de um consenso no interior de sociedades muçulmanas, formadas por comunidades sunitas e xiitas, baseado no fato de que nem sempre os princípios seguidos pela população seriam os mesmos considerados de um eventual processo jurídico e, principalmente, a dificuldade em manter o debate intelectual e normativo/procedimental acerca da *Shari'a* em um contexto de forte influência do pensamento e ordenamento jurídico ocidentais[276].

Intelectuais religiosos como os egípcios Jamal al-Din al-Afghani (1838 EC-1897 EC) e Muhammad Abduh (1849 EC-1905 EC); e o indiano Sayyid Ahmad Khan (1817 EC-1898 EC), identificados com a elite religiosa tradicional, tiveram extrema importância nesse contexto de transforma-

[275] WELCHMAN, 2007.

[276] Neste sentido, An-Naim (2002) destaca a importância do conhecimento e sua transmissão, principalmente sob a égide do sistema educacional, ao explanar que "a Shar'ia, formalmente a peça central para a instrução avançada e conhecimento islâmico, foi substituída de matérias seculares, derivadas de modelos ocidentais. O estudo da jurisprudência islâmica (fiqh) foi movido para instituições puramente islâmicas, religiosas, ou outras escolas especializadas em leis, mas nesta concorriam com componentes da lei secular/ocidental" (An-Naim, 2002, p. 15, tradução minha).

ções nas sociedades muçulmanas no final do século XIX EC e início do século XX EC. Foram vozes a favor da reforma das leis de família, retomando as fontes sagradas islâmicas (como o Alcorão e os *ahdith*) para reconciliar as demandas do "mundo moderno" com a fé, respondendo assim ao desafio intelectual e de costumes imposto pelas sociedades ocidentais europeias[277].

É interessante destacar que a reforma era tida para os expoentes do *modernismo islâmico* como uma forma de ressaltar a importância da religião para os cidadãos das sociedades muçulmanas "modernas" (do século XX EC), atualizando as regaras e os entendimentos jurídicos àquela época por meio de elementos como o *ijtihad* (ou a livre interpretação) das fontes sagradas e dos princípios éticos islâmicos, tais como justiça, igualdade, piedade, verdade.

1.3.2 Divórcio

Embora as discussões acerca do divórcio na jurisprudência islâmica (*fiqh*) sejam intimamente ligadas àquelas desenvolvidas acerca do casamento, dedicamos esta seção a apresentar e discutir a temática de forma mais direta. Serão analisados os principais entendimentos jurídicos das escolas de pensamento islâmicas (as sunitas Hanafi, Maliki, Shafi, Hanbali e a xiita Jafari) acerca dos direitos das mulheres que compõem as disposições das leis de família acerca do divórcio. Serão discutidos aspectos como a centralidade da noção do divórcio como um direito unilateral masculino, e as condições reivindicá-lo; a possibilidade de a mulher iniciar um processo de divórcio e em quais circunstâncias seria acionado; e os direitos e deveres de mulheres e homens quando do processo e afirmação do divórcio, tais como as reparações econômicas.

O divórcio era um passo/processo que não era desejado tanto pelos juristas como por parte da própria comunidade muçulmana no período formativo. Os juristas e os religiosos entendiam que existia um incentivo ao consenso e ao aconselhamento entre os membros mais velhos das famílias em diversas passagens no Alcorão para *arbitrar conflitos no âmbito matrimonial*.

A preocupação com o divórcio esteve relacionada à centralidade do casamento para a formação e continuidade de uma instituição de grande

277 ESPOSITO, 2004.

relevância ao Islã: a família. Assim, destacamos aqui um aspecto discutido na seção anterior (1.3.1 Casamento), que é o entendimento da família enquanto uma unidade responsável pelo processo de socialização de seus membros de acordo com a moral religiosa e social islâmica. Ao firmar um laço matrimonial, as mulheres e os homens afirmavam novamente seu compromisso com os valores religiosos, mantendo-se afastados de ações ilícitas (como o sexo fora de um casamento, sendo ambas as partes solteiras ou não) e comprometendo-se a transmitir os valores religiosos aos seus filhos.

Tucker[278] aponta um elemento relevante nessas discussões: embora o tom geral dos versículos corânicos seja desencorajador do divórcio, este seria preferível caso o relacionamento matrimonial não conseguisse desenvolver seus propósitos, tais como a alegria e o apoio mútuo, bem como a formação da família. Neste sentido, um princípio central na condução do rompimento seria um de honestidade, visto que, ao observar a impossibilidade de continuar o casamento, ambos os cônjuges poderiam liberar-se do laço e assim não causariam danos um ao outro.

A forma pela qual o divórcio afetava a vida e os direitos das mulheres (como o de uma espécie de reparação financeira, dependendo do tipo/forma de divórcio), as possibilidades de conciliação do casal e as formas corretamente guiadas para lidar com o processo de divórcio encontram-se em versículos na Surata 2 (*Al Bácara – A vaca*), como em 2:226-228, na Surata 4 (*An Nissá – As mulheres*), como em 4:19 e 4:35, e principalmente na Surata 65 (*Al Talac – O divórcio*), que por sua vez destina todos os seus versículos ao tema.

Ainda neste contexto, o Alcorão é tido como cauteloso nas questões relacionadas ao divórcio ao trazer orientações específicas quanto ao processo que deveria ser observado para efetivar um divórcio considerado *válido* ou *correto*. Um exemplo retomado com frequência diz respeito denominado *divórcio triplo* ou *triplo talaq*, que consiste na necessidade de pronunciar a palavra "divórcio" (*talaq*) três vezes em um período certo (cerca de três a quatro meses), considerando o período de espera para saber se a esposa estava grávida (ou não) e a possibilidade de reconciliação do casal com o auxílio de familiares e amigos.

Nas discussões jurídicas acerca do divórcio, assim como sobre o casamento, a consulta ao Alcorão, aos *hadith* e *sunnah* foram elementos

278 TUCKER, 2008, p. 86-102.

fundamentais para o desenvolvimento dos entendimentos pessoais do juiz (*qadi*) e juristas das diferentes escolas de pensamento jurídico. O divórcio era um fato com o qual os muçulmanos da primeira comunidade conviviam — embora não nas mesmas bases daqueles que ocorreriam nas sociedades antes da inserção do Islã, visto que na comunidade muçulmana práticas como o casamento temporário não eram encorajadas. Aliás, alguns *hadith* destacam a interpretação e intervenção de Muhammad em casos relacionados à possibilidade de divórcio. Entre os exemplos comumente citados, figurou um *hadith*, que compõe a compilação da *sunnah Sahih al-Bukhari*, atribuída ao Imam Muhammad al-Bukhari[279] (século IX EC), que diz o seguinte:

> Narrou Abdullah bin Umar: que ele se divorciou de sua esposa enquanto ela estava menstruada durante a vida do Mensageiro de Deus. 'Umar bin Al-Khattab perguntou ao Mensageiro de Deus sobre isso. O Mensageiro de Deus disse: "Ordene a ele (seu filho) que a leve de volta e a mantenha até que ela esteja limpa e então espere até que ela tenha sua próxima menstruação e fique limpa novamente, então, se ele desejar mantê-la, ele pode fazê-lo, e se ele quiser se divorciar dela, ele pode se divorciar dela antes de ter relações sexuais com ela; e esse é o período prescrito que Deus estabeleceu para as mulheres que devem se divorciar".[280]

Além de o divórcio estar presente no cotidiano dos muçulmanos, embora existisse um reforço para realizado com modéstia, não parecia ser questionável o fato de que a iniciativa do divórcio era uma espécie de prerrogativa masculina, não lhe trazendo necessariamente nenhum estigma social[281].

O acesso das mulheres ao divórcio, desta forma, foi entendido pelos juristas das diferentes escolas de pensamento jurídico como uma possibilidade, porém limitada a casos específicos. Na escola sunita Maliki, por exemplo, a mulher poderia iniciar um divórcio em alguns casos relacionados a ações e/ou omissões de seu marido; são eles: atos de crueldade, a recusa ou impossibilidade de garantir o sustento da mulher, a existência

---

279 A compilação completa da Sahih al-Bujhari pode ser encontrada em inglês, árabe e urdu no seguinte banco eletrônico: https://sunnah.com/bukhari. Acesso em: jun. 2020.

280 AL-BUKHARI, livro 68, *hadith* 1, tradução minha.

281 ESPOSITO; DELONG-BAS, 2001, p. 27-37; TUCKER, 2008.

de uma doença que impossibilite a continuidade do casamento ou que, de alguma forma, torne-o prejudicial à mulher.

Cabe ressaltar que a dinâmica jurídica prática com relação à temática do divórcio era diferente, tendo em vista aspectos como a escola de pensamento jurídico à qual o juiz era associado, a influência dos costumes/práticas locais e a relação estabelecida entre um determinado domínio político-social (como os Omíadas, Abássidas, Mamelucos e Otomanos). A diversidade de entendimentos jurídicos e decisões proferidas em cortes é um aspecto observado em diferentes pesquisas que trataram de casos específicos em que se justapuseram o domínio político-social das dinastias/impérios e os costumes/práticas locais em regiões que correspondem aos países Egito, Síria, Iraque, Turquia, Irã[282].

Desta forma, até o *processo de codificação das leis de família*, ocorrido em diversos Estados do Oriente Médio e Norte da África no início do século XX EC, uma variedade de entendimentos dos juristas foi desenvolvida. Mulheres e homens desenvolveram formas de acessar e em alguns casos ampliar seus direitos e oportunidades no âmbito matrimonial — desde a elaboração do contrato de casamento aos direitos maritais e às condições de um divórcio. Em estudos a partir da década de 1990, pesquisadoras como Judith Tucker[283], Leila Ahmed[284] e Amira El Azahry Sonbol[285] uniram-se aos questionamentos de historiadores como J. N. D. Anderson[286] acerca dos *efeitos positivos* da *codificação das leis de família, sobretudo ao questionar a ideia de que* a influência secular e ocidental conduziria, necessariamente, à melhoria da situação social e pessoal das sociedades muçulmanas.

Tucker[287] discutiu com maior ênfase os efeitos da implementação da *Lei Otomana dos Direitos de Família* na prática jurídica (ação de juízes nas cortes) e na vida cotidiana dos muçulmanos. Concluiu que, embora as reformas iniciadas ainda no âmbito da influência Otomana tenham sido

282 AMHED, 1992; SONBOL, Amira El-Azhary. Adults and minors in Ottoman shari'a court and modern law. *In*: SONBOL, Amira El-Azhary (ed.). **Women, the family, and divorce laws in Islamic history**. New York: Syracuse University Press, 1996. p. 236-256; ESPOSITO; DELONG-BAS, 2001; RAPOPORT, 2005; TUCKER, 2008.

283 TUCKER, Judith E. **In the house of the law**: gender and Islamic law in Ottoman Syria and Palestine. Berkeley: University of California Press, 1998, 2008.

284 AHMED, 1992.

285 SONBOL, 1996, p. 236-256.

286 ANDERSON, J. Norman D. Modern trends in Islam: legal reform and modernisation in the Middle East. **International & Comparative Law Quarterly**, Cambridge, v. 20, n. 1, p. 1-21, 1971.

287 TUCKER, Judith E. Revisiting reform: women and the Ottoman Law of Family Rights, 1917. **The Arab Studies Journal.** Washington, v.4, n. 2, p. 4-17, 1996; TUCKER, 2008, p. 65-77, 84-132.

observadas como “o principal desenvolvimento do pensamento jurídico islâmico no século XX[288]”, para as mulheres os benefícios de tal ação foram mais matizados. Em especial pelo argumento de que essa tentativa de determinar princípios universalmente aplicáveis para administrar as relações familiares eliminou, de certa forma, um vasto corpo de entendimentos/interpretações, opiniões e práticas jurídicas. Embora diferentes, essa diversidade permitia um espaço mais amplo para interpretação e aplicação em casos específicos, o que era visto como um elemento positivo para as partes envolvidas em processos/casos levados às cortes de *Shari'a*.

Ahmed[289] e Sonbol[290] se ocuparam no desenvolvimento de estudos de caso, observando como os entendimentos jurídicos e costumes puderam determinar resoluções diferentes para casos da área de família. Ahmed[291] desenvolveu um extenso trabalho de análise da vida das mulheres muçulmanas no que denominou de Islã Medieval (ênfase nos séculos XV EC-XIX EC), período subsequente à consolidação das instituições islâmicas e de seus discursos dominantes. Os exemplos trazidos pela autora se concentram nas sociedades no Egito, na Turquia e na Síria ao longo do domínio político-social dos Mamelucos e Otomanos. Em comum nas experiências discutidas, figurou o envolvimento das mulheres nas atividades econômicas e forte influência dos costumes na administração de assuntos da esfera familiar, tais como o casamento, a poligamia e o divórcio unilateral (proferido pelo marido).

Sonbol[292] desenvolveu análises especificamente acerca das decisões proferidas nas cortes de *Shari'a* Otomana antes e após a implementação das reformas nas leis, no século XX EC. A pesquisadora observou aspectos relacionados à elaboração e à celebração dos contratos de casamento, tais como a extensão da doutrina *Wilayat* (guarda/tutela) e a doutrina da adequação (*kafaah/kafa'a*). Concluiu que as reformas iniciadas pela *Lei Otomana dos Direitos de Família* trouxeram resultados contraditórios com relação à independência dos menores de idade (meninas e meninos), já que estipular uma idade mais alta para a maioridade (que variou entre 17 e 21 anos completos) deixou os menores de idade mais tempo sob a autoridade dos de seus tutores/guardiões.

[288] TUCKER, 1996, p. 4, tradução minha.

[289] AHMED, 1992.

[290] SONBOL, 1996.

[291] AHMED, 1992, p. 102-123.

[292] SONBOL, 1996.

Os formatos/tipos procedimentais de divórcio costumam ser sistematizados pela literatura especializada supramencionada em três principais[293], da seguinte maneira: *Talaq* ou *talaq al-sunnah* (divórcio unilateral masculino), *Khul* (divórcio mútuo) e *Tafriq* ou *Faskh* (divórcio por decisão/processo judicial)[294].

Além destes formatos/tipos, os juristas discutiram aspectos como a possibilidade de o divórcio ser revogável ou irrevogável, tendo em vista a preocupação acerca do desenvolvimento da *maneira correta* de seguir com alguma das formas de divórcio existentes. Ou seja, com a observação das variações de interpretação do Alcorão e *hadith* que poderiam embasar o que Spectorsky[295] denominou de divórcio por inovação (*talaq al-bid'a*). Tal divórcio era tido como oposto àquele considerado pelos juristas das diferentes escolas de pensamento jurídico como o ideal. Isso ocorre porque não observaria as recomendações como um período de espera (*iddah*) de três ciclos menstruais após o momento em que o homem pronuncia o divórcio, uma possível mediação entre os cônjuges e, principalmente, a questão de que a inovação partia do entendimento de que o homem poderia pedir o divórcio definitivo de uma só vez (por meio do divórcio triplo).

O *Talaq*, tradicionalmente entendido como o divórcio unilateral iniciado pelo homem, foi o formato/tipo de divórcio discutido em profundidade por juristas do período formativo da jurisprudência clássica (*fiqh*), principalmente entre os séculos VII EC-IX EC. Tinha como características principais o fato de ser decidido e proferido pelo marido à sua esposa; o cumprimento do período de espera (*iddah*) de três ciclos menstruais entre o momento em que o homem pronuncia o divórcio, considerando uma possibilidade de reconciliação matrimonial, a verificação se a mulher está grávida ou não, e a finalização do processo de divórcio em si. Além disso,

---

293 Em alguns estudos como, por exemplo, o de Esposito e Delong-Bas (2001), centralizado nas discussões das transformações nas leis de família no Egito e Paquistão, é possível encontrar menções a outros formatos e nomenclaturas. Ao desenvolver uma sistematização das leis de família e das propostas de reforma desenvolvidas ao longo do século XX EC, os autores vão falar sobre outros dois formatos de divórcio que foram encontrados nas análises, a saber: *Talaq al-Tafwid* (divórcio delegado) e Apostasia ou conversão. O primeiro relaciona-se com o *Talaq* (divórcio unilateral masculino), na medida em que parte da premissa de que, para o divórcio, seria uma prerrogativa masculina, porém neste caso específico o homem poderia delegar à sua esposa tal poder conferido a ele, permitindo assim que ela tomasse a iniciativa do divórcio. O segundo, por sua vez, parte de um entendimento mais específico da tradição sunita Hanafi, de que a renúncia de um dos cônjuges ao Islã configurava um caso para a dissolução do matrimônio (Esposito; Delong-Bas, 2001, p. 28-41).

294 AHMED, 1992; ESPOSITO; DELONG-BAS, 2001; RAPOPORT, 2005; WELCHMAN 2007; TUCKER, 1996, 2008; SPECTORSKY 2010.

295 SPECTORSKY, 2010.

este formato de divórcio não exigia um processo judicial extensivo, conferia poucas oportunidades de contestação por parte da esposa, e determinava algumas obrigações do marido com relação ao sustento desta.

Com relação à iniciativa do divórcio, juristas e estudiosos concordavam com o entendimento de que ele seria uma espécie de prerrogativa masculina, salvo exceções, em que o homem poderia delegar tal prerrogativa à esposa de diferentes maneiras. Entre elas, por meio de uma cláusula no contrato de casamento, ou pelo fato de mencionar oralmente à esposa que ela teria a possibilidade de decidir/escolher[296]. Para a tradição Hanafi, por exemplo, era partilhada a opinião do homem delegar à esposa o direito à iniciativa de um divórcio pela simples atitude de mencionar a ela, porém, estipulando um período pelo qual tal atitude seria válida, ou então vinculá-la a uma falha ou omissão de um acordo marital anterior, como no que diz respeito a contratar ou não um segundo casamento.

Na tradição Maliki, o entendimento sobre a hipótese de o divórcio pronunciado pela esposa ser ou não equivalente ao proferido pelo homem foi uma discussão recorrente. Em *Muwatta*, uma compilação feita por Malik B. Anas (século VIII EC) das teses da doutrina Maliki e de *ahadith* que teriam fornecido a base para os entendimentos dos juristas, alguns trechos traziam o entendimento de que o divórcio proferido pela esposa não seria equivalente àquele feito pelo homem (que compreende um período de espera e uma possível mediação). Portanto, não teria força de finalizar o casamento de uma só vez, sendo necessário que o pedido iniciado pela esposa fosse submetido a uma mediação legal. Na mediação o homem poderia dizer que o poder delegado à esposa teria um prazo e condições específicas para ser considerado válido[297].

Outro aspecto central para o *talaq* era o cumprimento do período de espera (*iddah*) de três ciclos menstruais entre o momento em que o homem pronuncia o divórcio, uma possibilidade de reconciliação matrimonial, a constatação se a mulher está grávida (ou não) e a finalização do processo de divórcio em si. Neste contexto os juristas pareciam compartilhar de alguns consensos, a saber: a) de que o homem deveria divorciar-se de sua esposa enquanto esta estivesse em um *estado de pureza*, ou seja, antes ou após seu ciclo menstrual, e o marido deveria cumprir o período de espera

---

[296] TUCKER, 2008; ALI, 2010.

[297] MALIK B. ANAS *apud* FADEL, Mohammad; MONETTE, Cornell (ed.). **Malik b. Anas Al-Muwatta'**: the recension of Yahya al-Laythi. A translation of the Royal Moroccan edition. Cambridge: Harvard University Press, 2019. (Harvard series in Islamic law). p. 495-497.

(*iddah*) de três ciclos menstruais para só então formalizar o divórcio; b) durante o período supramencionado o homem poderia mudar de ideia e desejar retomar o casamento, visto que o divórcio até então era revogável, mas, caso desejasse continuar com o processo, o mais correto seria pronunciar o divórcio três vezes, uma a cada mês/ciclo menstrual; c) o *processo correto* do divórcio deveria ser lento mesmo para dar tempo ao casal de buscar uma reconciliação; e d) após os três pronunciamentos de divórcio e o período de espera, o divórcio tornava-se irrevogável.

O exemplo mais recorrente na literatura jurídica advinha do *hadith* anteriormente mencionado, que compõe a compilação da *sunnah Sahih al-Bukhari*, atribuída ao *imam* Muhammad al-Bukhari (século IX EC). Este referia-se a um aconselhamento pedido ao profeta Muhammad quando Umar decidiu divorciar-se da mulher e foi aconselhado a cumprir o período de espera em sua casa.

Uma questão frequente no contexto do cumprimento desse período de espera (*iddah*) era a respeito dos direitos da mulher (esposa) à manutenção econômica (garantia de itens como domicílio e alimento), ou seja, quais deveriam ser as obrigações do marido para com ela. Ali[298] destaca uma premissa que sugere ser consensual entre as escolas de pensamento jurídico, a saber: a atitude do marido de buscar o divórcio altera o equilíbrio sutil dos deveres e direitos maritais no que diz respeito ao binômio relacionamento sexual e direito à manutenção econômica[299]. Ao pronunciar já pela primeira vez o divórcio, o homem perderia o direito de manter relações sexuais com sua esposa (podendo até mesmo viver em ambientes separados e aguardar o período de espera), mas ela ainda teria o direito à manutenção econômica.

Os juristas dividiam-se no que dizia respeito aos procedimentos que deveriam ser observados quando o divórcio era revogável ou irrevogável. Se o divórcio fosse revogável (ainda não finalizado e fosse possível reatar os laços), o homem deveria prover à sua esposa a manutenção econômica (garantia de itens como domicílio e alimento) semelhante àquela provida ao longo do casamento, independentemente do fato de ela estar ou não grávida. Ali[300] destaca que na tradição Hanafi, por exemplo, ocorreu de

298 ALI, 2010, p. 84-99.

299 Aspecto discutido mais extensivamente no item 1.2.1, "Casamento", deste livro.

300 ALI, 2010.

forma recorrente a sugestão de restringir a ação do homem durante o período de espera, impedindo-o de casar-se com outra mulher.

Quando o divórcio era do tipo irrevogável, o embate de entendimentos esteve calcado na noção de que a mulher poderia ter direito à manutenção econômica (garantia de itens como domicílio e alimento) de forma completa (de acordo com a tradição Hanafi, por exemplo). Porém, para os Maliki e Shafi, a mulher deveria ter direito apenas ao domicílio/acomodação, até que o período de espera fosse concluído[301].

Em ambas as formas de divórcio (revogável ou não), a constatação de uma gravidez prolongava o período de espera (*iddah*) para até o nascimento da criança, ampliando consequentemente o direito à manutenção econômica (garantia de itens como domicílio e alimento) de forma completa até a mesma data. A lógica desenvolvida neste aspecto tomava como base o Alcorão, mais especificamente os versículos 65:6-7 da Surata 65 (*Al Talaq – O divórcio*), que dispõem que a mulher grávida deve ser amparada financeiramente pelo marido até o nascimento da criança, porém não deixa muito evidente quais seriam as responsabilidades do marido.

Na tradição Hanafi, existe uma questão específica acerca da manutenção/sustento que deveria ser provido a uma mulher divorciada que fosse mãe de uma criança pequena. Tendo em vista a necessidade de proteger os interesses dos filhos do casamento que se encerrou e o fato de que as relações entre seus pais podem ser difíceis, houve um entendimento quase literal do versículo 2:233[302] do Alcorão, no qual é sugerido que, durante um *período de amamentação* (que compreende os primeiros dois anos da criança), o pai deve se encarregar do sustento da ex-esposa e da criança.

O *Khul*, entendido como uma forma de divórcio mútua, era uma das formas que poderiam ser iniciadas pela mulher. Entretanto, os entendimentos divergiam quanto à premissa de compensação financeira ao marido por parte da mulher, bem como à maneira como o divórcio deveria ser executado, tendo em vista aspectos como a influência de costumes

301 SPECTORSKY, 2010, p. 109-115.

302 "As mães amamentarão os filhos dois anos inteiros se quiserem dar-lhes aleitamento completo. Ao pai cabe nutri-los e vesti-los conforme os bons costumes. De ninguém será exigido mais do que pode. A mãe não será prejudicada por causa de seu filho, nem o pai por causa de seu filho. Os herdeiros substituem os pais nas suas obrigações. E se preferis entregar vossos filhos a uma ama de leite, não sereis censurados desde que o façais conforme os bons costumes. E temei a Deus e sabei que Ele observa o que fazeis" (Alcorão, 2:33, 2015).

pré-islâmicos que de alguma forma reprimiam a liberdade das mulheres casadas e impediam-nas de pedir o divórcio[303].

De forma geral, as escolas de pensamento jurídico de tradição sunita tinham em comum a noção de que este formato de divórcio deveria ocorrer com o consentimento de ambas as partes, algo que não estava explícito no *talaq*. As bases teológicas para a realização deste divórcio eram, sobretudo, exegeses feitas a partir de passagens do Alcorão, tais como os versículos 2:229-231 da Surata 2 (*Al Bácara – A Vaca*), que tratam da possibilidade de um divórcio revogável, irrevogável, e das obrigações de ambos os cônjuges no referido processo. Além disso, figuram também versículos da Surata 4 (*An Nissá – As mulheres*), que tratam da relação entre os cônjuges, e da Surata 65 (*Al Talaq – O divórcio*), que, com a Surata 2 (*Al Bácara – A Vaca*), contemplam de forma mais ampla o tema.

Para Tucker[304], embora os juristas compreendessem que uma espécie de aversão ou falta de companheirismo entre os cônjuges poderia abrir caminho para uma discussão de divórcio, alguns pontos ficavam a cargo de uma intepretação conjunta do Alcorão e dos *ahadith*, o que gerou uma multiplicidade de posicionamentos. Neste contexto costumavam ser utilizados dois *ahadith* da compilação de al-Bukhari (livro 68, *hadith* 22 e 23)[305]. Neles era apresentado um caso de divórcio mútuo (*khul*), no qual uma mulher teria apresentado a demanda de divórcio de seu esposo ao profeta Muhammad, que mediara o processo permitindo que ela devolvesse (por sua intenção) o dote recebido (*mahr/sadaq*) como parte do acordo para que o marido consentisse o fim do matrimônio.

Outras questões foram amplamente discutidas no interior das tradições jurídicas, entre elas o estabelecimento de quais seriam os critérios necessários para que um divórcio fosse iniciado pela mulher; o entendimento de que tal ação seria considerada um divórcio definitivo ou uma anulação; e, sobretudo, como e quando uma compensação/reparação econômica para o marido poderia ser estabelecida.

303 Em seus comentários acerca da Surata 4 (*An Nissá – As mulheres*), o Prof. Samir El Hayek (2016) argumenta que, junto ao Islã, ocorreu uma tentativa de impedir que práticas prejudiciais às mulheres casadas (como maus-tratos) fossem utilizadas como um recurso para que elas pedissem o divórcio e fossem obrigadas a devolver o dote recebido ao marido. No entanto, a prática de a mulher oferecer uma espécie de compensação financeira ao marido para concluir um divórcio consensual era possível, sendo que a legalidade de tal ato deveria ser discutida perante um juiz.

304 TUCKER, 2008, p. 95-105.

305 Livro 68 de al-Bukhari (Divórcio), *hadith* 22. Disponível em: https://sunnah.com/bukhari:5273. Acesso em: maio 2020. E *hadith* 23. Disponível em: https://sunnah.com/bukhari:5274. Acesso em: maio 2020.

Com relação à primeira questão, a tradição Maliki concedia à mulher diferentes possibilidades de iniciar um divórcio, em alguns casos relacionados a ações e/ou omissões de seu marido. São eles: atos de crueldade, a recusa ou impossibilidade de garantir o sustento da mulher, a existência de uma doença que impossibilite a continuidade do casamento ou, de alguma forma, torne-o prejudicial à mulher[306].

Já a tradição Hanafi, em oposição à tradição Maliki, concedia poucas possibilidades para a mulher iniciar um pedido de divórcio, entre elas: a impossibilidade de o marido consumar o casamento, a possibilidade de o marido deixar o lar e não mais retornar, e a renúncia ao Islã. Em todos estes cenários, os casos deveriam ser levados à uma corte para apreciação de um juiz (*qadi*), que tomaria uma decisão[307].

Um exemplo interessante para discutir a diversidade de entendimentos jurídicos acerca dos critérios que tornariam a demanda de uma mulher ao divórcio efetiva diz respeito ao direito da mulher à manutenção/sustento e o que ela poderia fazer na hipótese de o marido não garantir tal direito a ela (sendo que era uma obrigação dele fazê-lo), visto que,

> Assim como os Hanafis eram distintos em sua insistência de que todas as mulheres divorciadas pudessem reivindicar manutenção/sustento durante os períodos de espera, também diferiam dos Shafi e dos Maliki na questão do direito da esposa de poder se separar de um marido que não podia sustentá-la, aderindo firmemente ao princípio de que a falta da manutenção/sustento nunca justificou o divórcio judicial. As autoridades Maliki conferiram isso a ela, mas permaneceram mantiveram alguns detalhes em aberto. Os Shafi e seus seguidores, evitando ambas as alternativas, estabeleceram um prazo restrito de três dias sem o apoio financeiro para que a esposa possa fazer a opção de se divorciar.[308]

Ao comparar as discussões de expoentes das escolas de pensamento Hanafi, Shafi e Maliki acerca do tema, Ali[309] destaca a tentativa dos juristas das duas últimas escolas de equilibrar os direitos e deveres dos cônjuges

---

306 *Cf.* ESPOSITO; DELONG-BAS 2001; ALI 2010; GIUNCHI, Elisa. From jurists ijtihad to judicial neo-ijtihad: some introductory observations. *In*: GIUNCHI, Elisa (ed.). **Adjudicating family law in Muslim courts**. New York: Routledge, 2014. p. 1-30; FADEL, 1998.

307 ESPOSITO; DELONG-BAS, 2001.

308 ALI, 2010, p. 90, tradução minha.

309 *Ibidem*.

no matrimônio, pois reconhecia como uma justificativa aceitável para um rompimento matrimonial a omissão prolongada do marido com relação ao apoio financeiro.

O entendimento do divórcio mútuo (*khul*) como definitivo ou uma anulação variou de acordo com a escola de pensamento jurídico. As posições dos juristas Ibn Hanbal e Ibn Rahwayh, ambos da tradição Hanbali, eram de que o *khul* consistia em um anulamento, porém seus efeitos legais eram definitivos, assim como o período de espera (*iddah*) também deveria ser cumprido pela mulher[310].

As outras tradições sunitas (Hanafi, Shafi e Maliki) concordavam com a noção de que o divórcio *khul* seria definitivo, porém discutiam a necessidade de tal ação ser levada a uma corte para a decisão. Já nas escolas de tradição xiita, tomando a Jafari como exemplo central[311], o *khul* era tido como irrevogável, mas deveria contar com o depoimento de duas testemunhas que atestassem as circunstâncias em que os cônjuges concordaram em finalizar o casamento.

A noção de que o *khul* era considerado um processo mútuo de divórcio esteve associada à necessidade de compensação/reparação financeira ao marido. No entanto, uma questão que permanecia em aberto era justamente quais seriam suas condições e/ou limitações. Um consenso entre as tradições sunitas era o de o homem não poderia receber da mulher mais do que ele entregou a ela como dote (*mahr/sadaq*), orientação acompanhada por alguns versículos da Surata 2 (*Al Bácara – A vaca*) e da Suarata 4 (*An-Nissá – As mulheres*) do Alcorão.

O versículo 2:229 argumenta que o homem não deveria tomar de sua esposa algo de tudo que deu, a não ser que ele temesse manter um relacionamento que trouxesse prejuízo a ambos e a mulher aceitasse ceder algo ao marido para de comum acordo conseguir a sua liberdade. Ainda na Suarata 2, alguns versículos apresentam casos mais específicos: no divórcio (por iniciativa do marido) antes da fixação do dote (2:236), o homem ainda deveria entregar à mulher algo; e, no divórcio antes de um casamento consumado — e com o dote já fixado —, a mulher teria direito a uma parte do referido dote, a menos que ele abrisse mão de tal direito.

Já o versículo 4:4, por exemplo, argumenta que o dote entregue à mulher quando do casamento pertencia a ela para dispor dele da forma

310 SPECTORSCKY, 1993, p. 49-58.

311 *Cf.* MIR-HOSSEINI, 1999.

que desejasse. Entre as possibilidades, há a concessão de algo ou uma fração ao marido, mas sem especificar que seja em um caso de divórcio *khul*.

Na tradição Hanafi, conforme o compilado *Mukhtasan Al-Quduri*[312], do *imam* Abul-Husayn Ahmad ibn Muhammad ibn Ahmad ibn Já'far ibn Hamdan, não era aconselhável ao marido receber de sua esposa mais do que o valor do dote, principalmente se o motivo da separação do casal fosse algum tipo de discórdia provocada por ele. No entanto, ele poderia aceitar um valor maior caso a mulher assim desejasse, para concluir o processo de forma consensual[313].

Na tradição Hanbali, um homem também não deveria aceitar nada (bem ou valor) que fosse superior ao dote conferido à mulher quando do casamento. Além disso, compiladores da obra de Ibn Hanbal (como Abu Dawind al-Sijistani, considerado o primeiro) citavam um *caso* em que uma mulher teria se divorciado do marido "pelo valor que ela possuía em suas mãos". Os *ahadith* conflitavam acerca do valor, considerando-o baixo ou até inexistente, mas concordavam com o fato de que, ao aceitar tal oferta da mulher, o marido receberia aquilo dito por ela[314].

Em um extenso estudo acerca das práticas de casamento e divórcio nas cidades de Damasco e Cairo ao longo do período do Império Mameluco (1250 EC-1517 EC), Rapoport[315] destacou a atuação feminina nas cortes de família em prol de seus direitos, como o de iniciar um divórcio, negociando, assim, com o esposo os termos de tal processo, visto que,

> Por outro lado, o divórcio raramente era um caso unilateral. Algumas mulheres (ou suas famílias) manipularam os ideais patriarcais para iniciar o divórcio, ou usaram seu poder de alavancagem financeira para forçar o marido a concede-lhes o divórcio. Na maioria dos relatos de casos individuais o divórcio aparece como equilibrado, no qual as mulheres tiveram sua opinião.[316]

---

312 Com o intuito de discutir e exemplificar os entendimentos da escola de pensamento jurídico Hanafi, utilizamos aqui a tradução de Tahir Mahmood Kiani do árabe para o inglês do referido compilado. A edição traduzida e comentada foi publicada em 2010.

313 ABUL-HUSAYN *apud* KIANI, Tahir Mahmood (trad.). **The Mukhtasan Al-Quduri of imam Abul-Husayn Ahmad ibn Muhammad ibn Ahmad ibn Já'far ibn Hamdan** [A manual of Islamic law according to the Hanafi school]. London: Ta-Ha Publishers, 2010. p. 455-456.

314 SPECTORSCKY, 1993, p. 85-98.

315 RAPOPORT, 2005, *passim*.

316 *Ibidem*, p. 70, tradução minha.

É interessante ressaltar que o trabalho de Rapoport[317] concluiu, a partir das análises de documentação de decisões judiciais, que o formato de divórcio mais comum no período e nas sociedades estudadas foi o *khul*, diferentemente do que uma análise superficial das noções de divórcio como um direito unilateral masculino poderia trazer. Nas análises do autor fica evidente que as mulheres encontravam em seu cotidiano uma forma de utilizar os procedimentos legais ao seu favor, os quais poderiam ser lidos como "rebeldes", muitas vezes forçando os maridos a concordar com algum formato de acordo.

Ainda nesse sentido, o autor indicou também dois elementos de preocupação entre os juristas, como Ibn Taymiyya (1263 EC-1328 EC), quanto ao uso da custódia dos filhos pelos maridos para garantir melhores acordos de divórcio e a possibilidade de forçar a mulher a iniciar o divórcio, levando-a a renunciar aos seus direitos financeiros e ao pagamento de uma compensação/reparação ao marido[318], no divórcio *kuhl*. Com relação ao primeiro elemento, os homens poderiam utilizar de poder econômico para retirar a guarda da mulher e com isso a mulher perderia o direito à manutenção/sustento dela e do filho menor (até dois anos de idade) em alguns casos específicos, como um novo casamento. Já quanto ao segundo, a iniciativa do processo por parte da mulher eliminava os possíveis encargos econômicos (manutenção/sustento da esposa) que um divórcio do formato *talaq* estabelecia.

Em sociedades que viviam sob influência otomana ao longo do século XVI EC, Tucker[319] apontou que os divórcios *kuhl* eram numerosos em Istambul, Jerusalém, Síria, Damasco, entre outras localidades. Em diversos casos, o processo registrado nem era extenso, apenas trazia o apelo da mulher que iniciara o pedido à corte e o acordo definido com a compensação/reparação econômica final fixada ao marido.

---

317 *Ibidem*, p. 69-88.

318 No que concerne aos processos de divórcio, as mulheres que aderissem ao formato *khul* deveriam abrir mão de certos direitos financeiros com o intuito de alcançar um acordo mútuo. No entanto, importante ressaltar que, nas sociedades que viviam sob influência do Império Mameluco, existia um entendimento de que as mulheres eram capazes de administrar propriedades (inclusive instituições de caridade) e bens familiares, algo que foi observado em documentos históricos em que elas eram indicadas como administradoras de diversos bens (Ahmed, 1992, p. 102-109).

319 TUCKER, 2008, p. 104-121.

Porém Tucker[320] destaca, assim como Rapoport[321], que também surgiam casos de abuso do divórcio *khul* em que marido e esposa apresentavam versões diferentes. Um juiz (*qadi*) tinha de analisar tudo para tomar uma decisão com relação à sua validade e as devidas compensações/reparações econômicas. Além disso, outro ponto relevante é o de que, paradoxalmente à alta incidência do *khul*, as mulheres tinham pouco espaço para negociação. Essa situação era diferente nas sociedades sob influência mameluca, pois, dependendo da interpretação e atuação do juiz (*qadi*), a operação dos requisitos necessários para o *khul* restringiu a atuação das esposas.

> Embora as práticas do período Otomano certamente se enquadrassem nas diretrizes doutrinárias amplas do *khul*, elas restringiram a capacidade da mulher usar o *khul* a seu favor: o marido podia receber uma compensação excessiva; seu acordo era geralmente exigido; e o juiz parecia limitar o papel do tribunal às funções notariais, a menos que houvesse uma violação flagrante dos direitos da mulher. Como resultado, é improvável que o *khul* tenha sido um "divórcio da mulher", que efetivamente corrigiu a operação discriminatória do *talaq* neste período.[322]

O terceiro formato de divórcio discutido entre os juristas nas escolas de pensamento foi *Tafriq* ou *Faskh*, entendido em amplo sentido como uma espécie de anulação matrimonial e poderia ter seu processo iniciado por mulheres e homens. Diferentemente do *talaq*, que teoricamente não precisaria ser registrado ou mediado por uma corte, *Tafriq* ou *Faskh* era um procedimento judicial que gerava uma decisão para o impasse matrimonial. As principais discussões observadas no interior das escolas jurídicas estiveram relacionadas aos critérios que deveriam ser seguidos para aceitar um processo deste tipo, ou seja, quais alegações de uma esposa poderiam conduzir à anulação do casamento. Para Tucker[323], um ponto de convergência entre as tradições sunitas era a impotência do marido ou a abstinência forçada infligida à esposa. Porém um componente complexo era a comprovação do testemunho de ambas as partes e o fato de que a

---

320 *Ibidem.*

321 RAPOPORT, 2005, p. 85-107.

322 TUCKER, 2008, p. 111, tradução minha

323 *Ibidem.*

falta do marido nesse aspecto sexual nem sempre era tida como algo que infringia seus deveres.

Na tradição Hanafi, por exemplo, os juristas elencaram e discutiram poucas situações/casos em que a mulher poderia iniciar um pedido de anulamento matrimonial, sendo que, dentre eles, destacaram-se a irregularidade do casamento (no sentido da aspectos procedimentais ligados à presença do *wali*, a fixação do dote ou proibições legais), a impossibilidade de consumar o casamento, e a constatação de que o marido deixara o lar.

Para Esposito e Delong-Bas[324], outra possibilidade de argumento era o de juramentos mútuos que em algum momento se provavam falsos com relação à acusação. Ou seja, se o marido iniciasse um processo de anulação com base em um testemunho de que tinha sido traído pela esposa e esta fosse capaz de jurar sua inocência, a alegação do homem era questionada e um juiz poderia anular o divórcio em prol da ação da mulher caso o marido não apresentasse nenhuma retratação. No compilado *Mukhtasan Al-Quduri*, de tradição Hanafi, algumas possibilidades de anulação neste sentido são discutidas em detalhes no capítulo 38 (*Li'an – Juramentos mútuos*).

Além disso, o tópico dos juramentos também abriu espaço para discussões acerca da anulação quando o marido jurava não ter mais relações sexuais com a sua esposa, causando a ela um dano. Para os Maliki, conforme o compilado *al-Muwatta'*, do *imam* Malik b. Anas, o fato de o marido jurar abster-se de relações sexuais com sua esposa não conduziria, necessariamente, a um processo de divórcio (no caso, mencionou-se a possibilidade de *talaq*), pois apenas após um período (quatro meses) o caso poderia ser levado à corte. Porém a decisão dependeria de fatores como os testemunhos e provas, itens difíceis de serem obtidos[325].

Outros debates se relacionaram à possibilidade de anulação em caso de doença grave do marido (sendo tal condição anterior ao casamento ou não) ou no caso de o marido deixar o lar matrimonial e não mais voltar. No primeiro caso, os Hanafi, discutiram que a princípio a mulher não poderia anular o casamento se o marido sofresse de doenças como insanidade ou lepra, visto que "nestes casos o objetivo do casamento (relação sexual) ainda poderia ser cumprido"[326]. Porém, para os Maliki e Shafi, a perspectiva

[324] ESPOSITO; DELONG-BAS, 2001.

[325] MALIK B. ANAS *apud* FADEL; MONETTE, 2019, p. 497-499.

[326] TUCKER, 2008, p. 93, tradução minha.

de anulação nestes casos era considerada válida, independentemente do momento em que o marido descobrira ou manifestara a doença.

Já no segundo caso, os Hanafi, bem como os Maliki, tinham dificuldade de estabelecer se o casamento seria anulado ou se o divórcio seria feito por meio do *khul*, seguindo as orientações do tempo de espera (*iddah*), e se a mulher poderia então seria considerada divorciada ou viúva[327].

O impacto do divórcio afetava a vida e os direitos das mulheres, sobretudo em aspectos como as possibilidades de compensação/reparação financeira a uma das partes envolvidas, pois dependiam do formato/tipo do divórcio e dos entendimentos de juristas das escolas de pensamento jurídico acerca dos princípios éticos contidos em versículos do Alcorão (especialmente nas Suratas 2, 4 e 65) e com o auxílio de *ahadith* e *sunnah*. Além disso, havia aspectos como a escola de pensamento jurídico à qual o juiz era associado, a influência dos costumes/práticas locais, a relação estabelecida entre um determinado domínio político-social (como os Omíadas, Abássidas, Mamelucos e Otomanos) e as escolas de pensamento jurídico.

Até a efetivação do que Welchman[328] denominou *processo de codificação das leis de família*, ocorrido em diversos Estados do Oriente Médio e Norte da África no início do século XX EC, uma variedade de entendimentos dos juristas foi desenvolvida, e mulheres e homens desenvolveram formas de acessar e, em alguns casos, ampliar seus direitos e oportunidades no âmbito matrimonial — desde a elaboração do contrato de casamento aos direitos maritais e às condições de um divórcio[329].

1.3.3 Custódia de filhos

A custódia de filhos é outro tópico relevante das leis de família no que diz respeito ao estabelecimento prático e social dos entendimentos acerca dos papéis de gênero nas diferentes sociedades de população muçulmana. Embora existisse um aparente consenso entre juristas das escolas de pensamento sunitas e xiita de que mães e pais fossem responsáveis pelos filhos, eram os pais as pessoas encarregadas de autoridade para o desenvolvimento de deveres/funções relacionadas a assuntos financei-

[327] ESPOSITO; DELONG-BAS, 2001; MALIK B. ANAS *apud* FADEL; MONETTE, 2019, p. 512-514.

[328] WELCHMAN, 2007, p. 19-37.

[329] AMHED, 1992; SONBOL, 1996; ESPOSITO; DELONG-BAS, 2001; RAPOPORT, 2005; TUCKER, 1996, 2008.

ros (como o pagamento de suas despesas, a gestão de propriedade e os direitos de herança), bem como outros assuntos relacionados à educação e às relações sociais[330].

A custódia de um filho/a foi vista como um direito da criança desde seu nascimento, considerando sobretudo que as atividades de cuidado de uma criança, tais como nutrição, apoio, segurança, deveriam ser desempenhadas da melhor forma possível pelos seus responsáveis, visando os interesses do menor[331].

Serão analisados os principais entendimentos jurídicos das escolas de pensamento islâmicas (as sunitas Hanafi, Maliki, Shafi, Hanbali e a xiita Jafari) acerca dos direitos das mulheres que compõem as disposições das leis de família da custódia de filhos, discutindo aspectos como os entendimentos acerca da responsabilidade de pais e mães cuidarem de seus filhos; o desenvolvimento das funções de guardião e tutor quando ocorria um divórcio (abordando em que circunstâncias um dos genitores poderia tentar ter a custódia total de uma criança menor de idade); os entendimentos acerca da extensão do período de custódia.

De maneira simplificada, os entendimentos relacionados aos filhos tinham como costume "dividir" as funções parentais em dois campos, considerando as pessoas que seriam consideradas elegíveis para exercer tais funções como *guardião* e *tutor*[332].

A mãe era identificada com as atividades que compunham a função de guardião, entre elas atividades de cuidado físico e emocional (como amamentação, acolhimento) e educação de filhos menores. A função de guardião também poderia ser exercida por outra mulher da família próxima, caso a mãe fosse ausente ou não pudesse exercer tal função.

O pai era identificado com as atividades que compunham a função de tutor, sendo a tutela representada pela doutrina *Wilayah*, que tinha diversas consequências para a vida do tutelado (conforme item 1.3.1 Casamento). As principais responsabilidades do tutor detinham consequências jurídicas tais como a gestão de assuntos financeiros (como o pagamento de suas despesas, a gestão de propriedade e direitos de herança) e de

---

330 WELCHMAN, 2007.

331 SABREEN, Mudasra. Custody in Islamic law: a law based on presumptions. **Islamic Studies**, Islamabad, v. 56, p. 3-4, p. 223-243, 2017; IBRAHIM, Ahmed Fekry. The best interests of the child in pre-modern Islamic juristic discourse and practice. **The American Journal of Comparative Law**, Washington, v. 63, n. 4, p. 859-891, 2015.

332 WELCHMAN, 2007; ZAHRAA, Mahdi; MALEK, Normi A. The concept of custody in Islamic law. **Arab Law Quarterly**, Leiden, p. 155-177, 1998.

assuntos contratuais (como o casamento). Abrangiam também outros assuntos relacionados a educação, relações sociais e viagens. Os pais ainda poderiam nomear um tutor/responsável por uma criança ou menor de idade em vez de permitir que seu direito fosse passado, em caso de incapacidade, para outro membro masculino da família.

O exercício da guarda (*hadanah*) levaria a criança a residir com a guardiã, enquanto a tutela (*Wilayah*) poderia ser exercida à distância. Ao tomar como base os escritos do jurista e teólogo Ibn Nujaim (século XV EC), vinculado à tradição sunita Hanafi, Sabreen descreve as funções e responsabilidades que compõem a guarda, em sentido amplo, da seguinte maneira:

> Quando uma criança está em sua tenra idade, presume-se que necessita de um adulto do sexo feminino para cuidar dela e administrar seus negócios, de modo que o dever de criar a criança é confiado à mãe, ou no caso de sua ausência ou impedimento, para outros parentes do sexo feminino. Depois de atingir a idade de discernimento, a criança pode fazer os seus afazeres cotidianos, necessitando então de uma formação e educação que é confiada ao pai, ou na sua ausência ou incapacidade, aos parentes do sexo masculino, pois se presume que os parentes do sexo masculino sejam mais adequados para tais funções. Durante o casamento, a guarda é um dever de ambos os pais e nenhum deles pode afastar a criança de algum local sem o consentimento do outro. No caso da separação dos pais há um consenso de que a mãe tem direito à guarda dos filhos menores caso não seja considerada inapta.[333]

Embora o Alcorão contenha alguns versículos sobre os direitos da criança pequena (até dois anos de idade) à manutenção e ao sustento devidos a uma mulher divorciada, quando se trata da questão mais específica da custódia de uma criança, as instruções e os princípios não são tão diretos em seu conteúdo.

Na tradição Hanafi, por exemplo, existe uma questão específica acerca desse assunto. Tendo em vista a necessidade de proteger os interesses dos filhos do casamento que se encerrou e o fato de que as relações entre seus pais podem ser difíceis, foi desenvolvido um entendimento quase que literal do versículo 2:233 do Alcorão, em é sugerido que, durante

---

[333] SABREEN, 2017, p. 276-277, tradução minha.

um *período de amamentação* (que compreende os primeiros dois anos da criança), o pai encarregue-se do sustento da ex-esposa e da criança.

Ainda nesse contexto de discussões mais específicas com relação ao Alcorão, Sabreen[334] argumenta que um versículo que geralmente era utilizado pelos juristas para embasamento pelo direito materno à custódia era o 2:233, o qual também dispõe que a mãe deveria amamentar o filho até que complete dois anos de idade.

Desta forma, foi comum aos juristas das diversas escolas de pensamento jurídico islâmico recorrerem a outras fontes, como os *hadith* e as discussões anteriores acerca do tema, para elaborarem seus entendimentos. Entre os *hadith* citados em argumentações dos juristas, figuram dois principais.

Um primeiro[335], em que era relatado que o profeta Muhammad teria sido consultado por uma mulher divorciada se ela poderia ter a guarda de seu filho em um momento em que o ex-marido a ameaçava com a possibilidade de levar o filho para outro lugar. A resposta do profeta Muhammad teria sido a de que custódia da criança em questão era da mãe, contanto que ela não se casasse novamente[336].

O segundo *hadith* relatava que Abu Bakr foi procurado por um casal e uma avó para resolver a disputa pela guarda de um filho. O califa teria dito que pai não deveria ficar entre a mulher e seu filho, uma posição que depois foi adotada como regra por Malik b. Anas e outros juristas que seguem a escola que o tem como expoente principal[337].

Na tradição Hanafi, conforme observado no compilado *Mukhtasan Al-Quduri*, enfatizava-se o entendimento de que, em caso de separação, a mulher teria mais direito à custódia da criança. Determinava também a ordem de parentes femininas maternas que poderiam exercer tal função na ausência ou impossibilidade da mãe — a avó, irmã(s) e tia(s) —, bem como a ordem na contraparte, representada pelas mulheres da família paternal da criança em questão. Além disso, buscou estabelecer um período máximo em que a mãe divorciada poderia ter a custódia de seus

---

334 *Ibidem*.

335 O referido *hadith* encontra-se no compêndio al-Hidya, escrito no século XII EC pelo intelectual usbeque Burhan al-Din Al-Marghinani, que foi um influente estudioso e membro da tradição sunita Hanafi de pensamento jurídico. Aqui fazemos referência à tradução do compêndio para o inglês por Charles Hamilton e publicada em 2013.

336 BUHRAN AL-DIN Al-MARGHINANI, 2013, p. 385-386.

337 MALIK B. ANAS *apud* FADEL; MONETTE, 2019, p. 638-639.

filhos, sendo que foram estipuladas idades ou fases de desenvolvimento físico-emocional diferentes para meninos e meninas, da seguinte maneira:

> A mãe e a avó materna têm direito à [custódia do] menino, até que ele possa comer sozinho, beber sozinho, vestir-se e lavar-se depois de usar o banheiro, e da menina, até que ela comece a menstruar. [...] As mulheres, além da mãe e da avó materna, têm mais direito à [guarda da] menina até que ela atinja a idade de desejo [sexual].[338]

A definição da idade não era exata, tendo em vista que, conforme descrito no trecho *supra*, era mais comum aos juristas e teólogos discutirem o que seriam as características ou fases de desenvolvimento físico-emocional que determinariam, no caso de pais separados, a transferência da guarda da criança ao pai.

Com base em estudos comparativos de escritos das tradições Hanafi e Maliki, Esposito e Delong-Bas[339] apontaram que na doutrina Hanafi tais características ou fases de desenvolvimento infantil ocorreriam aos 7 anos para os meninos e aos 9 para as meninas. Depois disso, a custódia integral era conferida ao pai, figura que no período anterior já desempenhava a função de *tutor* da criança (menina ou menino).

Ainda neste sentido, os autores argumentam que a atribuição da guarda ao pai enfatizava ao mesmo tempo a estrutura familiar tradicional, voltada à linhagem paterna, e o trabalho doméstico, sobretudo de cuidado, que era atribuído à mulher; assim:

> A família enfatizava a linhagem paterna e faz da casa do avô paterno a residência central, onde muitas mulheres (tias e avó) estariam disponíveis para cuidar dos filhos. No entanto, tais leis não permitiam muita consideração para a mãe das crianças, recém-divorciada, cujos papéis de esposa e mãe, a principal fonte do status da mulher em uma sociedade tradicional, são retirados dela mesmo que ela não tenha escolha na ação do divórcio.[340]

A mãe divorciada, conforme discutido no caso anterior e nas demais escolas de pensamento jurídico, possui a guarda de seus filhos (meninas ou meninos) por um período determinado. Porém, tal cenário poderia ser

338 ABUL-HUSAYN *apud* KIANI, 2010, p. 488-489, tradução minha.

339 ESPOSITO; DELONG-BAS, 2001, *passim*.

340 *Ibidem*, p. 36, tradução minha.

alterado, tendo em vista a noção de proteção dos interesses e do bem-estar da criança, considerando quem entre os pais estaria mais apto para gerir os diversos aspectos da vida da criança em questão.

Outro aspecto relevante para determinar a guarda era ouvir todas as partes interessadas, até mesmo permitir que a criança em questão manifestasse a sua vontade de viver com a mãe ou com o pai. O direito à escolha conferido à criança era considerado uma prática que advinha da tradição das primeiras comunidades muçulmanas no século VII EC. Em uma situação em que o jurista Ibn Taymiyyah[341] teria feito a mediação, ainda no século XIII EC, a criança foi ouvida (tendo optado por viver com o pai, considerando que ele não lhe cobrava pela frequência escolar), mas na decisão Taymiyyah entendeu que era a mãe quem tinha melhores condições de garantir os interesses de seu filho[342]. Tal situação representou um paradigma no que diz respeito à mediação em um possível conflito de interesses entre a noção de proteção dos interesses e do bem-estar da criança e a escolha manifestada por ela.

Os entendimentos de juristas e teólogos acerca da extensão do período de custódia variaram, principalmente quando a criança em questão era uma menina, sendo os pais casados ou divorciados. Embora a guarda (*hadanah*), primordialmente exercida pela mãe ou figura feminina mais próxima (avó, tia), de uma menina teoricamente se encerrasse quando da puberdade (a idade mais específica não era um consenso entre as escolas de pensamento), a tutela representada pela doutrina *Wilayah* se mantinha e era exercida preferencialmente pelo pai da criança/adolescente.

No caso de pais divorciados, com o término do período da guarda (*hadanah*) exercida pela mãe, a criança passaria aos cuidados do pai, a não ser em dois casos específicos. O primeiro se referia à possibilidade de o pai não possuir condições econômicas ou de saúde para cuidar da criança/adolescente em questão, e o segundo levaria em consideração a opinião da criança, por meio de um mediador legal, podendo-se obter a permissão para a permanência com a mãe.

Em casais que mantinham um casamento válido, reconhecido, a transição da guarda (até então voltada à figura materna) para o homem não vinha acompanhada de nenhuma forma de rompimento ou afasta-

341 Jurista e teólogo que viveu no século XIII EC, momento em que ocorreram importantes mudanças políticas e sociais com a queda do Califado Abássida (750 EC-1250 EC).

342 ZAHRAA; MALEK, 1998.

mento, mas voltava-se para o exercício da tutela para a celebração de contratos de casamento.

A extensão do período de custódia esteve diretamente ligada com a relação entre a maioridade e a capacidade, com visões diferentes para meninos e meninas (seção 1.3.1 Casamento). A capacidade das mulheres para gerir suas propriedades ou elementos financeiros, por exemplo, era tida como certa pela maioria das escolas sunitas (Hanafi, Hanbali, Shafi e Maliki) e xiitas às mulheres e aos homens a partir do momento em que alcançam a puberdade, visto que tal condição era essencial para determinar a possibilidade de manutenção ou não da interferência externa (paterna ou familiar) na vida de mulheres e homens.

Além disso, conforme argumentam Hallaq[343] e Welchman[344], a maioridade constituiu um conceito complexo e relacional, ou seja, estava ligado à puberdade (entendida como um momento que marcava a entrada de meninos e meninas para uma vida que poderia ser vista como independente e adulta) e ao conceito de *idade de casar-se*.

Fadel[345] apontou a existência do que denominou *regras de emancipação*, que de forma geral eram diferentes para meninas/mulheres, principalmente no que diz respeito à tutela de uma filha (jovem ou madura) em seu primeiro contrato de casamento ou ao casamento de uma filha que ficou viúva. A maioridade e capacidade de atuar em seu interesse era tida quase que como algo automático aos meninos que alcançavam uma determinada idade, que estava na faixa entre os 15 e os 18 anos de idade, dependendo das especificações das escolas de pensamento sunitas e xiitas.

Em suas análises acerca das formas de divórcio nas cidades de Damasco e Cairo, sob influência do Império Mameluco (1250 EC-1517 EC), Rapoport[346] apontou que o padrão de *divórcio* das sociedades mamelucas era um exemplo positivo de iniciativa feminina do processo (até mesmo negociando a possibilidade de abrir mão de direitos financeiros, como a pensão). Apesar disso, os homens poderiam utilizar-se justamente da prerrogativa da tutela de uma criança para conseguirem melhores termos nos acordos de divórcio. Ou seja, a guarda de uma criança deveria ser transferida ao seu pai a partir de certa idade ou fase da vida (como a

343 HALLAQ, 2009, p. 27-104.

344 WELCHMAN, 2007.

345 FADEL, 1998

346 RAPOPORT, 2005, p. 70-85.

puberdade), e tais direitos poderiam ser utilizados pelos homens no processo de acordo. Em diversos casos, as mulheres divorciadas só poderiam manter a guarda de seu(s) filho(s) quando aceitavam certas condições, como o comprometimento de pagar todos os custos relacionados ao sustento da criança.

Tucker destacou que, embora houvesse uma forma de consenso entre as escolas de pensamento jurídico acerca da importância dos laços entre mãe e filho/filha, bem como seu papel fundamental nas atividades de cuidado tão necessárias nos primeiros anos de vida, a lógica da linhagem masculina se sobrepôs em diversos momentos da história islâmica. De acordo com a pesquisadora,

> Qualquer aspecto de conflito entre o desejo da mãe de nutrir e manter seu filho próximo e o direito paterno de reivindicar a custódia da criança para sua família após o divórcio era resolvido em favor do pai da criança[347].

A mulher/mãe teve, desta forma, suas atividades e relação com o(s) filho(s) permeada pela lógica da reprodução, parto e cuidado de crianças pequenas. No entanto, a autora argumentou que as mulheres de sociedades urbanas desenvolveram formas de atuação no interior da própria jurisprudência islâmica. Elas utilizavam-se das cortes islâmicas para defenderem seus direitos econômicos diretos (como na administração de propriedades, transações comerciais e até mesmo doações para atividades religiosas ou de caridade) e outros, relacionados ao âmbito civil (como o pagamento do dote, o requerimento de pensões para si e/ou seu(s) filho(s), bem como o reconhecimento de direitos de herança).

Com base nas escolas jurídicas sunitas e na discussão concreta de casos de custódia no Egito sob a influência otomana (século XVI-XIX EC), Ibrahim[348] relata que a preocupação inicial de juristas e teólogos tinha como foco lidar com a demanda de casais divorciados e agir de acordo com princípios. Estes incluíam a noção de interesses da criança (que compreendia aspectos como o bem-estar físico e moral, a compreensão sobre qual dos genitores poderia ter melhores condições econômicas, físicas e emocionais para manter a custódia da criança), os direitos e os deveres de tutores, guardiões e as pessoas que eram tuteladas, e, por último, as

---

347 TUCKER, 2008, p. 29, tradução minha.

348 IBRAHIM, 2015; IBRAHIM, Ahmed Fekry. **Child custody in Islamic law**: theory and practice in Egypt since the sixteenth century. Cambridge: Cambridge University Press, 2018.

possibilidades de resolver um possível conflito entre os interesses do tutelado e seu tutor ou guardião.

Esse último aspecto poderia ser discutido em maior intensidade junto às funções do *wali* (tutor/guardião) na doutrina *Wilayat* e em temas sensíveis como, por exemplo, a possibilidade de o *wali* escolher um contrato de casamento que de alguma forma pudesse trazer danos para seu tutelado, bem como o acompanhamento da atuação financeira do *wali*, reservando a um juiz a possibilidade de desfazer transações financeiras caso acreditasse que estas não eram condizentes aos interesses do menor em questão.

Ibrahim[349] analisou 600 casos (de um universo de 17.200 registrados em 11 cortes egípcias entre os séculos XVI e XIX EC) que tratavam diretamente da custódia de filhos de casais divorciados. Entre suas principais contribuições, figuraram duas centrais.

A primeira foi a observação de uma variedade jurídica, relacionada à coexistência de diferentes escolas de pensamento jurídico e à liberdade dos juízes de adesão às diferentes doutrinas, bem como de realizarem adaptações de acordo com as especificidades do caso julgado. Essa tendência foi interrompida com o que denominou *política de hanafização* das leis, isto é, um processo de *homogeneização* das leis islâmicas, sobretudo no que diz respeito aos âmbitos civil e familiar, por meio da adoção oficial da escola Hanafi de pensamento jurídico. Esse processo ocorreu a partir de 1801 EC do Império Otomano e foi expandido para as diversas regiões sob sua influência.

A segunda contribuição foi a análise dos padrões de divórcio desenvolvidos no período (os séculos XVI e XIX EC). Ibrahim[350] observou dois padrões principais: os acordos dispunham apenas dos termos da manutenção financeira destinada à mulher e à criança e seguiam a divisão da custódia de acordo com a divisão das funções como *guardião* e *tutor*[351]; o outro padrão constituía-se em acordos privados de divórcio consensual (*khul*), que surgiram no período do Império Mameluco e se estenderam mesmo com a conquista otomana da região que compunha o atual Egito, na primeira década do século XVI EC. Tais acordos seguiram algumas inovações interpretativas da tradição Maliki e permitiram, por exemplo,

349 IBRAHIM, 2018.

350 *Ibidem.*

351 *Cf.* WELCHMAN, 2007; ZAHRAA; MALEK, 1998.

que algumas mães pudessem manter a guarda dos filhos (independentemente do fato de ser uma filha ou um filho) de maneira definitiva, caso fosse considerada a melhor escolha para o bem-estar da criança, bem como que as mães que entrassem em novos casamentos pudessem manter a custódia dos filhos e levá-los para morar em outro local, longe do pai biológico[352].

Ao longo deste capítulo, foram discutidos e analisados dois pontos centrais para nossa argumentação neste trabalho. Primeiro, a construção dos papéis de gênero nas sociedades muçulmanas tendo como referência a influência e o entendimento teórico-religioso desenvolvido acerca das fontes sagradas do Islã (como o Alcorão e as tradições e ditos atribuídos ao profeta Muhammad, *ahadith*) que permitiu elaboração e a consolidação da jurisprudência islâmica (*fiqh*). Segundo, a relevância atribuída à família e, sobretudo, ao casamento, para discutir o desenvolvimento histórico-jurídico das denominadas Leis de Família — responsáveis por reger aspectos da vida cotidiana como o casamento, o divórcio, a guarda dos filhos. Acompanhar seu desenvolvimento e os diferentes níveis da complexidade da jurisprudência islâmica ligados à assimilação de costumes de povos conquistados ao longo da expansão islâmica, aos entendimentos jurídicos desenvolvidos por diferentes escolas de pensamento jurídico (sunita e xiita) auxilia-nos a compreender a cultura e religiosidade islâmica para além de estereótipos e simplificações, bem como a esclarecer o caso em estudo neste trabalho.

A pluralidade jurídica observada pelos pesquisadores foi uma característica marcante das sociedades muçulmanas até meados do século XIX EC e início do século XX EC, quando foram desenvolvidos processos de codificação das leis. O período do Império Otomano (1299 EC-1922 EC) concentrou uma série de transformações relevantes nas esferas econômicas, políticas e sociais, porém é no campo do desenvolvimento e aplicação das leis de família e suas consequências mais diretas às mulheres que as discussões foram ampliadas[353].

---

352 IBRAHIM, 2018, p. 115-133.

353 *Cf.* TUCKER, 1996, 2008; AN-NAIM, 2002.

Ao tomar como base a discussão das análises de Tucker[354], Ahmed[355], Sonbol[356], Rapoport[357], observamos que até o *processo de codificação das leis de família*, ocorrido em diversos Estados do Oriente Médio e Norte da África no início do século XX EC pela influência das potências coloniais europeias, uma variedade de entendimentos dos juristas foi desenvolvida, e mulheres e homens desenvolveram formas de acessar e em alguns casos ampliar seus direitos e oportunidades no âmbito matrimonial — desde a elaboração do contrato de casamento, passando pelos direitos maritais e pelas condições de um divórcio. Tucker, Ahmed e Sonbol vão destacar especificamente a importância de uma análise crítica do processo, sobretudo ao considerar que, mesmo com certa liberdade interpretativa, a codificação das leis de família trouxe uma espécie de padronização que, ao determinar princípios universalmente aplicáveis para administrar as relações familiares, eliminou, de certa forma, um vasto corpo de entendimentos/interpretações, opiniões e práticas jurídicas que, embora diferentes, permitiam um amplo espaço para interpretação e aplicação em casos específicos nas cortes de família.

---

354 TUCKER, 1996, 2008.

355 AHMED, 1992.

356 SONBOL, 1996.

357 RAPOPORT, 2005.

2

FEMINISMO ISLÂMICO: CONSTRUÇÃO DISCURSIVA E DEMANDAS

Mergulhar na memória, escorregar no passado, é uma atividade que hoje em dia é supervisionada de perto, especialmente para as mulheres muçulmanas. Um passaporte para esta jornada nem sempre é um direito. O ato de recordar, como atos de magia, realmente só tem efeito no presente. E isso funciona através de uma manipulação estrita de seu oposto — o tempo dos mortos. O passado adormecido pode animar o presente. Essa é a virtude da memória. Os mágicos sabem disso, e os imames também. [...] Mas pode-se "simplesmente" ler um texto em que a política e o sagrado se unem e se confundem a ponto de se tornarem indistinguíveis um do outro? Não é apenas o presente que os imames e políticos querem gerir para assegurar o nosso bem-estar como Muçulmanos, mas é sobretudo o passado que está sendo rigorosamente supervisionado e totalmente administrado por todos nós, homens e mulheres. O que de fato está sendo supervisionado e gerido é, de fato, a memória e a história.
(Fatima Mernissi)[358]

Conforme discutimos ao longo do capítulo 1 ("A mulher e as Leis de Família Muçulmanas: desenvolvimento histórico-jurídico e discussões"), um debate central no estudo das mulheres e/no Alcorão, seus direitos e os reflexos para as Leis de Família (códigos pessoais) foi o questionamento se o texto corânico concede às mulheres e aos homens um estatuto igual, sobretudo no que diz respeito aos direitos e deveres. Clérigos, juristas e movimentos de mulheres muçulmanas se lançaram em discussões profundas acerca do tema na tentativa de formular argumentos contrários ou favoráveis à demanda de novas interpretações, no que diz respeito aos papéis de gênero nas sociedades muçulmanas.

Houve tensão que se evidenciou entre uma leitura que hierarquiza os gêneros e outra que enfatiza a doutrina da igualdade humana. Para

[358] *The veil and the male elite: a feminist interpretation of women's rights in Islam*, publicado em inglês em 1991. Esse trecho faz parte da introdução (páginas 9 e 10) e a tradução é minha.

esta última, o Alcorão eliminaria qualquer forma de desigualdade entre os seres humanos (por sexo, raça, nacionalidade, por exemplo), já que a humanidade advém de uma fonte única — a ação de Deus —, o que se refletiu na construção e instituição de modos de pensamento desde os primeiros séculos da comunidade islâmica. Esse período foi o determinante da forma como se definiram os papéis de gênero na sociedade, sobretudo o casamento.

Embora as discussões acerca das noções de justiça e igualdade de gênero sejam centrais[359], a literatura especializada diverge com relação às suas definições, as quais, como já vimos, caminham em três direções principais: a) a igualdade voltada ao âmbito espiritual, e a naturalização das hierarquias na família, b) a igualdade como um tratamento enfatizando o clamor por reforma com relação aos costumes anteriores, e, por fim, c) a igualdade como um ideal a ser alcançado.

Mesmo com a existência de um argumento consolidado entre estudiosos e clérigos islâmicos de que a adesão das comunidades à nova religião permitiu o reconhecimento da *condição humana* das mulheres[360].

O presente capítulo descreve a construção discursiva do feminismo islâmico (movimento heterogêneo iniciado no final do século XX, nas décadas de 1980/1990), suas principais expoentes, tais como Fatima Mernissi, Amina Wadud, Asma Barlas, Ziba Mir-Hosseini, Sa'diyya Shaihk, e as principais demandas dessa construção jurídico-religiosa heterogênea considerando o seu potencial canalizado para reformas nas Leis de Família no Oriente Médio e Norte da África. Para tanto, são apresentadas discussões como o encontro do feminismo com a religião, ou seja, sobre o desenvolvimento de uma consciência de gênero (ou ativismo de gênero) e como tal consciência guiou a atuação feminina, sobretudo nos séculos XIX e XX, a aliar suas pautas de mudança social, política e econômica a projetos políticos específicos — secular, socialista, islamita.

Compreendemos que é importante ressaltar já de início os limites de uma abordagem de caráter homogeneizante. Existe uma pluralidade de discursos no interior do Islã acerca das interpretações das fontes sagradas, bem como de entendimentos acerca do papel das mulheres e seus direitos, reconhecendo principalmente as disputas de poder estabelecidas nas referidas sociedades[361].

---

359 BAUER, 2009.

360 *Cf.* KEDDIE, 1992; AHMED, 1992.

361 *Cf.* AHMED, 1992; TUCKER, 1996, 2008; MIR-HOSSEINI, 2003; KEDDIE, 2007; BADRAN, 2009.

Desta forma, quando abordarmos as primeiras articulações entre a consciência de gênero e a religião ocorrida entre o fim do século XIX e as primeiras décadas do século XX, destacaremos a atuação de pensadoras egípcias ou radicadas no Egito — tais como Aisha al-Taymuriyah (1940-1902), Zainab al-Fawwaz (1860-1914), Maya Ziyaddah (1886-1941), Malak Hafni Nasif (1886-1918) e Huda Shaarawi (1879-1918) —, que, em meio ao fortalecimento de correntes intelectuais como o modernismo islâmico (e suas tensões com o um tradicionalismo religioso) e os movimentos nacionalista e pan-árabe, desenvolveram agendas voltadas aos direitos das mulheres em sociedades que viviam momentos de mudanças sociais, políticas e econômicas.

Além das intelectuais supracitadas, também serão discutidas as experiências observadas do embate entre as forças do imperialismo ocidental e do declínio da influência otomana nas primeiras décadas do século XX, geralmente relacionadas ao que Badran[362] denomina de paradigma do *feminismo secular*, em que a atuação feminina esteve relacionada às diferentes formas pelas quais a questão da igualdade de gênero foi entendida e abordada junto aos discursos nacionalistas, modernista islâmico, humanista ou dos Direitos Humanos.

Após o estabelecimento das discussões acerca do desenvolvimento de uma consciência de gênero (ou ativismo de gênero) e como tal consciência guiou a atuação feminina, sobretudo nos séculos XIX e XX, partimos para a análise da construção discursiva do feminismo islâmico — movimento heterogêneo iniciado no final do século XX, nas décadas de 1980/1990. Suas principais expoentes são Fatima Mernissi, Amina Wadud, Asma Barlas, Ziba Mir-Hosseini, Sa'diyya Shaihk e as principais demandas dessa construção jurídico-religiosa heterogênea considerando o seu potencial canalizado para reformas nas Leis de Família no Oriente Médio e Norte da África.

2.1 Feminismo(s), Islã e feminismo islâmico

Ao desenvolver uma análise crítica da interação entre o feminismo e o Islã para poder lidar com a particularidade do caso iraniano, Shahrzad Mojab[363] argumenta que a percepção prática das diferenças sociais entre

[362] BADRAN, 2009.

[363] MOJAB, 2001.

mulheres e homens, ou seja, aquela vivenciada no contexto político-social de diferentes países do Oriente Médio e Norte da África, é anterior ao contato das referidas sociedades com o ativismo das mulheres europeias.

Mojab[364] afirma que é possível observar que os trabalhos anteriores ao século XIX foram inicialmente escritos por mulheres urbanas e pertencentes à classe média e/ou alta, e que eram direcionados à sua contraparte social; mas não traziam uma teoria social ou política para lidar com uma mudança na distribuição de poder vigente.

A análise da referida autora nos orienta ao desenvolvimento de reflexões instigantes e necessárias para adentrarmos as discussões em torno da interação entre gênero e Islã (em amplo senso) e depois seguirmos às particularidades nacionais, regionais e de "periodização" dos movimentos sociais e políticos em que as mulheres se engajaram em paradigmas como o do *feminismo secular* e do *feminismo islâmico*, conforme aponta a historiadora Margot Badran[365].

Destacaremos inicialmente dois aspectos centrais, a saber: a) a historicidade da noção de gênero no Oriente Médio e Norte da África, ou seja, considerando os entendimentos acerca dos papéis sociais desempenhados por mulheres e homens, bem como a atuação das mulheres muçulmanas com relação à compreensão de seus direitos e deveres e direitos; e b) a questão do *feminismo colonial* tal como também foi apontada por Leila Ahmed[366], em que uma elite colonial demonstrou um interesse seletivo com relação ao status da mulher na sociedade para apoiar um projeto colonial.

Quanto à historicidade da noção de gênero no Oriente Médio e Norte da África, ou seja, considerando os entendimentos acerca dos papéis sociais desempenhados por mulheres e homens, é central para o entendimento dos aspectos relacionados à atuação das mulheres muçulmanas com relação à compreensão de seus direitos e deveres e direitos nas sociedades de que participavam.

Reflexões a partir da construção cultural e social dos papéis desempenhados por mulheres e homens nas sociedades, em amplo sentido, existiam nos países muçulmanos e de língua árabe antes mesmo de o

---

364 *Ibidem.*

365 BADRAN, 2009.

366 AHMED, 1992.

conceito de gênero ser forjado e utilizado como ferramenta analítica[367] para a compreensão de relações sociais, conforme discutido no capítulo 1.

Um aspecto importante a ser ressaltado é o de que as análises desenvolvidas com base na noção de gênero eram frequentes sob a égide do discurso islâmico, tomando como referência as formas de socialização existentes em diferentes comunidades ao longo do tempo, o desenvolvimento das escolas de pensamento jurídico e a formação da jurisprudência islâmica (*fiqh*).

A diferença sexual (âmbito biológico) foi um fator que influenciou as concepções dos papéis de gênero, sobretudo a noção de hierarquização entre homens e mulheres. Essa hierarquia tomou como base a compreensão de que ambos possuem características que os individualizam e, assim, conduziriam ao exercício de papéis específicos na sociedade. Como já vimos nos subcapítulos anteriores, algo que já estava presente nos costumes e práticas das sociedades nas regiões que compreendem o que denominamos Oriente Médio e Mediterrâneo antes mesmo do desenvolvimento do Islã no século VII.

A existência de um discurso relacionado aos direitos e deveres dos cônjuges no casamento, sobretudo se observarmos a noção de *direitos interdependentes e diferenciados por gênero*[368], não impediu a movimentação de mulheres e homens que buscaram diferentes formas de utilizar as interpretações e os entendimentos jurídicos de acordo com seus interesses mais diretos, aspecto este que ganha maior evidência e contorno quando nos debruçamos sobre os entendimentos das escolas de pensamento jurídico (Hanafi, Maliki, Hanblai e Shafi; bem como da xiita Jafari) acerca do casamento e do divórcio.

Quando a pauta foi os direitos das mulheres após um divórcio, por exemplo, Tucker[369] observou que, embora a autoridade masculina representada pela possibilidade de repúdio à esposa (*talaq*) não fosse abertamente questionada por juízes (*qadis*) e jurisconsultos supremos (*muftis*), eram

[367] O conceito de gênero, tal qual desenvolvido nos círculos acadêmicos nos Estados Unidos nas últimas décadas do século XX em meio à influência do ativismo de movimentos sociais, foi apresentado como uma categoria de análise que buscava demonstrar a construção cultural/social das noções de mulher e homem, bem como de feminilidade ou masculinidade, rejeitando assim o determinismo biológico observado em termos como "sexo" (feminino ou masculino) ou "diferença sexual". Joan Scott escreveu em 1985 "Gênero: uma categoria útil de análise histórica", que é considerado um texto central para o desenvolvimento de análises que priorizem apresentar os diversos aspectos das relações entre as noções de feminilidade/masculinidade, poder e classe.

[368] *Cf.* TUCKER, 2008; ALI, 2003; WELCHMAN, 2008; SPECTORSKY, 2010; RAPOPORT, 2015.

[369] TUCKER, 1998.

mais incisivos ao impor aos homens o pagamento de obrigações financeiras às suas ex-esposas, fosse de uma quantia do dote (*mahr*) que ainda estava em aberto mesmo após o casamento ou mesmo do compromisso firmado em acordo de pagarem um valor de pensão estipulado na corte com base nas necessidades básicas (que incluíam despesas com moradia, alimentação, vestuário, entre outras).

Ao levarem seus pleitos às cortes, as mulheres tiveram papel importante no processo de ampliação das discussões e tratamento do divórcio, principalmente ao impulsionar os juízes (*qadis*) e jurisconsultos supremos (*muftis*) a ampliarem seu discurso jurídico e prática acerca da dinâmica das relações de gênero no âmbito do casamento:

> Se um casamento é incompleto, uma mulher poderia pedir a anulação do tribunal (*faskh*): os *muftis* e os tribunais não apenas aceitavam os motivos usualmente presentes na tradição Hanafi para a anulação, mas também estavam dispostos para aprovar decisões mais liberais [das escolas] Shafi e Hanbali quando uma mulher assim solicitava. A mulher também podia escolher, com a cooperação do marido, pedir divórcio em *khul* e pagar uma indenização em troca do término do casamento. Nem o *faskh* ou o *khul* eram um instrumento tão flexível quanto o *talaq* do marido, mas abriram caminhos para o divórcio iniciado por uma mulher, algo que era frequentemente buscado nesse período.[370]

Esse aspecto de maior autonomia às mulheres com relação à elaboração e à condução do contrato e casamento, bem como atuação em caso de divórcio, também foi destacado também por Rapoport[371], que, ao recuperar registros e discussões legais acerca do casamento, trouxe para o debate o tema do dote (*mahr*) e do divórcio como essenciais para compreendermos a real atuação das mulheres nas cortes.

Quanto ao dote (*mahr*), observou-se que a forma de indicá-lo como "dívida em aberto" e em cláusula de contrato especifica o recebimento do referido valor/direito (quando o pagamento não era feito de forma integral quando da celebração do contrato de casamento) a qualquer momento que assim desejasse, garantiu à mulher certo poder de barganha na dinâmica marital; ação essa que gerou discussões entre juízes e até mesmo permitiu a prisão de homens que não cumprissem tal cláusula.

---

[370] *Ibidem*, p. 112, tradução minha.

[371] RAPOPORT, 2015, p. 53-69.

Com relação ao divórcio, Rapoport[372] argumentou que, contrariando uma noção de desigualdade básica no direito ao divórcio, sendo este lido como noção comumente apresentada pela literatura ocidental acerca das leis de família e da jurisprudência islâmica (*fiqh*) como um direito unilateral e inviolável masculino, as mulheres (às vezes com o auxílio de suas famílias) encontravam formas de assegurar seu direito ao divórcio, ainda que na modalidade consensual (*khul*) e diversas vezes em acordos extrajudiciais em que conseguiam negociar de forma mais favorável.

Assim, tal qual destacado em casos individuais dos séculos XIV e XV nas regiões de Damasco e Cairo, o divórcio era raramente um caso unilateral, considerando a iniciativa da mulher em grande parcela dos casos e sua atuação constante na elaboração de acordos no divórcio, em uma dinâmica que, nos termos do supramencionado autor, poderia ser resumida da seguinte forma: "Algumas mulheres (ou suas famílias) manipularam os ideais patriarcais para iniciar o divórcio, ou usaram seu poder de alavancagem financeira para forçar o marido a conceder-lhes o divórcio"[373].

Nesse sentido, a ação das mulheres em busca do divórcio foi descrita de diferentes maneiras por Ibn Taymiyya (século XIV). Entre as *estratégias* utilizadas pelas mulheres para conseguir o divórcio, figuraram a exigência do pagamento do dote (*mahr*), que estava como dívida em aberto no contrato de casamento ou o pagamento de pensão em dinheiro, bem como a recusa em desempenhar atividades que eram tidas como deveres femininos, como as tarefas domésticas.

Na Síria (foco em Damasco) e na Palestina (Jerusalém, Nablus) dos séculos XVII e XVIII, também foi constatada a preocupação dos juízes (*qadis*) e jurisconsultos supremos (*muftis*) com relação à proteção dos direitos das mulheres em caso de divórcio, nos quais tinham dúvidas com relação à real intenção de um divórcio iniciado por uma mulher, portanto na modalidade consensual (*khul*)[374]. Aqui o ponto central era determinar se a mulher realmente queria pedir divórcio ou se estava de alguma forma sendo coagida. Como já vimos anteriormente, um motivo geralmente observado era a intenção do marido de divorciar-se sem ter de pagar à esposa uma pensão e o dote.

---

372 *Ibidem*, p. 69-78, 82-88.

373 *Ibidem*, p. 70, tradução minha.

374 *Cf.* TUCKER, 1998; RAPOPORT, 2015.

Cabe ressaltar que, em consonância com o destaque feito por Tucker[375] na análise da atuação de juízes (*qadis*) e jurisconsultos supremos (*muftis*) na Síria (foco em Damasco) e Palestina (Jerusalém, Nablus) ao longo dos séculos XVII e XVIII, no caso das cortes das cidades de Damasco e Cairo no período mameluco (XIII-XVI), Rapoport[376] apontou que a crescente atuação das cortes/tribunais (e portanto de seus juízes) foi importante fator para o que denominou de *erosão do valor do divórcio como privilégio patriarcal*, ou seja, os tribunais passaram a atuar menos no sentido de intervir nas relações matrimoniais com vistas a manter casamentos que não eram mais funcionais ou harmoniosos; e a buscar ser mais assertivos na mediação de divórcios, principalmente quando as mulheres traziam ao pleito denúncias de abusos cometidos por seus respectivos maridos.

Embora a jurisprudência islâmica tenha desenvolvido e mantido uma forma de hierarquização entre os gêneros, foi possível observar que a mulheres buscaram diferentes formas de utilizar as interpretações e os entendimentos jurídicos de acordo com seus interesses mais direitos, principalmente no que diz respeito aos entendimentos acerca dos direitos e deveres de mulheres e homens, ao levarem a cortes/tribunais pleitos relacionados, por exemplo, aos direitos no divórcio e na custódia de filhos.

Após a compreensão dos termos da atuação feminina nas cortes no longo período entre os séculos XIII e XX (tomando como base as discussões acerca dos períodos mameluco e otomano), é possível prosseguir para outro aspecto central, a questão do *feminismo colonial*.

No processo colonizador presente nos países do chamado Oriente Médio e Norte da África, uma elite colonial europeia demonstrou um interesse seletivo com relação ao status da mulher.

Segundo Ahmed[377], o *feminismo colonial* trouxe uma discussão de extrema relevância para os estudos das mulheres no Islã: o entendimento das formas pelas quais as práticas sociais e religiosas existentes foram interpretadas pelas sociedades europeias, ou seja, como tais entendimentos conferiram a base para a formulação de uma narrativa específica segundo a qual o Islã representava uma alteridade inferior. Além disso, a autora convida à reflexão ao discutir como tal narrativa de inferioridade elaborada até o século XVII foi mantida e depois instrumentalizada na

375 TUCKER, 1998

376 RAPOPORT, 2015.

377 AHMED, 1992.

atuação colonial como justificativa complementar para a *missão civilizatória* colonial, principalmente britânica e francesa, em regiões na África e Ásia.

Em *Orientalismo: o Oriente como criação do Ocidente*, o estudioso e crítico literário palestino-americano Edward Said (1935- 2003) analisou de maneira detalhada a formação de um *discurso imaginado* e hegemônico ocidental (sobretudo europeu) sobre a cultura, a sociedade e os costumes de países do Oriente que foram colonizados pelos países europeus. O referido discurso, que Said denomina *orientalismo*, foi desenvolvido em grande intensidade a partir do século XVIII e possuía três premissas ou elementos estruturantes que se interligavam: a) a exterioridade em relação ao que era descrito (a exterioridade aqui era tida como espacial e/ou moral, ou seja, orientalistas ou poetas/artistas que escreviam do Ocidente e para sua audiência local); b) a representação (o Oriente e o oriental são os objetos das falas dos escritores e nunca possuem a oportunidade de falar por si mesmos; assim, são alvo de representações artificiais que articulavam um imaginário distante e às vezes ameaçador, que trazia personagens essencialistas de mulheres e homens); c) coesão entre os textos (com base na autoridade auto investida, escritores desenvolveram uma forma de unidade coesa entre si ao fazerem referência aos escritos de seus pares, e, ao mesmo tempo, tal unidade se converteu em referencial cultural à massa).

Dessa forma, Said[378] evidenciou que o orientalismo desenvolvido entre os séculos XVIII e XX produziu uma visão homogeneizada das diferentes sociedades presentes no Oriente e fomentou uma série de estudos que apresentavam o que seria a dualidade entre o Eu (europeu, civilizado) e o Outro (diferente, bárbaro, passível de dominação) com o intuito de manter interesses econômicos e políticos, considerando a assimetria de poder.

As ideias do Ocidente com relação ao Islã e às mulheres islâmicas, sobretudo até o século XVII, derivavam de uma série de estórias de viajante e interpretações superficiais de textos em árabe.

Gradualmente, ao longo dos séculos XVII e XVIII, as estórias e produções se intensificaram e ganharam mais espaço entre as sociedades europeias sob a égide de relatos de viagem em que era possível ler as interpretações dos viajantes acerca das sociedades visitadas[379].

---

378 SAID, Edward. **Orientalismo**: o Oriente como invenção do Ocidente. São Paulo: Editora Companhia das Letras, 2007.

379 AHMED, 1992.

Algumas características são centrais para compreendermos como as mulheres eram representadas dentro da narrativa que apresentava o Islã como uma alteridade inferior. As características podem ser resumidas em três, a saber: a) os sujeitos que desenvolveram os relatos de viagem eram em sua maioria homens que tinham acesso limitado às mulheres das sociedades visitadas/observadas, ou seja, suas interpretações eram fruto de seu ponto de vista sobre a cultura alheia e também adicionavam os significados que os homens daquela cultura atribuíam a costumes e práticas; b) as mulheres figuravam como parte das práticas e dos costumes narrados e não tinham sua visão ou seu entendimento destes e da própria cultura ouvido ou considerado; c) a apresentação das vivências observadas nas sociedades muçulmanas, que posteriormente foram dominadas pelo poder colonial europeu, como a única interpretação possível da tradição religiosa islâmica, ou seja, desconsiderando a pluralidade existente ao longo do tempo e espaço na região do Oriente Médio e Norte da África.

Os viajantes ingleses, por meio da publicação de relatos, promoveram uma espécie de essencialização da religião e do papel das mulheres, principalmente no que diz respeito a discussões sobre a natureza humana feminina (debate sobre a alma x corpo), questionamentos sobre o uso do véu, vestimenta que costuma ser lida/interpretada como um exemplo de submissão e opressão que eram impostas às mulheres.

Na contramão de tais considerações, em pleno século XVIII, Lady Mary Montagu[380] (1689-1762) questionou relatos de viagem e textos produzidos por seus pares da sociedade inglesa. De grande relevância para a crítica que estabeleceu, são suas experiências na Turquia (entre os aos 1712-1714), narradas em extensas cartas escritas a interlocutores europeus, nas quais também passou a apontar as fragilidades de algumas ideias acerca do Islã e das mulheres, tais como as veiculadas em relatos de viagem que circulavam na Inglaterra:

> Quanto à sua moralidade ou boa conduta, posso dizer, como Harlequim, que são assim como você; e as senhoras turcas não cometem pecado algum por não serem cristãs. **Agora que conheço um pouco seus costumes, não posso deixar**

[380] Montagu foi uma escritora britânica que se dedicou também à diplomacia e à ciência. Ao longo dos anos que seu marido, Edward Wortley, Montagu atuou como diplomata na Turquia (entre 1712-1714), *Lady* Montagu pôde vivenciar de perto a vida cotidiana de mulheres e homens turcos, suas práticas sociais mais diversas, até mesmo na área da saúde, em que teve contato com uma prática médica desempenhada por mulheres que visava evitar a infecção por varíola: a técnica de inoculação.

> **de apontar a discrição ou a extrema estupidez de todos os escritores que os escreveram [relatos]. É muito fácil ver que elas têm mais liberdade do que nós.** Nenhuma mulher de qualquer categoria tem permissão para sair às ruas sem duas musselinas; uma que cobre todo o rosto, menos os olhos, e outra que esconde todo o vestido e a cabeça, e oculta por algo denominado *ferigee*. [...] Você pode imaginar o quão eficazmente isso as disfarça, [de modo] que não há como distinguir a grande dama de uma escrava. **É impossível para o marido mais ciumento conhecer sua esposa quando a vê; e nenhum homem ousa tocar ou seguir uma mulher na rua. Esse perpétuo disfarce lhes dá total liberdade de seguir sua inclinação sem perigo de ser descoberta.** Você pode facilmente imaginar um pequeno número de esposas fiéis em um contexto onde não têm nada a temer da indiscrição de uma amante, já que vemos tantas que tem coragem de se expor a isso neste mundo, e toda a ameaça de punição do próximo não alcançam as damas turcas. **Nem mesmo têm muito a recear com o ressentimento do marido; aquelas senhoras são ricas, possuem o dinheiro em suas mãos que já levam consigo mesmo com um divórcio**, e além disso podem receber um acréscimo que o marido é obrigado a entregar a elas. **De modo geral, olho para as mulheres turcas como as únicas pessoas livres no império.**[38]

A preocupação em questionar determinadas descrições feitas sobre o Islã, os muçulmanos e suas práticas culturais, conforme evidenciado no excerto *supra*, não era compartilhada pela intelectualidade britânica da época, que parece ter optado por colecionar uma quantidade de estórias e narrativas essencialistas sobre esse "outro".

No que concerne à questão das mulheres nas sociedades muçulmanas, no entanto, para a audiência europeia, tiveram maior repercussão as narrativas com caráter homogeneizador das diferenças locais e temporais, tomando o Islã como algo estático. As noções de opressão e submissão femininas prevaleceram, mas sem gerar um engajamento político específico entre as sociedades europeias, algo que ocorreu com certa intensidade a partir da ampliação dos contatos entre Europa e as sociedades de população muçulmana por meio de ações coloniais diretas nos séculos XIX e XX.

---

[381] MONTAGU, 1717 *apud* WHARNCLIFFE, Lord; THOMAS, W. Moy (ed.). **The letters and works of Lady Mary Wortley Montagu**. [*S. l.*]: Alpha Editions, 2021. v. 1. p. 298-299, tradução e grifos meus.

O renovado interesse com relação à questão das mulheres nas sociedades muçulmanas observado no final do século XIX e ao longo do século XX era fruto de uma espécie de reestruturação da narrativa ocidental acerca do Islã e das sociedades orientais. A partir do século XIX, a dominação colonial se afirma como uma realidade, e o discurso de inferioridade sobre a região que anteriormente ilustrava a produção textual (acadêmica e literária) ganha uma nova camada — a missão civilizatória[382]. Nesse contexto, as noções de alteridade existentes, que até então traziam imagens e noções essencialistas sobre religião, cultura e modo de vida das sociedades orientais, passam a integrar uma noção de inferioridade com relação ao Ocidente e a sua cultura, sobretudo no orientalismo francês e britânico, como apontado na análise de Said[383].

Outro aspecto de extrema relevância é o que Ahmed denominou de *uso da linguagem do feminismo*, ou seja, a apropriação por parte de uma elite colonial europeia de um discurso com relação aos direitos das mulheres. Desenvolvido na Europa em intensidade no final do século XIX, primeiro na França e depois na Inglaterra, foi utilizado para corroborar o argumento da inferioridade das sociedades orientais ao tomar como base o tratamento conferido às mulheres. Era uma justificativa de ordem moral para a ação militar colonial, conferindo a essa ação uma linguagem específica e ao mesmo tempo contraditória, sobretudo se observarmos a relação das elites coloniais com o pleito das mulheres em suas sociedades, algo evidenciado na Inglaterra e em sua atuação no Egito:

> Na **era colonial os poderes coloniais, especialmente o britânico** (no qual foi focalizar a minha discussão), **desenvolveram suas teorias sobre raça e cultura e sobre uma sequência de evolução social segundo a qual a classe média da Inglaterra Vitoriana, e suas crenças e práticas, permaneciam no ponto culminante do processo evolucionário e representavam o modelo último de civilização.** Nesse esquema vitoriano a **feminilidade e as normas relativas às mulheres**, juntamente com outros aspectos da sociedade no centro colonial, **eram consideradas o ideal e a medida da civilização.** Tais teorias da superioridade da Europa, legitimando sua dominação sobre outras sociedades, foram **logo corroboradas por evidências colhidas nessas sociedades por missionários e outros, cujas**

[382] AHMED, 1992.

[383] SAID, 2007, capítulos 1 e 3.

> **observações vieram a formar o estudo emergente da antropologia.** Essa mesma antropologia emergente — e outras ciências do homem — **serviram simultaneamente à ordem dominante colonial e androcêntrica britânica em outro projeto interno de dominação. Eles forneceram evidências que corroboravam as teorias vitorianas da inferioridade biológica das mulheres e a naturalidade do ideal vitoriano do papel feminino da domesticidade.** Tais teorias foram politicamente úteis para o *establishment* vitoriano ao enfrentar, internamente, um feminismo cada vez mais vocal. Embora **o *establishment* masculino vitoriano tenha elaborado teorias para contestar reivindicações do feminismo, ridicularizar e rejeitar as ideias do feminismo e a noção de opressão das mulheres em relação a si mesmo, capturou a linguagem do feminismo e a redirecionou a serviço do colonialismo e feminismo que a fusão entre as questões da mulher, sua opressão e as culturas dos Outros homens.**[384]

O discurso colonial, associado ao *feminismo colonial*, que, de acordo com Ahmed[385], seria a apropriação da linguagem do feminismo europeu e uso contra as outras culturas, ou seja, o interesse seletivo das elites coloniais com relação aos direitos das mulheres, desenvolveu argumentos específicos de acordo com seu "alvo de dominação" na África e na Ásia, estabelecendo críticas às suas sociedades e culturas. Ao tomar como base o discurso com relação ao mundo islâmico, em amplo sentido tido não apenas como o "outro", mas também como um inimigo com elementos de violência que remetem às Cruzadas (séculos XI e XIII), investiu-se na assertiva de que o Islã era inerentemente opressivo às mulheres. Práticas culturais como o uso do véu eram sua forma de sinalização mais expressiva, argumentando pela eliminação dessa e de outras práticas religiosas para que o país alcançasse o caminho civilizacional (europeu).

Said[386] apontou que, entre o final do século XIX e início do XX, o tom empregado pela elite colonial britânica ao se referir ao Oriente, sobretudo à Índia e ao Egito, que se converteram em áreas de especial ação do país europeu, empenhou-se em construir noções dicotômicas entre os polos ocidental e oriental, isto é, civilização x arcaico, tutor x tutelado, capaz de autogestão x incapaz de autogestão. Tidas como centrais em uma

---

384 AHMED, 1992, p. 150-151, tradução e grifos meus.

385 *Ibidem*, p. 129-155.

386 SAID, 2007, p. 61-85.

"teoria geral" de relação com as raças subjugadas pelo domínio colonial, a intermediação deste se dava por meio de figuras como Lorde Cromer, posteriormente endossadas por parlamentares e políticos nas primeiras décadas do século XX, como foi o caso de Arthur James Balfour.

As atividades de Lorde Cromer (o governador britânico para o Egito) ilustram a teoria de Ahmed[387] de que o colonialismo britânico capturou a linguagem do feminismo como parte da justificativa moral. Tucker[388] também argumenta que a lógica interna da atuação de Cromer no Egito esteve orientada sobretudo por entendimentos superficiais acerca da religião islâmica e apontava para a religião como um fator quase que natural para determinar o status das mulheres. Ou seja, além de considerar o Ocidente como exemplo de civilização a ser alcançado pelas demais sociedades, Cromer considerava a cristandade como central para exemplificar que era por meio dos seus ensinamentos que as mulheres eram respeitadas e tinham um status elevado.

A ironia de tal construção esteve justamente na união de uma visão paternalista e supremacista branca, que não era capaz de ouvir as mulheres no interior de sua própria sociedade e o súbito interesse em combater o que aos olhos ocidentais seria a degradação do *status da mulher muçulmana.* Apesar de clamar pela melhoria do status das mulheres na sociedade egípcia, Lorde Cromer promoveu, nos âmbitos político, social e educacional, ações controversas na mesma medida de seus discursos, evidentemente paternalistas, supremacistas e estereotipados com relação ao Islã, como era característica do discurso colonial do século XIX.

Após a ocupação britânica no Egito em 1882, Cromer manifestou a necessidade de uma reforma educacional como parte das ações que elevariam a posição das mulheres. Porém, os gastos empenhados na área não contribuíram de forma tão direta para a educação feminina, pelo contrário: o aumento das taxas de serviço cobradas pelas escolas conteve a educação básica para meninas e meninos e ainda "o efeito geral pode ter sido o de retardar e desviar a escolaridade das mulheres"[389].

No âmbito da educação superior, as políticas britânicas restringiram a atuação feminina na área da medicina, visto que as mulheres que já possuíam uma atuação consolidada nos serviços de saúde (como

387 AHMED, 1992.

388 TUCKER, Judith E. **Women in nineteenth-century Egypt**. Cambridge: Cambridge University Press, 1985.

389 *Ibidem*, p. 129, tradução minha.

médicas e enfermeiras) foram impelidas a acessar a carreira médica em amplo sentido, podendo apenas desenvolver um treinamento específico na área da enfermagem e obstetrícia, ao longo do século XIX.

Aqui dois aspectos importantes devem ser ressaltados. Primeiro, o retrocesso das mulheres egípcias na área médica seguiu, paradoxalmente, o modelo de saúde europeu que restringia a atuação das mulheres e assim também impedia que os serviços atingissem mais pessoas. E, segundo, as políticas coloniais para a área da educação não levaram em consideração um pleito existente entre as parcelas da sociedade egípcia em prol da ampliação da educação feminina no país, algo que também ocorria também no circuito religioso com reformadores ligados às políticas implantadas por Muhamad Ali (1769-1849) ao longo de seu governo (1805-1848).

Ainda nesse tópico da educação, cabe o destaque de que as mulheres de classe alta costumavam receber uma educação (considerando o ciclo básico) e algumas se dedicavam à literatura, principalmente poesia e contos. Esse era o caso de Aisha al-Taymuriyah (1840-1902), que publicou obras entre 1870 e 1890. Em algumas delas, abordou a conduta dos homens de classe alta com relação a suas esposas.

Além de interferir na dinâmica das relações de gênero existentes, a partir de uma base de superficial de conhecimentos da religião e das práticas sociais, os exemplos supracitados são relevantes para observarmos a extensão das políticas coloniais britânicas e seus efeitos nocivos à sociedade egípcia no que diz respeito ao papel das mulheres. O uso seletivo da linguagem do feminismo contra as culturas dos "Outros" se manteve sob a retórica moral que conduziria à civilidade, enquanto na sociedade britânica as relações de gênero mantinham as convicções patriarcais que se opunham à ampliação dos direitos das mulheres, algo também discutido por Bush[390] ao analisar o movimento masculino antissufrágio.

O enfático (e até mesmo exaustivo) discurso colonialista britânico acerca das mulheres muçulmanas, como parte de um projeto inquestionavelmente civilizacional e eurocentrado, suscitou uma série de respostas por parte das elites políticas e religiosas das sociedades de população muçulmana. Dentre as respostas formuladas no âmbito do Egito, destacou-se o pensamento do jurista Qasim Amin (1863-1908) e dos intelectuais nacionalistas Muhammad Abdu (1849-1905) e Jamal al-Din al-Afghani (1839-1897). Em comum, tinham uma preocupação com a ampliação

[390] BUSH, 2002.

da educação feminina como um direito, demandas relacionadas às leis de família (divórcio e discussões sobre poligamia) e, principalmente, a necessidade de reavivamento do Islã, no sentido de apartá-lo da noção de ignorância e atraso civilizacional do discurso colonialista.

O modernismo islâmico (também conhecido como reformismo islâmico) se desenvolveu a partir das proposições os intelectuais supramencionados de elaborar uma reforma desde dentro, ou seja, com base em aspectos como o comprometimento com o pensamento religioso e a observação das demandas do mundo moderno para promover reformas sociais. Muhammad Abdu, por exemplo, buscou uma harmonia entre a crença e prática islâmica e a modernidade, por meio do incentivo ao exercício da livre interpretação (*ijtihad*) de elementos da religião, que mais tarde foi apropriado pelo ativismo de gênero das mulheres egípcias para impulsionar demandas por reformas no âmbito das leis de família.

Além disso, antes mesmo da publicação da obra de Qasim Amin dedicada ao status das mulheres nas sociedades muçulmanas, o intelectual Muhammad Abdu argumentou pela igualdade espiritual e humana entre mulheres e homens, com base nos princípios éticos do Islã e na leitura e interpretação do Alcorão, o que o conduziu a clamar pela necessidade de reformas com relação aos direitos das mulheres. Isso teria ocorrido, conforme análise de Ahmed[391], antes de tal discussão no Ocidente, que ocorreu no final do século XIX. Ao longo de sua argumentação, Abdu evidenciou sua preocupação com os entendimentos e interpretações das fontes sagradas do islã e explanou que as condutas relacionadas às mulheres, sobretudo quando restringiam sua ação ou possibilidade de acessar direitos (no divórcio, no casamento, na custódia de filhos), não estavam em acordo com os princípios éticos da religião e precisavam ser reorientadas.

A partir de 1890, as ideias difundidas por Jamal al-Din al-Afghani, Muhammad Abdu e Qasim Amin alcançaram elevada repercussão na sociedade egípcia, fosse para o engajamento em prol do pensamento e das reformas propostas ou então na busca de propostas que fizessem oposição aos argumentos dos intelectuais e reformistas islâmicos. Naquele contexto, as mulheres — sobretudo aquelas advindas de classe alta ou classe média e que, portanto, tinham certo acesso à educação — começaram a veicular em jornais e revistas os próprios textos em que apontavam suas posições e

391 AHMED, 1992.

interpretações sobre os debates difundidos pelos intelectuais reformistas e o que acreditavam serem as necessidades das mulheres e da população egípcia em meio à contínua ocupação e administração britânica.

As discussões acerca das compatibilidades entre as reformas sociais, a redefinição do papel e direitos das mulheres e a religião ganharam destaque especial ao longo das primeiras décadas do século XX. As articulações e propostas desenvolvidas pelas mulheres foram distintas no que diz respeito ao espectro político, tendo se alinhado aos ideais tidos como ocidentais (e seculares), aos movimentos nacionalistas ou aos movimentos religiosos.

A demanda por reformas sociais, principalmente na área da educação, parece ter sido um tópico de maior consenso entre os posicionamentos de intelectuais, religiosos e mulheres, que passaram a expor sua opinião nos meios de comunicação impressos. A reforma educacional para ampliar o escopo da educação às meninas e às mulheres já era uma pauta na administração egípcia de Muhammad Ali, antes da ocupação britânica. A retomada das políticas de incentivo desenvolvidas por Ali, tais como o apoio à formação de mulheres médicas e a ampliação do sistema básico de ensino público, era um ponto recorrente.

A redefinição do papel e direitos das mulheres se converteu em um tema mais complexo, sobretudo por conta das discussões em torno da religião e da possibilidade de que ela perdesse espaço para um modo de vida ocidental. Os debates acerca do véu islâmico enquanto prática cultural e símbolo religioso foram impulsionados, conforme argumentou Badran[392], por uma certa ansiedade de que essas alterações seriam vistas como um sinal de mudança, ou seja, uma ação no sentido de reformas e de uma revisão com relação às práticas religiosas questionadas pelos reformistas islâmicos e pela administração colonial britânica.

A questão do véu tomou o centro das discussões, e a redefinição do papel e dos direitos das mulheres ficou para um outro plano/momento, ação essa que trouxe uma série de implicações para a condução das referidas mudanças ao longo do século XX. Entre elas, figuraram duas principais, esmiuçadas a seguir.

A primeira foi a interligação negativa entre as práticas culturais não europeias e a opressão das mulheres, impulsionando a justificativa

---

[392] BADRAN, 1995.

moral de ações coloniais britânicas e francesas na África e Ásia. Propondo o abandono de práticas culturais como forma de retirar as mulheres de um estado de degradação ou opressão, tinha como premissa a falsa noção de que o ideal britânico (moral, valores, códigos de conduta e religião) deveria ser seguido pela sociedade. É importante ressaltar que o discurso colonial obteve certo respaldo de parcela da elite colonial local, por meio de um forte incentivo a seguir o *establishment* e garantir objetivos políticos mais imediatos, como manutenção de posição de poder ou interesses econômicos[393].

A segunda, uma extensão da primeira, foi o fato de que o discurso colonial ou a própria resistência islâmica/religiosa local, ao considerarem seus privilégios patriarcais, permitiram que a religião e a cultura fossem apontadas como o alvo a ser atacado, quando, na realidade, a posição e os direitos das mulheres na sociedade estavam mais intimamente ligados a uma estrutura de poder patriarcal. A apropriação de leituras específicas da religião foi a oportunidade de manutenção de poder.

As reformas que foram introduzidas até as primeiras décadas do século XX pelas administrações coloniais britânicas internalizaram as críticas culturais e religiosas feitas por aqueles e expuseram as populações da região a padrões políticos, econômicos e de comportamento ou estilo de vida ocidentais. Com o apoio de líderes políticos das classes alta e média em sociedades no Egito e Índia (sobretudo Punjab), esse processo conduziu a consequências negativas às mulheres, visto que elas, e sobretudo seus respectivos corpos, foram o alvo e a medida para a observação de avanços nas diferentes sociedades.

Entre o fim do século XIX e as primeiras décadas do século XX, mulheres de todas as classes sociais e religiões, desde a alta (como a princesa Nazli Hanem, e mulheres advindas de famílias de posses) até a mais baixa, aderiram aos debates e passaram a desenvolver articulações entre a consciência de gênero e a religião. Em meio ao fortalecimento de correntes intelectuais como o modernismo islâmico (e suas tensões com o um tradicionalismo religioso) e os movimentos nacionalista e pan-árabe, desenvolveram agendas voltadas aos direitos das mulheres em sociedades que atravessavam momentos de mudanças sociais, políticas, legais e econômicas.

---

393 AHMED, 1992, p. 161-168.

Algumas ressalvas devem ser feitas com o intuito de evitarmos generalizações. Conforme descreveu Badran[394] em estudo sobre o(s) feminismo(s), no Estado egípcio, entre os séculos XIX e XX, era incialmente a classe social que definia certos padrões de comportamento social e o grau de interação entre elas e as demais pessoas, especialmente para as mulheres de classe alta e média; porém, no início do século XX, a afiliação religiosa e a pertença étnica ampliaram sua relevância na definição de tais padrões sociais. Mulheres de minorias religiosas (como as coptas e judias) passaram a deixar o véu e a desenvolver novas formas de estar nos ambientes públicos; e, com o tempo e observação das consequências das reformas desenvolvidas, o nacionalismo passou a orientar o discurso e as ações das mulheres, agora articuladas em movimentos sociais organizados.

Em um primeiro momento, ao longo da última década do século XIX, é possível destacar as atuações de mulheres como as escritoras Aisha al-Taymuriyah (1840-1902) e Zainab al-Fawwaz (1860-1914), e as ativistas Malak Hafni Nasif (1886-1918), Nabawiya Musa (1886-1951) e Huda Shaarawi (1879-1918). Em comum, tinham o interesse pela discussão em torno da redefinição do papel das mulheres na sociedade, debate que ficou à margem por conta do contínuo destaque com relação ao véu.

É evidente que a questão do véu era importante, principalmente pelo questionamento suscitado pela obra de Qasim Amin sobre a compreensão comumente aceita na sociedade egípcia de que seu uso, bem como práticas como a reclusão das mulheres eram uma obrigação religiosa. Porém, para mulheres como as escritoras antes citadas, o passo realmente necessário era os direitos das mulheres em amplo sentido, que aglutinavam as demandas de ampliação da educação, as alterações nas leis de família (sobretudo com relação ao divórcio), acesso a cargos públicos, entre outros[395]. A forma pela qual as intelectuais e ativistas articularam tais ideias foi diferente, fato que ressalta a pluralidade de visões acerca dos temas em disputa na sociedade egípcia.

Ao tomar como base as vivências e os escritos de Huda Shaarawi, Nabawiya Musa e Malak Hafni Nasif enquanto mulheres de diferentes classes sociais, mas que tinham em comum a consciência de gênero, tem-se que apresentaram análises e diagnósticos próprios que trataram do privilégio masculino (observado inicialmente no próprio ambiente familiar),

---

394 BADRAN, 1995.

395 *Ibidem.*

das expectativas sociais com base nos papéis de gênero (às mulheres era esperado o casamento e a atuação no ambiente doméstico, enquanto os homens poderiam se desenvolver profissionalmente, por exemplo), da importância da educação para a vida das mulheres, da necessidade de rever as leis de família.

As divergências de pensamento entre elas estiveram principalmente relacionadas com a possibilidade de adoção de ideias e de modos de comportamento entendidos como ocidentais — e aqui a maior questão novamente foi o uso do véu. A adoção de ideias e comportamentos ocidentais de maneira pura e simples, sem um questionamento prévio ou avaliação de seu impacto na cultura local, nas práticas sociais e religiões, eram preocupações comuns. Por outro lado, as mudanças clamadas pela sociedade em direção a um "desenvolvimento ou modernismo" dependiam primordialmente de mudanças profundas nas bases sociais, e não apenas na forma, na exterioridade.

Nesse sentido, Malak Hafni Nasif foi mais incisiva e direta ao apontar que aspectos como a manutenção do patriarcado, principalmente no âmbito das políticas econômicas, educacionais e sociais, eram o primeiro tópico a ser discutido e enfrentado. A autora argumentava que a excessiva preocupação conferida à retirada do véu e ao incentivo para que homens e mulheres partilhassem os mesmos espaços não tinha como motivação primordial a promoção de uma real alteração no papel das mulheres na sociedade, tendo em vista que textos escritos por intelectuais e religiosos mantinham leituras misóginas.

De acordo com Nasif, os temas que deveriam ser a pauta central da atuação feminina estiveram relacionados à noção de uma mudança estrutural na sociedade egípcia, isto é, a política educacional (sua expansão nos níveis básico e superior) e alterações substanciais nas leis de família (ênfase conferida ao casamento, ao divórcio e às discussões em torno dos efeitos negativos da poligamia para a vida das mulheres). Huda Shaarawi compartilhava da preocupação de Nasif com relação à relevância que deveria ser conferida aos determinados temas. Porém, diferentemente desta, defendeu o ato de retirada do véu com um fator importante e desenvolveu uma relação complexa com as mulheres ocidentais (sobretudo francesas, por conta de sua criação próxima a essa cultura) e os valores aos quais a sociedade fora exposta com a ampliação dos contatos com a Europa[396].

396 AHMED, 1992, p. 172-184; BADRAN, 1995, p. 31-45.

As demandas apresentadas pelas mulheres até as primeiras décadas do século XX deram início a um ativismo de gênero que se estruturou por meio de movimentos sociais organizados. Eram associações voltadas a assistência social (como a Mubarat Muhammad Ali, instituição filantrópica de cunho secular que oferecia serviços de saúde e era gerida por mulheres rurais e urbanas de classe média-alta), movimentos nacionalistas liderados por partidos políticos e movimentos religiosos. Nesse segundo momento — que compreendeu as duas primeiras décadas do século XX —, as ideias desenvolvidas por mulheres como Malak Hafni Nasif, Huda Shaarawi e Nabawiya Musa foram difundidas em diferentes meios, tais como palestras e artigos publicados em jornais próprios.

Em meio à ampliação do movimento nacionalista egípcio, evidenciou-se que os partidos nacionais tinham posições conflitantes com relação às demandas por mudanças estruturais, tais como reforma no sistema de educação e nas leis de família, apresentadas pelas mulheres. Partidos políticos conduzidos por homens de classe alta, como o Umma e o Wafd, apoiaram algumas das aspirações femininas ao perceberem que o apoio das mulheres configurava uma força política importante para seus projetos.

A relação entre o feminismo e os movimentos nacionalistas se complexificou sobretudo após a declaração formal de independência (1922) e a chegada dos partidos nacionalistas ao aparelho estatal. A União Feminista Egípcia (UFE), criada em 1923, foi o primeiro movimento feminista nacional e uma espécie de resposta política das mulheres em face dos desdobramentos do movimento de independência liderado pelo partido Wafd, visto que pautas importantes para os direitos das mulheres, tais como direitos políticos, igualdade legal e reforma nas leis de família, não foram contempladas.

O discurso *ativista de gênero*, alinhado ao clamor nacional pela independência com relação à administração colonial britânica e ao entendimento de que seria possível um Estado formado por cidadãos iguais, deu origem a um paradigma no Egito (e também observado em outras sociedades de população muçulmana) que Badran[397] denominou *feminismo secular*, uma forma de ativismo social e político que se empenhou em pautas como o acesso das mulheres à educação, a postos de trabalho, além de direitos políticos. O elemento secular advinha da noção de que

[397] BADRAN, 2009, p. 215-241.

os movimentos que aderiram a tal discurso buscaram abarcar de forma inclusiva mulheres de diferentes tradições religiosas (cristãs, coptas, muçulmanas) que clamavam por direitos iguais.

É importante destacar aqui que, para as mulheres islâmicas que aderiram aos movimentos nas primeiras décadas do século XX e seu ativismo em prol dos direitos das mulheres, não haveria prejuízo para a fé das mulheres envolvidas. A adesão ao discurso do modernismo islâmico, tal qual desenvolvido por Muhammad Abdu, conferiu às mulheres a base e a linguagem para clamar pela compatibilização entre a religião e a demanda por maior atuação das mulheres na esfera pública. Porém, não houve avanço em um modelo igualitário no âmbito familiar, visto que a noção de complementaridade na esfera privada foi mantida nas leis de família.

Ainda no caso egípcio, as divisões no interior dos movimentos feministas se ampliaram a partir da década de 1930, principalmente pelo desenvolvimento de agendas políticas que divergiram acerca da base ideológica (secular, religiosa, socialista) que nortearia os argumentos em prol de mudanças nos direitos das mulheres. Reformas substanciais no âmbito das leis de família (ou status pessoal), no sentido de uma consolidação, foram lentas e nuançadas até da década de 1970, visto que nas décadas anteriores uma série de emendas foi feita às leis de família[398] existentes, principalmente em temas como divórcio, definições de idade mínima para o casamento e determinações sobre custódia de filhos[399].

As reformas introduzidas por lideranças políticas da classe média e alta em outros países de população muçulmana, como foi o caso da Turquia, sugerem que a internalização do discurso ocidental acerca do "atraso das sociedades vinculadas ao Islã" foi um fator importante. No entanto, as alterações com relação ao papel e aos direitos das mulheres não foram isentas de questionamento, sobretudo por parte de movimentos

---

[398] Durante a primeira metade do século XX, uma série de emendas foram adotadas; dentre elas se destacaram a Lei nº 25 de 1920 (sobre as obrigações com relação à manutenção/pensão), a Lei nº 25 de 1929 (que ampliava o direito de custódia de filhos e concedia à mulher o direito de pedir divórcio por diferentes motivos, como a falta de assistência, o abandono e maus-tratos, e permitia que os juízes utilizassem o método *takhayyur* para buscar em outras escolas jurídicas a melhor resposta para um caso concreto), a Lei nº 77 de 1943 (dispunha sobre os direitos de herança). Entre 1952 e meados da década de 1960, as discussões para novas reformas cessaram e retomadas apenas na década de 1970.

[399] ESPOSITO; DELONG-BAS, 2001, p. 49-65; EL ALAMI, Dawoud S. Legal capacity with specific reference to the marriage contract. **Arab Law Quarterly**, Washington, v. 6, n.2, p. 190-204, 1991.

religiosos que, a partir da década de 1970, ganharam maior evidência, até mesmo entre as mulheres que aderiram ao revisionismo islâmico.

Sob a liderança de Kemal Ataturk (1881-1938), uma série de alterações foi elaborada e implementada no ordenamento jurídico da Turquia, com o intuito de formular o Estado moderno e secular, distanciando-se do caráter religioso evocado até então pelo Império Otomano. Entre as medidas, figurou a substituição da *Shari'a* por um código civil inspirado no Código de Família Suíço como fonte jurídica para as leis de família. Isso promoveu mudanças em prol das mulheres, tais como a proibição da poligamia, conferindo às mulheres direitos iguais no divórcio, bem como a custódia de filhos para ambos os genitores.

Naquele contexto as mulheres e seus respectivos corpos, considerando a retirada do véu, também converteram-se no símbolo externo da adesão à modernidade ocidental, porém ao longo do tempo ficou evidente que as reformas desenvolvidas entre as décadas de 1920 e 1930 em áreas como sistema político (direito ao voto), educação e mercado de trabalho beneficiaram apenas uma parcela das mulheres (principalmente aquelas de classe alta) e ainda não incluíram as mulheres (de maneira geral) nos processos que conduziram a tais reformas. Quando estas buscavam se organizar de forma independente, eram impedidas pelo próprio Estado[400].

As discussões nas sociedades de população muçulmana em resposta ao enfático discurso colonialista acerca das mulheres são elementos que compõem o quadro em que os movimentos de ativismo de gênero ampliaram seu espaço. Porém, conforme discutido ao longo desta seção, o empenho das mulheres na busca pela ampliação e efetivação de seus direitos já existia em diferentes sociedades entre os séculos XVI e XIX e se refletiu na atuação feminina nas cortes de família.

Adicionada ao desafio advindo do discurso colonial europeu e do *feminismo colonial*, esteve a implementação de mudanças nas leis de família — também efeito do processo de "modernização" imposto pela intensificação do contato com o Ocidente e suas críticas —, por meio da promulgação da Lei Otomana de Direito de Família em 1917, que codificou as leis e inseriu os Estados de população muçulmana em uma nova fase, como argumentou Welchman[401].

---

[400] BADRAN, 2009; GÖLE, Nilüfer. Secularism and Islamism in Turkey: the making of elites and counter-elites. **The Middle East Journal**, Washington, v.51, n.1, p. 46-58, 1997.

[401] WELCHMAN, 2007.

Tucker[402] e Sonbol[403] apontaram a necessidade de repensar a codificação iniciada com a LODF como algo que foi necessariamente benéfico às mulheres, ou seja, era preciso reconhecer o contexto em que a codificação foi realizada (colonial/imposição de um padrão ocidental-europeu) e quais foram seus efeitos diretos e prolongados para a demanda por reformas nas leis de família ao longo do século XX. Para a Turquia, a LODF vigorou apenas por poucos anos, no entanto foi de grande influência, inspirando códigos em países como Síria, Jordânia e regiões do Líbano.

De acordo com Tucker[404], a LODF foi uma tentativa de determinar princípios universalmente aplicáveis para administrar as relações familiares e eliminou, dessa forma, um vasto corpo de entendimentos/interpretações, opiniões e práticas jurídicas. Apesar de serem, por vezes, divergentes, permitiam um amplo espaço para interpretação e aplicação em casos específicos, o que era visto como um elemento positivo para as partes envolvidas em processos/casos levados às cortes de *Shari'a*.

A LODF converteu-se em um assunto delicado antes mesmo de sua implementação. Embora a reforma pudesse ser observada como uma oportunidade válida para uma revisão dos entendimentos da jurisprudência islâmica com relação aos papéis de gênero, direitos e deveres no âmbito familiar, os termos da LODF foram impactados pela influência "modernizante ocidental" (e, portanto, de seus padrões éticos) entre a elite política, social e religiosa das sociedades de população muçulmana no Oriente Médio e Norte da África.

Para os religiosos adeptos do discurso do modernismo/reformismo islâmico, a alteração nos entendimentos das leis de família era vista como uma oportunidade de "corrigir" distorções e reconduzir a uma leitura correta dos princípios éticos da religião. Além disso, reconduzia a religião à sua relevância na sociedade que se modernizava entre o fim do século XIX e as primeiras décadas do século XX.

No início do século XX, os movimentos de consciência de gênero (ou ativismo de gênero), tal qual apresentado e discutido anteriormente aqui com o caso do Egito, observaram a necessidade e o potencial positivo de uma reforma. Entretanto, foram cautelosos ao formularem críticas a aspectos específicos que compunham as leis de família (como casamento,

[402] TUCKER, 1996, 2008.

[403] SONBOL, 1996.

[404] TUCKER, 2008, p. 75-89.

divorcio, custódia de filhos e direitos de herança). A estratégia adotada era de dupla sinalização, na qual não se questionaria diretamente o papel da religião na definição de leis, ao mesmo tempo que questionavam a assimilação acrítica de modos de vida ocidentais em meio aos movimentos nacionalistas de independência.

Ainda no caso egípcio, como destacaram Badran[405] e Ahmed[406], a temática da reforma de determinados aspectos, como o acesso da mulher ao divórcio, a elevação da idade mínima para casar e o questionamento da poligamia, figurou entre os principais pleitos para a redefinição do papel das mulheres na sociedade e na família. Esses temas eram objeto de debate por ativistas como Malak Hafni Nasif antes mesmo da formulação da União Feminista Egípcia (1923).

Em extensa análise acerca dos contextos socioculturais, políticos e econômicos das discussões acerca do casamento e divórcio ao longo do Segundo Período Constitucional em Istambul (1908-1917), Altinbas[407] observou aspectos que considerou essenciais para compreender o processo que conduziu à elaboração da LODF e seus desafios mais diretos. Dois se destacam para nossas reflexões acerca dos impactos da LODF para os direitos das mulheres na Turquia e em demais Estados que constituíam área de influência do Império Otomano.

Primeiro, a influência da desigualdade de classe como fator importante para a determinação dos entendimentos e interesses das mulheres otomanas com relação aos direitos nas leis de família. Para as mulheres de classe alta e média que tiveram acesso à educação, era possível escolher o marido livremente (sem interferência de um tutor, por exemplo), bem como a determinação das cláusulas de seu contrato de casamento e a possibilidade de iniciarem um pedido de divórcio quando assim desejassem. Para as mulheres de classes baixas e do meio rural, um aspecto importante na nova configuração seria a possibilidade de divórcio, principalmente em caso de abandono, visto que a preocupação principal era a garantia de seu sustento.

Segundo, foram as ideias e atuação do Comitê de União e Progresso, estabelecido no Segundo Período Constitucional em Istambul (1908-1917),

[405] BADRAN, 1995.

[406] AHMED, 1992.

[407] ALTINBAŞ, Nihan. Marriage and divorce in the late Ottoman Empire: social upheaval, women's rights, and the need for new family law. **Journal of Family History**, London, v. 39, n. 2, p. 114-125, 2014.

que observaram a possibilidade de colocar em prática uma agenda política e social de base nacionalista que teve na família, sobretudo na mulher, um foco. Nesse sentido, Altinbas destacou que o modelo de família pleiteado pelo comitê era diferente daquele discutido no Império Otomano desde o período de reformas conhecido por *Tanzimat* (1839-1876), pois na nova configuração "a constituição da família nuclear baseada na monogamia envolveu a crença de que somente nesse contexto o equilíbrio de poder (igualdade) entre homens e mulheres poderia ser estabelecido"[408]. No entanto, a efetivação das ideias em um novo entendimento jurídico produziu efeitos diferentes no país e junto àqueles que compunham a área de influência otomana.

Os benefícios da LODF para as mulheres foram mais matizados e complexos, nas decisões proferidas nas cortes de *Shari'a* otomana antes e após a implementação das reformas nas leis, nas primeiras décadas do século XX. Os resultados das decisões eram, muitas vezes, contraditórios com relação à independência dos menores de idade (meninas e meninos), tendo em estipularem uma idade alta para a maioridade (que variou entre 17 e 21 anos completos), deixando os menores de idade mais tempo sob a autoridade de seus tutores/guardiões[409].

Com a formação dos Estados independentes ao longo das primeiras décadas do século XX, a jurisprudência clássica (*fiqh*) foi reformada de forma seletiva. Os elementos que diziam respeito ao âmbito familiar, sobretudo ao casamento, foram mantidos pelas novas leis, com exceções. Um exemplo foi a Tunísia, que proibiu a poligamia em 1956. Já a Arábia Saudita, ao contrário, buscou a implementação da *fiqh* em todas as esferas da lei nacional.

A construção de gênero mantida nas leis de família da primeira metade do século XX tinha como característica central a desigualdade de gênero, principalmente no que diz respeito à compreensão dos direitos e deveres de homens e mulheres no casamento, visto que este não estabelecia obrigações recíprocas aos cônjuges. Sustentada pelas interpretações feitas por juristas de passagens do Alcorão [como na Suarata nº 4, *An Nissá – As mulheres*, versículo (*ayat*) nº 34] e das tradições (*ahadith*), a hierarquização de gênero teve sua aplicação *traduzida* para a prática social.

408 *Ibidem*, p. 4, tradução minha.

409 SONBOL, 1996.

A manutenção da construção de gênero nas *novas leis de família* foi alvo de questionamento por uma parcela das mulheres e um discurso desenvolvido majoritariamente por homens (juristas ou clérigos)[410]. Em contraponto a tais críticas, movimentos articularam-se para lançar luz aos *direitos das mulheres no Islã*, com o intuito de apresentar alternativas (ou soluções) de base religiosa para acomodar as aspirações das mulheres relacionadas à igualdade e a reinterpretação conferida às fontes religiosas (Alcorão e *ahadith*). A ênfase foi a de reforçar a noção de complementaridade ou equilíbrio dos direitos e deveres de homens e mulheres que entram em um casamento, ao argumentar que a existência de direitos e deveres diferentes entre homens e mulheres não significa desigualdade ou injustiça.

Os aspectos relacionados à concepção dos papéis de gênero nas sociedades de população muçulmana, sobretudo no que diz respeito às leis de família e aos processos de secularização pós-independência, figuraram um campo de disputa entre demandas reformistas e conservadoras. Os Estados desenvolveram formas diferenciadas de lidar com a temática dos direitos das mulheres e com as pautas trazidas por movimentos organizados por elas, por exemplo, nos casos do Egito e do Irã.

No caso do Egito, conforme mencionado anteriormente, configurou-se, entre as últimas décadas do século XIX e as primeiras décadas do século XX, uma série de demandas acerca de reformas nos códigos pessoais ou leis de família em um contexto em que os movimentos foram alcançados pelo nacionalismo. Algumas daquelas mudanças foram alcançadas por meio de emendas constitucionais na década de 1920. Ao longo das décadas subsequentes, as reformas no âmbito das leis de família desaceleraram: diferentes propostas foram apresentadas para restringir o divórcio unilateral masculino (*talaq*) e a poligamia, mas não tiveram êxito. Já na década de 1950, sob a liderança de Gamal Abdel Nasser (entre os anos de 1954 e 1970), alguns direitos anteriormente pleiteados pelas mulheres foram alcançados, tais como o direito ao voto (1956) e a igualdade no trabalho (1959), que permitiu às mulheres acessarem cargos públicos.

Uma mudança mais ambiciosa com relação às leis de família foi observada na Lei nº 44 de 1979, emitida de maneira unilateral — via

---

410 MIR-HOSSEINI, 1999, 2009; SHAIKH, Sa'diyya. Transforming Feminisms: Islam, Women and Gender Justice *In*: SAFI, Omar (org.). **Progressive Muslims on justice, gender and pluralism**. London: OneWorld Publications, 2003. p.147-162.

decreto — pelo presidente Anwar Sadat. A nova legislação trazia temas como a restrição do divórcio unilateral masculino (*talaq*), considerando a necessidade do consentimento da mulher; e a extensão do tempo de guarda dos filhos e filhas para a mulher divorciada (até 15 anos para um filho e até o casamento para uma filha). Porém a lei esteve em vigor por um curto período, sendo revogada em 1985 e substituída pela Lei nº 100 de 1985, que trouxe retrocessos com relação ao direito das mulheres ao trabalho fora do âmbito doméstico; o *talaq* voltara a ocorrer sem o devido registro e/ou consentimento da mulher, o que acarretava perdas quando da efetivação de direitos de herança.

No caso do Irã, o processo de alterações na ordem jurídica foi iniciado sob o comando de Reza Shah Pahlavi (1925-1941) como parte do programa de modernização que visava sinalizar um tom secular, moderado ao Ocidente. No âmbito das leis de família ou código pessoal, os entendimentos jurídicos e decisões judiciais advindos da tradição xiita Jafari continuaram a reger o novo código pessoal. Mas, como resultado de discussões ocorridas entre 1928-1935, foi possível garantir a proibição do casamento de meninas com menos de 13 anos de idade. A alteração, conforme argumenta Mir-Hosseini[411], foi capaz de questionar o monopólio dos clérigos que atuavam na área de família, sobretudo ao transformar o casamento em uma matéria estatal, exigindo o registro de casamentos e divórcios para que fossem considerados válidos. Porém, a lei de 1931 evitou maiores confrontos com a classe dos clérigos, bem como discussões mais atentas com relação à igualdade de gênero.

Apenas na década de 1960, com o contexto das reformas da Revolução Branca (1963) que abrangeram aspectos sociais, econômicos, no governo de Mohamad Reza Pahlavi (1941-1979), alterações relacionadas aos direitos das mulheres foram colocadas em prática por meio da Lei de Proteção Familiar (de 1967, mas teve emendas feitas em 1975). Entre suas disposições, trouxe a igualdade entre mulheres e homens com relação aos direitos de divórcio e custódia de filhos; mas, embora a lei tenha sido uma conquista importante para as mulheres, o processo não foi isento de críticas. A pressão para que a reforma ocorresse foi realizada por uma série de movimento de mulheres, entre eles a Associação de Mulheres Advogadas, mas o crédito de tal mobilização foi para a Organização das Mulheres do Irã, organização civil vinculada ao governo e liderada pela

[411] MIR-HOSSEINI, 2003, 2007.

princesa Ashraf Pahlavi[412]. Com a queda da Dinastia Pahlavi e a ascensão dos clérigos e de um regime teocrático em 1979 sob a liderança de Khomeini, a Lei de Proteção Familiar (1967) foi substituída por outra.

Ao longo das últimas décadas do século XX, a configuração das demandas relacionadas à reforma das leis de família e aos direitos das mulheres tornou-se mais complexa no Oriente Médio e Norte da África com o surgimento de movimentos vinculados ao Islã político. Principalmente a partir da década de 1970, esses movimentos tinham como centralidade um discurso que retomava um "passado mítico ou glorioso da religião" como forma de resposta aos efeitos da atuação ocidental (europeia) na formulação dos Estados nacionais, ou seja, propunha que os novos Estados retomassem princípios do Islã colocados em xeque pelas forças do secularismo e do nacionalismo.

No que se refere ao papel e aos direitos das mulheres nessas sociedades de população muçulmana na segunda metade do século XX, o Islã político tinha uma agenda bem específica, baseada principalmente no "retorno à *Shari'a*", na subsequente noção tradicional/clássica com relação ao papel doméstico das mulheres e na noção de complementaridade entre os diferentes (homens e mulheres). Isto é, retoma a ideia de que o Islã reconhece a condição humana das mulheres, mesmo sem conceder a elas os mesmos direitos e deveres dos homens nas diversas sociedades de população muçulmana.

2.2 A construção discursiva do feminismo islâmico e suas demandas

No início da década de 1990, desenvolveu-se na cena social e política do Oriente Médio e Norte da África o denominado *feminismo islâmico*, uma construção discursiva através de uma interpretação independente (*ijtihad*) da doutrina islâmica (Alcorão, Shari'a e *fiqh*). Questionando o modelo patriarcal de família por meio da discussão da legislação, argumentava que esta não se coadunava com os princípios da igualdade humana e justiça de gênero presentes no Alcorão, ou seja, o conflito estava relacionado à

[412] Era irmã do Mohammad Reza Pahlavi. Foi uma das criadoras da Organização das Mulheres do Irã, uma organização que vinculada ao governo apresentava algumas pautas em prol da melhoria dos direitos das mulheres, porém não questionava as bases patriarcais da política e da sociedade. Uma crítica voltada a essa forma de feminismo, por vezes lido como "feminismo de Estado", parte da percepção de que o discurso em prol dos direitos das mulheres foi cooptado de acordo com os interesses políticos de manutenção e estabilidade.

interpretação conferida aos textos religiosos e posteriormente às práticas sociais que eram sustentadas por aqueles e vice-versa[413].

De acordo com algumas das expoentes desse movimento discursivo, tais como Fatima Mernissi, Ziba Mir-Hosseini, Asma Barlas e Amina Wadud, o questionamento das *interpretações tradicionais e patriarcais* deveria ser feito justamente através do questionamento da jurisprudência (*fiqh*), composta de leis e práticas jurídicas fruto do entendimento humano acerca do que a vontade divina expressa nos textos sagrados. Dessa forma, pode ser questionada a partir da consideração das transformações ocorridas nas sociedades e da interpretação (exegese) construída por juristas ao longo do tempo.

Embora os paradigmas do *feminismo secular* e *feminismo islâmico*, tais quais apresentados por Badran[414], não devam ser analisados enquanto unidades fechadas, herméticas, tendo em vista as especificidades das vivências das mulheres em diferentes países de população muçulmana, é possível pensar em algumas características que sobressaem em ambos.

Primeira, o discurso do modernismo islâmico, tal qual promovido por Muahmad Abdu no século XIX, foi retomado em seu potencial de gerar a emancipação das mulheres por meio da educação e da exegese (*tafsir*) que conciliava a pertença religiosa e a observação dos princípios éticos do islã, tais como as noções de justiça, igualdade e dignidade humana, para clamar por mudanças na vida prática das mulheres.

Segunda, o foco daquelas que aderiram ao discurso era relacionado aos direitos das mulheres, principalmente no que diz respeito às leis de família/códigos pessoais, e ao combate ao modelo patriarcal presente nos entendimentos jurídicos que compunham a jurisprudência islâmica (*fiqh*).

Terceira, relacionada diretamente com a segunda, foi um movimento de reflexão acerca da igualdade de gênero que considerou a vivência observada na primeira metade do século XX com os movimentos de cunho secular e nacionalistas que priorizaram uma expressão pública da igualdade de direitos, sobretudo no âmbito político e educacional no contexto dos Estados nacionais, enquanto no âmbito tido como privado, das relações familiares e do direito, a noção de complementaridade se impôs. A partir de tais experiências, aliadas aos processos históricos de descolonização, desenvolvimento de governos de cunho autoritário, e as

413 BADRAN, 2009; MIR-HOSSEINI, 2011.

414 BADRAN, 2009.

reflexões sobre a construção das relações sociais de gênero, o foco nesse novo momento foi pensar a igualdade no âmbito das leis de família.

A quarta característica é o desenvolvimento de uma epistemologia própria, um projeto de conhecimento de caráter emancipatório que se apropria da religião como forma elemento central de motivação, sobretudo clamar por releituras das fontes sagradas, algo que foi relativizado na atuação de mulheres em movimentos entre o fim do século XIX e as primeiras décadas do século XX.

A última é o caráter nacional, regional e internacional da produção teórica de suas expoentes, visto que esta é desenvolvida por mulheres no contexto de movimentos no Oriente Médio e Norte da África e teóricas que vivem e trabalham na diáspora ou até mesmo são ocidentais e converteram-se ao Islã, como é o caso da Amina Wadud. Além disso, ideias, debates e análises propostos por suas expoentes passam a ser veiculados em diferentes meios de comunicação a partir dos anos 2000, principalmente sites e blogs que traziam conteúdo escrito e vídeos em diversas línguas, entre elas o árabe, o francês e o inglês.

Ao elaborarem suas análises a partir de elementos diferenciados — com base na leitura e reinterpretação do Alcorão, como a célebre obra *Qur'an and women: rereading the sacred text from a woman's perspective*, de Amina Wadud; ou no desenvolvimento de uma análise crítica acerca da jurisprudência islâmica, como a fez Ziba Mir-Hosseini —, as expoentes da construção discursiva do feminismo islâmico apresentavam preocupação com relação à noção da autoridade masculina expressa no entendimento de conceitos como de *obediência* por parte da mulher no âmbito familiar em contrapartida da *proteção e amparo financeiro* do marido e que se perpetuou no entendimento e na atuação de juristas responsáveis pelas leis de família.

A crítica aos elementos histórico-sociais e legais que conduziram à construção jurídica da noção da autoridade masculina em diversos trabalhos é possível mediante uma releitura do Alcorão. Sobretudo a passagem 4:34 e os conceitos *qiwama e qanita*, em que o homem era tido como *protetor/provedor* da mulher no contexto familiar e aquela devia a ele obediência (sendo o não cumprimento desta passível de punição).

A compreensão do discurso desenvolvido pelas pessoas e pelos movimentos que aderiram ao feminismo islâmico passa pela observação de que o feminismo nos países de população muçulmana foi produzido e articulado de acordo com as demandas e histórias locais. Ou seja, o argumento de que é externo à região e não condiz com sua realidade não se sustenta.

Antes de desenvolver as análises das expoentes do movimento, vamos retomar as discussões desenvolvidas pela médica, intelectual e ativista egípcia Nawal El Saadawi (1931-2021), pois consideramos que ela faz uma ponte importante entre os argumentos e discursos presentes no feminismo secular e as proposições que foram desenvolvidas por autoras como a marroquina Fatima Mernissi.

Nawal El Saadawi desenvolveu, ao longo de sua extensa obra (de ficção e não-ficção), de sua atuação enquanto médica psiquiatra e ativista pelos direitos das mulheres (no Egito e no mundo árabe), uma série de temas, tais como a situação das mulheres nas sociedades e a observação da manutenção de leis de família desiguais. As reflexões desenvolvidas por El Saadawi foram fundamentais para as pautas dos movimentos de direitos das mulheres no Egito e em outros países. Dentre as principais ideias, reflexões e análises trazidas pela autora, é possível destacar aspectos como: a) a violência infligida às mulheres e sua relação com o desenvolvimento de uma moral rígida; b) a compreensão das diferentes formas de opressão (social, econômica, religiosa) que atingiam as mulheres em diferentes países de população muçulmana e as consequências diárias enfrentadas por elas; c) o resgate da história e da leitura crítica desenvolvida por autoras egípcias ou que atuavam no Egito nos séculos XIX e XX; d) os perigos do ressurgimento de ideologias religiosas radicais, principalmente com relação aos direitos das mulheres, tendo em vista a leitura tradicional e patriarcal do papel da mulher na sociedade.

Com relação ao primeiro ponto, El Saadawi buscou analisar as diferentes formas de violência (como sexual, física ou psicológica) que atingiam as meninas e as mulheres na sociedade egípcia, principalmente entre as décadas de 1940 e 1960, e sua relação com o desenvolvimento de uma moral rígida que se baseava em interpretações específicas da religião para legitimar formas de controle. Nesse contexto, a autora argumentou que o que existia na sociedade era uma espécie de padrão *moral duplo* que advinha de fatores como a mobilização dos costumes e cultura anteriores ao desenvolvimento do Islã e que já enfatizavam o domínio masculino e a posterior utilização da religião para manutenção de tal aspecto.

O referido padrão *moral duplo* tinha entre suas características o desenvolvimento de obrigações e expectativas diferentes para meninas (mulheres) e meninos (homens) na sociedade, principalmente quando observado que, apesar de a moral ter como alvo a sociedade como um todo em temas como a segregação social e o impedimento do exercício sexual fora do contexto de um casamento oficial, eram os corpos femininos que estavam sob constante vigilância (com base na ideia de manutenção da honra familiar), figuravam como alvo do costume de práticas de normatização (como a prática da mutilação genital feminina) e em outros casos extremos estavam sujeitos à violência sexual intrafamiliar.

A violência física, representada pela manutenção da prática da Mutilação Genital Feminina (MGF), e suas consequências para a vida das mulheres, ocupa um espaço relevante nas obras e na atuação médica de El Saadawi. A prática, que consistia na retirada parcial ou total do clitóris, era feita em meninas ainda muito jovens (como ocorreu com a própria Nawal, aos 6 anos de idade) e estava presente em diversos estratos da sociedade egípcia, visto que era uma ação que em última instância tinha o objetivo de controlar as meninas em uma sociedade em que o patriarcado, aliado ao poder econômico e político, acomodou práticas culturais que fossem capazes de garantir a castidade da mulher (e assim a honra familiar), a manutenção da autoridade masculina e o controle da linhagem familiar. El Saadawi identificou, em obras como *A face oculta de Eva: as mulheres do mundo árabe*[415], que era importante apontar a utilização da religião como forma de legitimação de poderes políticos, econômicos e sociais que mantinham a sociedade patriarcal, algo que destacou em passagens como a seguinte:

> O regime patriarcal, portanto, passou a existir principalmente em razão de motivos econômicos. Tornou-se necessário que a sociedade criasse, simultaneamente, um sistema de padrões religiosos e morais, e um sistema judicial, capazes de proteger e manter esses interesses econômicos. Como conclusão da análise, podemos seguramente afirmar que a circuncisão, o cinto da castidade e outros costumes sanguinários aplicados à mulher são, basicamente, o resultado dos interesses econômicos que governam a sociedade. A permanência de tais práticas em nossa sociedade, ainda hoje, indica que esses interesses econômicos ainda têm prio-

[415] EL SAADAWI, Nawal. **A face oculta de Eva**: as mulheres do mundo árabe. São Paulo: Global Editora, 2002a.

> ridade. As milhares de *dayas*, enfermeiras, equipe médica e médicos que ganham a vida com a circuncisão de mulheres, naturalmente resistem a qualquer mudança desses valores e costumes, que constituem sua fonte de renda. [...] São muitas as pessoas que conseguem distinguir fatores políticos de religiosos, ou que disfarçam os motivos políticos por meio de argumentos religiosos, numa tentativa de esconder as verdadeiras forças que formam o sustentáculo do que acontece na sociedade e na História.[416]

Ainda na mesma obra, El Saadawi argumentou que a opressão feminina por meio de uma leitura distorcida e masculina não é algo exclusivo do Islã, visto que o cristianismo (outra religião monoteísta que, entre suas correntes, possui uma vertente ortodoxa) também teve tal forma de leitura utilizada para legitimar a sustentação de uma sociedade patriarcal.

A violência psicológica era observada, de acordo com a autora, em aspectos da vida cotidiana, sobretudo para meninas. Por conta da moral rígida a que eram submetidas, viviam constantemente pressionadas em manter um determinado comportamento de modéstia ou recato com relação ao seu corpo e aos movimentos, tendo-se como argumento a necessidade de impedir que elas cometessem algum tipo de erro ou indiscrição que colocasse a reputação familiar em questão. Em *Daughter of Isis*[417] e *Memoirs of a woman doctor*[418], Nawal El Saadawi apresentou algumas de suas experiências na infância que ilustravam tal pressão, bem como os sentimentos conflituosos a ela relacionados, a exemplo da constante vergonha do próprio corpo ou da percepção de não possuir a mesma liberdade que os meninos (como o irmão dela) usufruíam para brincar ou correr.

Quanto ao segundo ponto, a compreensão das diferentes formas de opressão (social, econômica, religiosa) que atingiam as mulheres em diferentes países de população muçulmana e as consequências diárias enfrentadas por elas, El Saadawi destacou que aspectos econômicos, sociais, políticos e religiosos se combinavam de formas diferentes e eram capazes de determinar e manter desigualdades entre mulheres e homens, principalmente no âmbito dos direitos contidos nas leis de família e no acesso à educação. Esse último aspecto, por exemplo, foi apontado e

[416] *Ibidem*, p. 70.

[417] EL SAADAWI, Nawal. **A daughter of Isis**: the autobiography of Nawal El Saadawi. London: Zed Books, 1999.

[418] EL SAADAWI, Nawal. **Memoirs of a woman doctor**: a novel. San Francisco: City Lights, 1989.

debatido em diversas oportunidades pela autora, visto que a educação era tida por ela como uma ferramenta importante para a transformação da vida das meninas que almejavam uma vida diferente daquela que lhes era previamente estabelecida: uma educação que lhes garantisse o mínimo de conhecimento, enquanto um objetivo central era o de conseguir um casamento adequado.

No âmbito social destacou, por exemplo, que os processos de sociabilização de meninas e meninos eram diferentes. Enquanto elas tinham de lidar com a pressão supramencionada de terem a honra da família sob seus respectivos corpos, os meninos eram livres de tal pressão (embora estivessem submetidos à mesma moral que visava a segregação sexual e a restrição da sexualidade apenas ao âmbito do casamento). Estes, por sua vez, possuíam, ainda mesmo no interior de suas famílias, uma posição de privilégio na hierarquia social estabelecida: poderiam se dedicar aos estudos e não precisavam se preocupar com afazeres domésticos.

O resgate da história e da leitura crítica desenvolvidos por autoras egípcias ou que atuavam no Egito nos séculos XIX e XX, terceiro ponto central na obra de Nawal El Saadawi, também foi acessado por autoras como a marroquina Fatima Mernissi[419], que buscou apresentar a atuação das mulheres no interior do Islã. El Saadawi[420] apontou que, ao longo da história de seu país (e mesmo na região), as mulheres desenvolveram entendimentos diferentes em relação aos tradicionais sobre o status da mulher na sociedade, sobretudo a egípcia. Isso ocorreu em meio ao desenvolvimento de um movimento de consciência de gênero e movimentos nacionalistas, bem como em meio às críticas desenvolvidas pelos políticos e administradores vinculados ao colonialismo europeu.

Já o último tema destacado aqui da obra de El Saadawi esteve relacionado à percepção com relação aos perigos advindos da apropriação da religião por forças políticas no Egito. Com relação aos direitos das mulheres, o slogan do retorno à *Shari'a*, por exemplo, perpetuou uma leitura tradicional e patriarcal do papel social feminino, o que conduziu a um processo de questionamento de demandas pela ampliação de direitos.

Após o destaque de aspectos que compõem a obra de Nawal El Saadawi, é possível apontarmos que alguns dos temas que ela abordou em

---

[419] MERNISSI, Fatima. **Sonhos de transgressão**: minha vida de menina em um harém. São Paulo: Companhia das Letras, 1996.

[420] EL SAADAWI, 2002a.

sua obra e ativismo político em prol dos direitos das mulheres também ocupam um espaço importante junto ao pensamento das expoentes do feminismo islâmico, sendo que cada autora desenvolveu argumentos e análises próprios para lidar com os supramencionados temas, até mesmo expandindo-os.

Agora passamos para o destaque dos principais pontos das análises de Fatima Mernissi, Ziba Mir-Hosseini, Asma Barlas e Amina Wadud, quatro expoentes do feminismo islâmico, considerando que a sua inserção neste contexto compõe uma abordagem teórica nossa para a compreensão do referido feminismo, mesmo sabendo que nem todas elas costumam se identificar como tal. Acredita-se que, além de desenhar o quadro teórico deste movimento, também é possível localizar pontos de contato entre as expoentes e suas proposições.

A socióloga, professora e ativista marroquina Fatima Mernissi (1940-2015) é tradicionalmente mencionada como uma das primeiras expoentes do feminismo islâmico, principalmente pela percepção dos leitores e estudiosos da temática de gênero e religião[421]. A autora preocupava-se em desenvolver análises que abordassem as fontes sagradas, sobretudo os *ahadith* e o Alcorão, para argumentar sobre a realidade vivenciada pelas mulheres muçulmanas, com foco no Marrocos.

Em *Beyond the veil: male-female dynamics in modern Muslim society*[422], obra que resultou de sua tese de doutorado em sociologia, Mernissi desenvolve a partir da sociedade marroquina um extenso estudo acerca do status das mulheres que viviam sob a influência de uma versão patriarcal do Islã e em uma sociedade que tinha sido colonizada por uma força europeia — a França. Nesse contexto, Mernissi desenvolveu uma espécie de "crítica dupla": de um lado, a evidência de que uma leitura ou interpretação específica do Islã trouxe uma relativização de aspectos de justiça social e de gênero presentes desde a formação da referida religião em prol de uma estrutura de poder patriarcal; de outro, uma intensa crítica ao discurso colonialista francês que creditava a si a atuação enquanto força modernizante que operacionalizou a liberação das mulheres, principalmente ao mencionar áreas como a educação e o mercado de trabalho. Mernissi desconstrói esses argumentos ao apontar algumas evidências, como a

---

421 BADRAN, 2009; COOKE, Miriam. **Women claim Islam**: creating Islamic feminism through literature. New York: Routledge, 2005.

422 MERNISSI, 1987.

demanda "nativa" das mulheres marroquinas e de movimentos nacionalistas em prol da ampliação do sistema educacional.

O caráter duplo da crítica desenvolvida por Mernissi pôde ser observado logo no início do livro, em que a socióloga, ciente de sua audiência primária (o Ocidente, em especial o círculo acadêmico norte-americano), preparou o leitor para a obra que seria lida. Fica evidente que, embora compreendesse o ascendente interesse pela temática das mulheres (seu status e direitos) no Islã, o tom de seus argumentos e análises não deveria ser "enquadrado" em discussões comuns como a batalha civilizacional entre Ocidente e Oriente, ou da essencialização da religião. Em vez disso, a autora sugeriu uma análise profunda da sociedade marroquina, que considerasse as contradições advindas dos embates entre colonialismo, religião e modernidade:

> Quando os países muçulmanos foram derrotados e ocupados pelo Ocidente, os colonizadores utilizaram todos os meios disponíveis para persuadir os muçulmanos derrotados de sua inferioridade como forma de justificar a ocupação estrangeira. Muçulmanos foram considerados promíscuos, e muitas lágrimas de crocodilo foram derramadas por conta do terrível destino das mulheres. Nessa situação os muçulmanos encontraram-se defendendo instituições anacrônicas (pelo padrão de muitos muçulmanos) como a poligamia, argumentando, por exemplo, que era melhor institucionalizar a os desejos poligâmicos masculinos do que os forçar a terem uma amante secreta. Infelizmente tal argumento não esteve entre os colonizadores e muçulmanos comuns, mas entre colonizadores e representantes do movimento nacionalista, intelectuais que anteriormente apoiavam a liberação das mulheres.[423]

Mernissi[424] argumentou que, no contexto pós-independência marroquino, o reforço às instituições anacrônicas esteve mais relacionado à manutenção das leis de família aos entendimentos religiosos da *Shari'a*, tal qual observada na jurisprudência clássica. Ou seja, a atuação colonial e o embate ideológico entre as forças nacionalistas e estrangeiras deixaram marcas profundas no percurso das mulheres em garantir a revisão e ampliação de seus direitos. Ainda nesse sentido, a socióloga argumentou que a noção de liberação da mulher foi debatida quase que exclusivamente

---

423 *Ibidem*, p. 7, tradução minha.

424 *Ibidem*, p. 46-64, 89-107.

do ponto de vista religioso/teológico e moral, algo que invisibilizou os âmbitos econômico, político e social presentes nas demandas feitas em prol dos direitos das mulheres. Em lugar de aterem-se em tais pleitos, as forças políticas nacionais lançaram-se em debates acerca da "legalidade ou autenticidade" deles, tendo como corpus de análise as fontes sagradas da religião.

Com relação à crítica ao discurso colonialista francês que creditava a si a atuação enquanto força modernizante que operacionalizou a liberação das mulheres, Mernissi foi enfática ao apontar que tal crença por parte dos administradores e políticos ligados ao protetorado não passou de "uma fantasia colonial". A dita atuação modernizante acabou permitindo a consolidação das tradições existentes que perpetuaram as hierarquias e desigualdades, sobretudo no que refere às leis de família, prejudicando movimentos de mulheres aliadas aos movimentos nacionalistas que buscaram a melhoria em sua condição de vida, sendo associadas, no contexto pós-independência, a um tipo de questionamento da identidade islâmica.

Além disso, apontou que a administração colonial francesa também trouxe a misoginia presente em sua sociedade para as legislações marroquinas. Sobretudo, ao se considerar a tradição islâmica (como nos entendimentos da escola Maliki), as mulheres eram vistas como capazes de conduzir/gerir sua propriedade e/ou negócios, enquanto no caso francês havia um reforço à tutela jurídica das mulheres.

Ainda em *Beyond the veil*, Mernissi criticou a existência de leituras específicas que relativizavam os aspectos de justiça social e de gênero presentes desde a formação do Islã em detrimento de uma estrutura de poder patriarcal. Para ela, em alguns contextos, atribuição de costumes às tradições supostamente foram instrumentalizadas por instituições políticas, sociais e econômicas de forma a garantir a manutenção de desigualdades entre mulheres e homens, contrariando princípios éticos:

> Uma controvérsia que se estendeu ao longo deste século entre tradicionalistas que argumentam que o islã proibiria qualquer mudança nos papéis sexuais, e os modernistas que clamavam que o islã permitiria a liberação das mulheres, a não segregação da sociedade, e a igualdade entre os sexos. Porém ambas as tendências concordavam com um aspecto: o islã deveria permanecer como a base sagrada da sociedade. [...] Paradoxalmente, e contrário do que é comumente se supõe, o Islã não avança a tese da inferioridade inerente da

> mulher. Muito pelo contrário, afirma a igualdade potencial entre os sexos. A desigualdade existente não está relacionada a uma teoria ideológica ou biológica da inferioridade feminina, mas é a consequência de instituições sociais especialmente desenvolvidas para restringir o poder delas: nominalmente, a segregação e a subordinação legal na estrutura familiar. Nem essas instituições geraram uma ideologia sistemática e convincente sobre a inferioridade feminina. De fato, não foi difícil para o movimento feminista iniciado e liderado por homens afirmar a necessidade da emancipação das mulheres, uma vez que o islã tradicional reconhece a igualdade potencial. A glorificação democrática do indivíduo humano, independentemente de sexo, raça ou status é o cerne da mensagem muçulmana.[425]

Mernissi se dedicou à análise dos possíveis pontos de contato entre as tradições (*hadith*) atribuídas ao Muhammad e o Islã tradicional (tido nesse contexto como a forma pela qual as sociedades aplicaram os princípios da religião em instituições sociopolíticas) para determinar as diferenças entre os princípios e o que era efetivamente praticado.

A opção da autora por trabalhar com as tradições (*hadith*) atribuídas ao Muhammad teve como resultado principal o desenvolvimento do livro *The veil and the male elite: a feminist interpretation of women's rights in Islam*[426], um dos mais conhecidos de sua obra e frequentemente mencionado como inovador no pensamento feminismo islâmico. Um elemento que se destaca é a metodologia desenvolvida e aplicada para lidar com a temática do gênero no Islã. A autora argumenta que diferentes interpretações seriam possíveis, e o uso das tradições (*hadith*) em determinados contextos perpetua uma tradição misógina e que em diversos aspetos contradiz os princípios do Alcorão.

A percepção de Mernissi acerca da importância de tomar as tradições como um objeto de análise ocorreu em grande parte por conta de uma vivência empírica em seu país: o uso feito de um *hadith* em específico por alguns homens. Em uma conversa informal com a socióloga, para justificar a resposta negativa dada por eles em face de uma questão sobre se uma mulher poderia ser líder dos muçulmanos, o *hadith* em questão diz: "Aqueles que confiarem seus negócios a uma mulher nunca conhecerão

---

[425] *Ibidem*, p. 18-19, tradução minha.

[426] MERNISSI, Fatima. **The veil and the male elite:** a feminist interpretation of women's rights in Islam. New York: Basic Books – Perseus Books Group, 1991.

a prosperidade", o que é difundido na sociedade e atribuído à coleção compilada e revisada por Al-Bukhari (no século X).

A história relacionada ao *hadith* passa pela atuação de uma mulher enquanto comandante em um conflito civil (Aisha, a mulher de Muhammad) e as interpretações conferidas a respeito de sua atuação e derrota como um sinal de que a relação entre as mulheres e a política era perigosa para a sociedade. Porém, tais elementos intrinsecamente ligados ao *hadith* nem sempre são observados, ou seja, a manipulação do texto, sua repetição e forma de retomada na memória já explicitam uma questão central para Mernissi[427]: a manutenção de interpretações misóginas das fontes sagradas como um todo (Alcorão e *ahadith*).

A abordagem feita por Mernissi[428], que desenvolve argumentos e críticas a partir de premissas como a crença no caráter revolucionário do Islã e no potencial igualitário que seus princípios traziam em sua fundação, trouxe consigo dois elementos principais. O primeiro foi recolocar as mulheres como agentes importantes na história da comunidade muçulmana, destacando até mesmo a importância de Aisha em garantir a autenticidade das palavras que eram atribuídas ao profeta, e ao mesmo tempo voltar os olhos para a atuação das mulheres nas sociedades muçulmanas contemporâneas (com foco no Marrocos da segunda metade do século XX) e reivindicar a retomada dos princípios igualitários.

Um desdobramento interessante desse elemento de resgate da história e atuação das mulheres pode ser observado, por exemplo, no livro *Las sultanas olvidadas* (2014) [*The forgotten queens of Islam*], em que Mernissi toma como ponto de partida a chegada de Benazir Bhuto ao cargo de primeira-ministra do Paquistão em 1988, para analisar a trajetória de mulheres que exerceram posições de liderança em Estados muçulmanos entre os séculos VII e XX.

O segundo elemento central, de grande relevância para nossas análises ao longo deste livro, foi o desenvolvimento de uma forma de projeto de conhecimento que se reabriu para que as mulheres tomassem para si possibilidade de analisar e interpretar textos que compõem as fontes sagradas como forma de garantir repertório para demandar mudanças sociais, políticas e legais que privilegiem a justiça de gênero. É importante o destaque de tal projeto, visto que outras autoras — como Amina Wadud

[427] *Ibidem*, p. 1-11, 43-61.

[428] MERNISSI, 1987, 1991.

e Asma Barlas — passaram a utilizar tal abertura para realizar análises próprias e argumentarem por outras formas de compreensão de termos do árabe clássico. Também contextualizaram os eventos relacionados aos versículos como forma de apontar outra leitura que pudesse questionar, por exemplo, a noção de que a autoridade masculina era um fato inerente e inquestionável.

A antropóloga, intelectual e ativista iraniana Ziba Mir-Hosseini (1952-) desenvolve análises e debates sobre a igualdade de gênero na lei islâmica, com base em pesquisas e trabalho de campo desenvolvidos no Irã (em sua maioria) e no Marrocos. Ao longo da década de 1990, a autora observou no Irã o desenvolvimento de um discurso crítico com relação aos direitos das mulheres no Islã. Isso poderia ser observado em artigos publicados na mídia que questionavam o "discurso oficial" do Estado e demonstravam certo descontentamento com relação à posição da mulher na sociedade iraniana pós-revolução islâmica.

Tomando como base os discursos desenvolvidos em duas revistas de grande circulação no Irã — a revista *Payam-e Zan*, baseada em Qom e que era liderada por clérigos, e a revista *Zanan*, de Teerã e conduzida por mulheres —, Mir-Hosseini iniciou uma pesquisa centrada na compreensão do gênero nos discursos islâmicos contemporâneos. Observou o discurso crítico de gênero e o que ela descreveu mais tarde como feminismo islâmico. Conforme Mir-Hosseini descreveu em *Islam and gender* (1999), o discurso presente na Zanan detinha algumas características que chamavam atenção por seu estilo e conteúdo, principalmente pelo fato de que as autoras da revista combinavam dois elementos geralmente questionados em sua combinação ou interação — a religião e o feminismo. A religião, no caso o islã, esteve presente como fonte de legitimidade, enquanto o feminismo trazia a defesa dos direitos das mulheres.

A partir de 2002, Mir-Hosseini passou a trabalhar em conjunto com uma organização não governamental da Malásia, a Sisters in Islam. Em *Beyond feminism* (2011), ultrapassou as tensões existentes entre feministas religiosas e feministas seculares e começar a pensar em soluções para lidar com questões que ela já pesquisava: a diferença entre teoria e prática quando se diz respeito às leis de família, a necessidade de encontrar formas de ampliar os direitos das mulheres, e a importância de estar em contato direto com a fonte da legitimidade das leis: o Alcorão e os *ahadith*.

Neste sentido, uma preocupação em sua obra, principalmente em *Marriage on trial: Islamic family law in Iran and Morocco* (1993, revisada em 2000), era entender como os princípios contidos na lei islâmica (*sha-ri'a*), a jurisprudência (*fiqh*), práticas de costume e os debates acerca das mulheres moldavam-se e estruturavam práticas observadas nas decisões de tribunais, ou seja, a compreensão das formas pelas quais juristas, advogados e pessoas comuns percebiam e interpretavam preceitos religiosos em prática.

Ainda nesta obra, o foco de Mir-Hosseini eram as leis de família, com base na análise de casos observados que tinham sido levados às cortes de família no Irã e no Marrocos, ambos países muçulmanos que adotaram escolas de pensamento jurídico diferentes (o primeiro de tradição xiita e o segundo de tradição sunita maliki). A socióloga acompanhou a atuação dos litigantes em suas tentativas de manipularem a lei de forma a resolver disputas jurídicas.

A partir das observações e análises desenvolvidas em pesquisas e artigos, Mir-Hosseini se debruçou na compreensão das diferenças entre a *shari'a* e os aspectos relacionados à jurisprudência islâmica (*fiqh*) quando os temas são os direitos das mulheres no âmbito familiar. Nesse sentido, destacou alguns elementos essenciais: a compreensão da diferença entre a *shari'a* e a *fiqh*; os debates acerca dos papéis de gênero na sociedade; a importância de analisar o processo de secularização/codificação das leis e seus reflexos para o direito das mulheres; a necessidade de uma interpretação renovada das fontes que fosse capaz de fazer frente aos discursos de religiosos e intelectuais que argumentavam pela noção de complementaridade de gênero e utilizavam a religião para legitimar posições patriarcais incompatíveis com os princípios da própria religião.

Com relação ao primeiro elemento, Mir-Hosseini[429] argumentou que a separação/distinção entre a *shari'a* e a *fiqh* era importante. Enquanto a *shari'a* diz respeito à lei de Deus que foi revelada ao profeta Muhammad, e, portanto, traz os princípios éticos a serem seguidos pelos muçulmanos, a *fiqh* é um produto da interpretação humana das fontes sagradas do Islã. Dessa forma, possui um caráter mutável, que poderia ser explorado por pessoas interessadas em mudanças nos direitos por meio de argumentos religiosos. Cabe destacar aqui que a distinção recebe destaque na obra da autora, pois argumenta que o "mau uso" de uma em intercâmbio da outra possui implicações epistemológicas e políticas. Esse artifício foi repetido inúmeras vezes por pessoas comuns, líderes religiosos e políticos como

429 MIR-HOSSEINI, 1999, 2003, 2009.

forma de justificar desigualdades jurídicas e em práticas cotidianas ao colocar essas sob a égide de uma lei que era tida como divina e, portanto, inquestionável ou imutável.

Os debates acerca dos papéis de gênero na sociedade, segundo elemento central nas reflexões de Mir-Hosseini, estão relacionados aos entendimentos desenvolvidos ao longo do tempo para lidar com a referida questão no contexto das leis de família. Além de apontar seu entendimento de que os papéis de gênero são uma construção social, a autora destaca que no caso das sociedades muçulmanas era possível observar o que ela denomina de duas vozes concorrentes — uma representada pela revelação e outra pela ordem social —, e segue "enquanto a primeira é uma voz igualitária, refletindo a justiça do islã, a segunda é uma voz patriarcal, refletindo conveniências sociais, culturais, políticas"[430], e a distância entre o espírito da revelação e a *fiqh* permitiria que a segunda voz ganhasse mais espaço nas práticas jurídicas cotidianas também.

Mir-Hosseini[431] aponta três principais linhas de discurso — a tradicional, a neotradicional e a reformista — e que esta última estaria em harmonia com entendimentos contemporâneos acerca dos Direitos Humanos, da igualdade de direitos e do pluralismo, tendo em vista que sua legitimidade repousa em uma abordagem flexível e dinâmica (em movimento) dos elementos normativos do Islã. A desigualdade de gênero presente em entendimentos que compõem a *fiqh* na temática do casamento, por exemplo, de acordo com o discurso reformista, não seria percebida como algo "natural" (questionando até mesmo a leitura que os discurso tradicional e neotradicional fazem do aspecto biológico, "da natureza humana" e sua vinculação com papéis sociais), mas sim como um problema derivado da interpretação masculina conferida aos textos sagrados.

É importante analisar o processo de secularização/codificação das leis e seus reflexos para o direito das mulheres, terceiro elemento central nas reflexões de Mir-Hosseini, pois marcaram um momento em que as sociedades de população muçulmana viveram um conflito ideológico com relação ao caminho que deveriam tomar entre religião e demandas da modernidade. Estas últimas impostas, por um lado, pela ação de forças europeias e, por outro, constituíam-se reivindicações de movimentos de

---

430 MIR-HOSSEINI, 2003, p. 4, tradução minha.

431 *Ibidem*.

mulheres que visavam ampliação de direitos em diferentes frentes. As leituras apresentadas por teóricos e religiosos que Mir-Hosseini denominou de neotradicionalistas demonstram a acentuada contradição inerente aos argumentos encontrados por seus autores para "acomodar" todas as demandas; era possível defender a educação para meninas enquanto não eram questionados os papéis de gênero e a ampliação dos direitos das mulheres em um casamento, por exemplo.

Além disso, a codificação das leis no âmbito familiar reforçou a domínio da religião como um espaço em que a "autenticidade" teria sido preservada. Na segunda metade do século XX, o surgimento do Islã político reacendeu tal questão. O processo de reversão de leis de família mais flexíveis no que diz respeito aos direitos das mulheres, como a Lei de Proteção Familiar (1967) no Irã, trouxe consequências negativas às mulheres que puderam ter acesso aos benefícios de tal lei.

Quanto ao último, a necessidade de uma interpretação renovada das fontes que fosse capaz de fazer frente aos discursos de religiosos e intelectuais que argumentavam pela noção de complementaridade de gênero e utilizavam a religião para legitimar posições patriarcais incompatíveis com os princípios da própria religião, é possível entender que o questionamento do teor patriarcal conferido à lei e o clamor por mudanças deveriam ser feitos no nível da *fiqh*, ou seja, apresentando outras formas de interpretar as fontes sagradas, fato que acreditamos que conduziria novamente à questão colocada por Fatima Mernissi acerca de um projeto de conhecimento que fomentasse a necessidade de retomar tais fontes e "inquiri-las" a partir de um novo olhar.

Ao examinar em seus textos alguns elementos comumente utilizados para justificar a desigualdade inerente ao contrato de casamento, Mir-Hosseini apresentou uma preocupação com relação à noção da autoridade masculina expressa no entendimento de conceitos como de *obediência* por parte da mulher no âmbito familiar em contrapartida ao da *proteção e amparo financeiro* do marido e que se perpetuou no entendimento e na atuação de juristas responsáveis pelas leis de família. Em "Muslim legal tradition and the challenge of gender equality", capítulo de livro publicado em 2015 que integra as ações de reflexão e produção de conhecimento vinculada ao movimento internacional Musawah, Mir-Hosseini é direta ao afirmar que a noção de autoridade masculina tal qual construída por juristas ainda no período formativo do Islã (entre os séculos VII e IX) se refletiu nas leis de família do século XX e continua a influenciar práticas jurídicas que impactam o cotidiano das mulheres.

A desigualdade de direitos foi então racionalizada e justificada por diversos argumentos que traziam uma abordagem inter-relacionada dos direitos (aspecto também questionado nas análises de Kecia Ali[432]), em que a noção de justiça era imparcial, ligada a pressupostos como as diferenças sexuais e inatas entre os sexos e à noção de que, devido a sua natureza, as mulheres não poderiam ocupar posições de liderança.

No entanto, Mir-Hosseini argumenta que seria possível contestar tal autoridade e retomar o potencial de igualdade presente nos princípios corânicos e conduzir, assim, à formação e à observância de princípios legais para lidar com a demanda da igualdade legal/jurídica no âmbito da lei de família. Para tanto, Mi-Hosseini[433] apontou a necessidade de analisar as fronteiras entre os direitos morais e legais para limitar o poder conferido aos homens no âmbito familiar por meio de princípios comuns (*usul-al fiqh*) às escolas de pensamento jurídico que tratam do dever das leis de evitar danos e servirem ao bem comum. Aspecto esse apontado também pela filósofa e jurista Azizah Al-Hibri[434], que, em extensa análise sobre os direitos das mulheres no Islã, questionou o fato de que ao longo dos séculos tais princípios que deveriam nortear relações sociais de forma mais igualitária, de acordo com os princípios éticos do Islã, foram aplicados por juízes homens que partiam de seus entendimentos com relação às noções de "dano" ou "bem comum" para determinar a aplicação das leis.

Mir-Hosseini argumenta que o cunho patriarcal conferido às leis de família não estava no texto corânico em si, mas sim no contexto e uso do texto para sustentar e legitimar tais leituras. Então, para as feministas islâmicas, as estratégias adotadas para mudanças deveriam ser múltiplas, "não deveriam se ater apenas em argumentos lógicos e nas reinterpretações informadas dentro da tradição; também deveria ser promover desafios na área política"[435].

---

[432] ALI, 2003, 2010.

[433] MI-HOSSEINI, 2003. Ver MIR-HOSSEINI, Ziba. Muslim legal tradition and the challenge of gender equality. *In*: MIR-HOSSEINI, Ziba; AL-SHARMANI, Mulki; RUMMINGER, Jana. **Men in Charge?** Rethinking Authority in Muslim Legal Tradition. Oxford: Oneworld, 2015. p.13-45.

[434] AL-HIBRI, 1997.

[435] MIR-HOSSEINI, 2016, p. 70, tradução minha. MIR-HOSSEINI, Ziba. Moral Contestations and Patriarchal Ethics: Women Challenging the Justice of Muslim Family Laws. *In:* EMON, Anver et al. **Shari'a law and modern muslim ethics**. Bloomington: Indiana University Press, 2016. p. 65-81.

A partir do domínio epistemológico, seria possível questionar os pressupostos comuns (geralmente aceitos de forma inconteste) que limitam o conhecimento e, principalmente, clamam para uma reflexão acerca das relações de poder existentes no processo de produção de conhecimento que inspira a composição e revisão das leis. Outro aspecto central era o de colocar o sujeito de tal conhecimento no centro das discussões, ou seja, reconhecer a possibilidade de uma produção orientada pelas preocupações e pelos interesses das mulheres, visto que uma estratégia importante para debater mudanças nas leis era apontar a falta de imparcialidade existente nestas. Assim, Mir-Hosseini[436] aponta novas perguntas que deveriam ser consideradas no contexto de reflexões epistemológicas:

> Qual é a melhor maneira de abordar a tensão entre "proteção" e "dominação" que é inerente aos próprios conceitos de *qiwamah* e *wilayah*, independentemente de como os definimos? O que significa "proteção"? Deve implicar hierarquia e controle? Como alcançar a igualdade e a justiça na família? Que tipo de leis e reformas legais são necessárias para promovê-las? Quando o tratamento desigual na lei se torna discriminação?[437]

No âmbito político, Mir-Hosseini[438] apontou a importância de levar os debates jurídicos (até então restritos aos âmbitos teológico, jurídico e filosófico) à sociedade, promovendo uma interação que fosse capaz de transcender as dicotomias entre identidade seculares e religiosas, bem como entre o Islã e os Direitos Humanos, pois, para a autora, "essas dicotomias mascararam o verdadeiro local do embate, que é entre as estruturas patriarcais e autoritárias, por um lado, e ideologias e forças igualitárias e democráticas, do outro"[439]. Só a partir de tais ações e reflexões seria possível fazer com que o clamor das mulheres por igualdade legal alcançasse seus objetivos mais diretos, questionando assim as estruturas religiosas, culturais e políticas que moldaram o discurso legal por séculos.

Amina Wadud e Asma Barlas, outras duas expoentes do feminismo islâmico selecionadas nesta obra para a compreensão do movimento e suas demandas, desenvolveram uma abordagem que privilegiou as distinções entre o discurso patriarcal e o discurso religioso, pois voltarem-se

436 *Ibidem.*

437 *Ibidem*, p. 71, tradução minha.

438 *Ibidem.*

439 *Ibidem*, p. 72, tradução minha.

para um reexame das fontes agradas (Alcorão, *sunna, hadith*). As autoras destacaram que o Islã em si não permitiria a violência ou um tratamento desigual entre mulheres e homens. Assim, ao tomarem como foco os temas presentes nas leis de família, tais como o casamento, o divórcio e a custódia de filhos, as autoras supramencionadas, bem como a teóloga paquistanesa Riffat Hassan[440] e a filósofa e jurista libanesa Azizah Al-Hibri[441], questionaram as "interpretações tradicionais" presentes na *fiqh* e nas leis codificadas no século XX de que a autoridade masculina seria uma espécie de orientação divina.

As abordagens metodológicas centrais dessas autoras consistiam nas metodologias clássicas do *ijtihad* e do *tafsir*, porém aliados a elementos como os métodos da linguística, da análise literária, antropológica e sociológica, bem como a suas próprias experiências e questionamentos específicos acerca da igualdade entre mulheres e homens ou mesmo à necessidade de retomar o que acreditavam ser os princípios igualitários do texto sagrado que, por sua vez, foram silenciados pelas interpretações tradicionais.

A teóloga e professora norte-americana Amina Wadud (1952-) dedica sua produção intelectual e atuação religiosa ao estudo sobre a posição das mulheres no Islã, principalmente ao se voltar à leitura e à interpretação (*tafsir*) do Alcorão. Além de suas pesquisas e seus livros publicados, Wadud participou do desenvolvimento da organização não governamental Irmãs no Islã[442] e até mesmo ficou conhecida por um público maior (internacional) por ter liberado, no ano de 2005, as preces de sexta-feira em uma comunidade nos Estados Unidos.

Logo no início de sua obra central — *Qur'an and women: rereading sacred text from a women's perspective*[443] —, Wadud apontou que, ao longo da história, o processo de leitura e interpretação do texto sagrado tendeu a refletir as intenções do texto (seu conteúdo) e as percepções externas a ele, como as intenções, os interesses ou pressupostos daqueles que se debruçaram em tal leitura. A partir de tal premissa, Wadud explana que sua leitura do Alcorão estaria, então, colocada a partir de alguns pontos, a

---

440 HASSAN, Riffat. On human rights and the Qur'anic perspective. **Journal of Ecumenical Studies**, Pennsylvania, v. 19, n. 3, p. 51-65, 1982.

441 AL-HIBRI, Azizah Y. An Islamic perspective on domestic violence. **Fordham Int'l LJ**, New York, v. 27, p. 195-224, 2003; 1997.

442 Sisters in Islam, 1988.

443 WADUD, 1999.

saber: a compreensão de como as percepções acerca da mulher influenciaram (elementos ligados à cultura ou às práticas sociais) os entendimentos tradicionais com relação ao Alcorão e à posição da mulher na sociedade; uma releitura a partir da experiência feminina, e portanto sem os estereótipos encontrados nas leituras desenvolvidas exclusivamente por homens; a análise linguística, histórica e sociológica para colocar em perspectiva o contexto de passagens comumente utilizadas em leituras tradicionais; e observação das distinções entre o texto sagrado e sua interpretação, sobretudo ao apontar os princípios éticos do Islã como caminho possível para a melhoria da posição das mulheres nas diferentes sociedades de população muçulmana.

Wadud[444] questionou em primeiro lugar a legitimidade das interpretações conferidas ao Alcorão que era marcada por uma visão dogmática e rígida com relação à perspectiva de gênero, que manteve concepções como a de autoridade masculina uma realidade nos entendimentos jurídicos, principalmente acerca das leis de família. Ao tomar como objeto de análise as interpretações tradicionais conferidas à criação da humanidade, por exemplo, a autora trouxe questões fundamentais para legitimar outras formas de interpretação, tais como "os relatos da criação da humanidade distinguem a mulher do homem de tal forma que confinam seu potencial a um único papel biologicamente determinado? Implicaria em uma inferioridade criada?"[445]

No desenvolvimento de tal análise — com base no versículo 4:1 —, argumentou que não existia uma base corânica que pudesse determinar uma diferença essencial ao valor que Deus teria atribuído às mulheres e aos homens, ou seja, as interpretações que sustentam uma inferioridade feminina não deveriam ter uma base fundamentada no Alcorão, como se poderia pensar, mas sim em outros pressupostos acerca das mulheres na sociedade, algo que poderia vir da influência de costumes/práticas anteriores ao Islã, bem como do acesso aos relatos bíblicos que traziam aspectos diferentes ao argumentarem, por exemplo, que a mulher foi criada a partir do homem.

Nesse contexto, apontou a necessidade de observar também a pluralidade do árabe, ou seja, as diferentes interpretações que a elas poderiam ser conferidas e que a escolha por uma em detrimento de outra

444 *Ibidem*, p. 15-27.

445 *Ibidem*, p. 15, tradução minha.

conduziria a um entendimento diferente e, por sua vez, carregado de uma conexão negativa; assim:

> Este significado de *min* deu origem a ideia de que o primeiro ser criado (considerado como uma pessoa do sexo masculino) era completo, perfeito e superior. O segundo ser criado (uma mulher) não seria igual àquele, pois ela foi tirada do todo e, portanto, derivativa e inferior a ele.[446]

Contrária a tal interpretação, Wadud[447] argumentou que, tanto na análise de menções feitas à criação da humanidade quanto nas outras que lidam com os eventos que teriam ocorrido no Jardim do Éden, é possível destacar que o texto corânico apresentava o homem e a mulher como duas categorias da humanidade que seriam dotadas da mesma consideração, potência, essência e responsabilidade individual. Reforça tal argumento ao demonstrar que, em diversos momentos das referidas passagens, o Alcorão emprega uma forma dual (referindo-se ao homem e à mulher) como igualmente responsáveis por seus atos.

Assim, ao observar o que denomina de *três estágios da existência humana* (a criação, seu desenvolvimento na vida mundana, e o porvir), vai além em sua análise ao demonstrar a igualdade entre mulheres e homens retomando os aspectos de espiritualidade e capacidade, ao destacar que em ambos não existe uma indicação de diferença primordial baseada em gênero, ou seja, embora diferenças naturais, biológicas existissem, não eram algo que se "traduziriam" como um valor específico. Ou seja, para a autora, o Alcorão apresenta que homens e mulheres são dotados da mesma essência (*nafs*), espiritualidade e potencial para evoluir suas capacidades, sendo que sua recompensa em um porvir dependeria de sua ação e sua responsabilização individuais.

Desse modo, expôs que a interpretação patriarcal e desigual de diferentes passagens do texto corânico, que até mesmo formou base para legitimar determinados entendimentos com relação aos papéis de gênero na sociedade, deixando a mulher no ambiente doméstico, não possui base e serve para a manutenção de versões distorcidas da mensagem contida no referido texto. Então, tomando como base o versículo 4:34 — que geralmente é utilizado para legitimar o argumento da autoridade mascu-

---

[446] *Ibidem*, p. 18-19, tradução minha.

[447] *Ibidem*, p. 24-25.

lina, até mesmo violência —, Wadud[448] explanou o problema relacionado às interpretações que tomam a "autoridade masculina e a obediência feminina" como elementos dados e inquestionáveis e clamou pela compreensão da pluralidade de significados que poderiam ser atribuídos às palavras *qawwamuna*, *qanita* e *nushuz* para reinterpretar tal versículo e, principalmente, suas implicações para as mulheres.

Com relação às palavras *qanita* e *nushuz*, por exemplo, apontou que, embora elas tenham sido empregadas em diferentes contextos para se dirigir a homens e mulheres no texto corânico, as interpretações tradicionais delas no contexto do 4:34 privilegiaram seu entendimento voltado apenas às mulheres e de maneira bem específica: para sustentar a autoridade masculina. No caso da palavra *qanita*, foi entendida em tais interpretações como uma expressão para qualificar a mulher enquanto obediente, mas o sentido mais correto da palavra "dizia respeito a designação de mulheres e homens inclinados a serem cooperativos um com o outro e subservientes perante Deus"[449].

Já *nushuz* poderia ser entendida no contexto 4:34 como uma desordem ou desequilíbrio entre um casal (relação matrimonial) e, por ser uma palavra usada para fazer referência às mulheres e aos homens, não fazia sentido confiná-la à noção de "desobediência ao marido", comumente feita por homens. Assim, a autora explanou que as correlações entre a obediência feminina e a proteção/manutenção financeira provida pelos homens tenderam a sustentar casamentos de subjugação e em alguns casos de violência doméstica, algo que contradizia a essência do Alcorão (como a reciprocidade e igualdade) e as práticas do profeta Muhammad, visto que, de acordo com a autora, os casamentos deveriam ser baseados em respeito e honra mútuos, não na subjugação de um pelo outro.

No texto *Islam beyond patriarchy: through gender inclusive Qura'nic analysis*[450], Wadud faz uma análise em que discute as possibilidades de desenvolver reformas e questionamentos no interior da tradição jurídica e das leis de família de forma a combater a desigualdade de direitos entre mulheres e homens e alcançar. A autora aponta que a continuação de uma lógica patriarcal em que homens e mulheres são sempre tidos como

---

448 *Ibidem*.

449 *Ibidem*, p. 74, tradução minha.

450 WADUD, Amina. Islam beyond patriarchy: through gender inclusive Qura'nic analysis. *In*: ZANIAH, Anwar (ed.). **Wanted**: equality and justice in the Muslim family (Musawah: An Initiative of Sisters in Islam). Malasya: Sisters in Islam, 2009. p. 95-112.

"categorias" separadas, e às vezes complementares, impedia uma compreensão igualitária, tal qual presente no Alcorão, e mantinha a mulher em um status de subordinação social e legal, visto que mulheres e homens eram socializados de forma a aceitar uma falsa noção de superioridade masculina.

A princípio, Wadud[451] sustenta que uma "resposta" para o patriarcado era deixar a ideia de dominação e buscar a implementação de uma parceria entre as pessoas, baseada na noção de reciprocidade (*mu'awadhah*), que subentendia uma relação dual que articula o direito a um tratamento justo e a responsabilidade de ser justo com os outros. As reformas que almejassem questionar e ir além das estruturas das estruturas e atitudes de desigualdade deveriam partir de alguns pressupostos, como o reconhecimento da igualdade e da importância da criação das mulheres (seu modo de pensar e ser), e poderiam ser desenvolvidas por "um sistema de justiça social que praticasse as relações de reciprocidade e igualdade entre mulheres e homens como contribuintes competentes nas esferas de atividades pública e privada"[452] que permitisse a todos o desenvolvimento de suas capacidades individuais, independentemente do gênero e âmbito (público ou privado).

Além disso, a autora aponta que outra noção importante nesse contexto de abordagens reformistas que apoiem a igualdade de direitos entre mulheres e homens é o da *tawid*, entendida como a unicidade de Deus e a harmonia de toda a criação sob um único criador, aplicada ao nível da prática social, pois, ao tomar tal noção como um princípio norteador, não seria possível às pessoas desenvolverem uma relação que não fosse horizontal, baseada na cooperação, já que ambos só seriam subservientes a Deus.

A pesquisadora e professora paquistanesa Asma Barlas (1950-) desenvolveu suas análises, assim como Amina Wadud, com base em interpretações do Alcorão, contemporizando as principais discussões acerca do patriarcado, da percepção de uma opressão da mulher e das possibilidades de leitura de uma liberação das mulheres a partir do texto corânico.

No artigo "Muslim women and sexual oppression: reading liberation from the Quran"[453], Asma Barlas se propôs a analisar e contestar as

451 *Ibidem.*

452 *Ibidem*, p. 103, tradução minha.

453 BARLAS, 2001.

leituras que permitiam a desigualdade sexual, a opressão e o patriarcado a partir do Alcorão, ou seja, questionar o aparentemente inerente nexo feito por juristas, estudiosos religiosos, e até mesmo pesquisadores ocidentais dedicados aos estudos sobre gênero e Islã, de que o texto sagrado conduziu à opressão da mulher na sociedade.

O argumento central apresentado por Barlas para questionar tal nexo foi justamente apontar para o fato de que as leituras e representações do Islã e do Alcorão como patriarcais e/ou opressivos se baseavam em vários erros de interpretação (que mais tarde ela aponta como advindos da combinação entre *quem* desenvolveu as interpretações do texto sagrado e *como*, ou seja, o método usado) e que o Alcorão, se observadas suas disposições e o contexto histórico-social de seu desenvolvimento, poderia ser lido como um texto antipatriarcal, por questionar as reivindicações fundamentais dos patriarcados, por exemplo, a construção patriarcal de Deus como pai ou a sacralização dos profetas como pais. Assim, busca "apontar a natureza antipatriacal da epistemologia do Alcorão e a relevância da referida escritura para (re)teorizar os direitos das mulheres e homens"[454].

Ao tomar como base o que denominou de *ideias antimulheres e suas práticas* entre os muçulmanos, a autora apontou que tais ideais derivaram de outros aspectos socioculturais anteriores à introdução do Islã e não eram endossados pelo Alcorão, sobretudo se considerados os elementos éticos do texto, como as noções de justiça social. Porém, tais ideias e práticas se perpetuaram nas sociedades de população muçulmana a partir de leituras e teorias que se concentraram em aspectos como a "desigualdade natural" entre mulheres e homens e privilegiaram, assim, o domínio e a autoridade masculina em diferentes âmbitos da vida cotidiana, como na esfera familiar, na liderança política. Os entendimentos desiguais desenvolvidos por muçulmanos, principalmente no que diz respeito ao tratamento conferido às mulheres em temas como o casamento, o divórcio, a custódia de filhos e os direitos de herança, buscavam se legitimar por meio de leituras seletivas do Alcorão, argumentando que a desigualdade sexual e o patriarcado figuravam no texto sagrado.

Ao contrário do que tais interpretações perpetuaram, Barlas[455] argumentou que as diferenças entre mulheres e homens não eram entendidas

---

454 *Ibidem*, p. 118, tradução minha.

455 *Ibidem*, p. 125-134.

como "naturais", ou inerentes, mas derivavam de situações específicas que o Alcorão descrevia em sua proposição para a sociedade a partir da inserção do Islã. Aqui a autora utilizou exemplos como a poligamia, que geralmente são lidos nas interpretações tradicionais e masculinas como uma forma de apontar que a desigualdade (de direitos) teoricamente seria endossada pelo texto corânico, e explanou que tal ideia não se sustenta, visto que, no contexto em que foi revelado o versículo (4:3) — marcado por uma guerra que deixou inúmeros órfãos e viúvas —, o Alcorão apresentava uma preocupação em proteger as mulheres que tinham sido deixadas sem apoio na sociedade por meio de um novo arranjo familiar, vinculado ao casamento.

Naquele contexto a poligamia foi colocada como uma possibilidade aos homens, não como um direito a ser exercido devido a sua superioridade sobre as mulheres, mas era restrita e não deveria causar dano a ninguém. Porém, fora de um contexto sócio-histórico — algo que geralmente ocorre em interpretações do conteúdo do texto corânico —, a leitura seletiva do versículo foi utilizada para sustentar desigualdades presentes nos entendimentos de juristas e religiosos que embasaram a jurisprudência (*fiqh*) e, posteriormente, os direitos de mulheres e homens nas leis de familiar, principalmente no casamento e no divórcio.

Uma leitura de libertação a partir do Alcorão, segundo Barlas[456], deveria tomar como base o princípio de *tawid* em sua expressão social (também destacado na análise de Amina Wadud[457]), pois este estipula que a unicidade de Deus não pode ser dividida ou compartilhada com outras pessoas e as relações estabelecidas entre os indivíduos não poderiam ser verticalizadas com o argumento de que uma autoridade teria sido investida por Deus, ou seja, a ideia de uma "hierarquia autorizada" contradizia o princípio básico da igualdade entre os crentes. Ainda neste sentido, a autora destaca as incompatibilidades entre o patriarcado, o Islã e o Alcorão.

> Na medida em que as teorias do privilégio masculino fazem ambas as coisas — traçando paralelos entre Deus e pais/maridos, deturpando os homens como intermediários entre as mulheres e Deus, ou como governantes sobre as mulheres e, portanto, com direito à sua obediência — elas

[456] *Ibidem*, p. 135-142.

[457] WADUD, 1999.

> violam o conceito de tawid e devem ser rejeitadas como algo não-corânico.[458]

Tido como "um modelo histórico específico de governo por pais/homens que em suas formas religiosas e tradicionais assume um continuum real/simbólico entre o Pai/pais"[459], ou como uma política de privilégio masculino e diferenciação que coloca o homem como a norma e a mulher como o "outro", o patriarcado, argumentou Barlas[460], não tinha suporte no Alcorão, pois os ensinamentos contidos nele contrariavam as fundações de tal sistema ou modelo, principalmente em alguns aspectos. Primeiro figurava o fato de que o Alcorão repudiava uma construção patriarcal de Deus como "Pai", bem como a sacralização dos profetas como pais. Somado a ele, estavam as críticas presentes no texto corânico acerca do "governo dos pais", considerado contrário ao de Deus.

Em *Believing women in Islam: unreading patriarchal interpretations of the Qura'n*, Asma Barlas ampliou as discussões desenvolvidas e trouxe novos elementos para argumentar pela importância de retomar o Alcorão para pensar nos direitos das mulheres e em possibilidades hermenêuticas que sustentassem os clamores por reformas nas leis de família. Ao longo da obra a autora retomou seu argumento central de que as leituras patriarcais e opressivas ao texto corânico normalmente advêm de uma leitura descontextualizada e fragmentada, sobretudo ao privilegiar-se determinado versículo ou palavra (um significado entre outros possíveis, devido à pluralidade do árabe) em detrimento do contexto e história em que estaria inserido[461].

Ao apontar o que denominou de *vozes igualitárias* presentes no texto corânico, a autora argumentou que estas foram relativizadas ao longo dos séculos em prol de outra que entendeu o referido texto a partir da noção de autoridade masculina e legitimou a manutenção de poderes sociais, políticos e econômicos que privilegiaram o enlace entre religião e patriarcado. Tal visão paternalista do texto corânico foi endossada, sobretudo entre os séculos VIII e XIII, por comentários ao referido texto (*tafsir*) e

---

458 BARLAS, 2001, p. 128, tradução minha.

459 *Ibidem*, p. 130, tradução minha.

460 BARLAS, 2001.

461 A preocupação da autora com relação ao contexto sócio-histórico em que os versículos foram revelados se aproxima daquela de Fatima Mernissi, apresentada aqui anteriormente, quando socióloga escreveu sua obra *The veil and the male elite* (1991) a partir de inquietações relacionados à literatura dos *ahadith*, destacando as consequências das interpretações destes para a vida cotidiana das mulheres.

à tradição (representada pela *sunna*), mas, de acordo com Barlas[462], a interpretação patriarcal/paternalista é apenas uma das possibilidades de leitura, principalmente se observada a natureza ontológica do Alcorão, que, de acordo com a autora, não propõe binarismos e diferenças entre mulheres e homens, aspecto que auxilia na construção de uma outra forma de leitura: a igualitária, que retoma tais elementos e os requalifica na discussão contemporânea.

Além dos elementos supracitados — tais como a polissemia do árabe, foco no contexto sócio-histórico da revelação do texto e na ligação entre suas partes por meio da intratextualidade —, a hermenêutica proposta por Barlas[463] para a análise do Alcorão também se baseou em princípios teológicos que, segundo a autora, se apresentam no próprio texto corânico; são eles: a unicidade de Deus (*tawid*), justiça, e incomparabilidade.

Cabe mencionar que, com relação ao princípio da justiça e sua verificação no texto corânico, Barlas[464] apontou que o referido texto apresenta mulheres e homens como criados de uma mesma essência, dotados de igual potencial, e argumenta que, embora o Alcorão reconheça diferenças biológicas (sexuais), não defende uma visão de diferenciação de sexo/gênero, ou seja, não confere um sentido simbólico expresso a tal diferença. Além disso, argumentou que a única diferenciação que o Alcorão trouxe em seu conteúdo foi ético-moral, no sentido de destacar a diferença no nível individual, de acordo com religiosidade ou devoção religiosa do crente.

Assim, a autora também explanou que os versículos que teoricamente apresentariam a hierarquia de gênero — e que em muitos casos influenciou o processo de codificação das leis de família no século XX — estiveram presentes nas interpretações patriarcais como uma forma de justificativa para manutenção de *status quo* que prestigiavam a autoridade masculina e questionavam os próprios princípios do Alcorão, como o *tawid* e a justiça.

Os projetos analíticos de Wadud[465] e Barlas[466] guardam semelhanças em seu clamor por uma abordagem holística — entendida pela leitura do Alcorão como um todo, considerando o contexto em que foi revelado

462. BARLAS, 2002, p. 10-41.

463 *Ibidem*.

464 *Ibidem*, p. 266.

465 WADUD, 1999.

466 BARLAS, 2001, 2002.

e as interpretações tradicionalmente conferidas a ele —, porém elas apresentam projetos diferentes: a primeira dedicou-se à análise do tópico sobre a mulher no Alcorão, tomando como exemplo as discussões sobre a criação da humanidade e os entendimentos sobre o porvir; enquanto a segunda buscou analisar e questionar de forma mais direta as relações entre o texto corânico e o patriarcado, destacando o que ela denominou de leitura igualitária do Alcorão.

3

MARROCOS COMO UM EXEMPLO DE DISPUTA DE NARRATIVAS: FEMINISMOS SECULAR, ISLÂMICO E O NACIONALISMO

Percebi que se tratava de política e poder, sendo que não existia uma tomada de posição nítida ou uma ação real contra a injustiça social, incluindo as violações dos direitos das mulheres. A totalidade dos partidos políticos marroquinos, mesmo aqueles que se apresentavam como progressistas, mantinham uma abordagem relativista, de "certamente somos a favor dos princípios da igualdade de gênero, mas a sociedade não está pronta para tal mudança por enquanto. (Rabéa Naciri, Associação Democrática das Mulheres no Marrocos)[467]

Não me opus por motivos religiosos, mas sim por motivos políticos. Eu também queria que a situação das mulheres melhorasse. Claro que é correto que elas tenham mais liberdades. Mas como isso de parece na prática? Como uma mulher pode fazer uso do seu direito ao divórcio, por exemplo, se ela não tem emprego depois dele e poderá acabar na rua? Nas áreas rurais há cada vez mais casamentos ilegais. E lá as mulheres têm uma escolha: ou se prostituem, ou se casam ou migram para as cidades maiores. O rei aprovou uma lei para as mulheres que vão ao ensino médio, mas não para as pessoas comuns que vivem no campo. (Nadia Yassine, al-Adl wa-l-ihsãne)[468]

[467] NACIRI, 2018, p. 226, tradução minha. Ver: AFKHAMI, Mahnaz. Interview with Rabéa Naciri. *In:* AFKHAMI, Mahnaz; ERTÜRK, Yakin; MAYER, Ann Elizabeth. **Feminist advocacy, family law and violence against women**. Routledge, 2018. p. 226-239.

[468] YASSINE, Nadia. Interview with Moroccan Islamist Nadia Yassine. Interview courtesy of] Daniel Steinvorth. **Spiegel International**, Hamburg, 2007. Disponível em: https://www.spiegel.de/international/world/interview-with-moroccan-islamist-nadia-yassine-our-religion-is-friendly-to-women-a-492040.html. Acesso em: maio 2024. Tradução minha.

Durante o processo que culminou na reforma do Código de Família Marroquino, entre 2003-2004, diferentes grupos[469] articularam-se em torno de propostas de reforma das leis de família que traziam a noção de igualdade entre homens e mulheres perante a lei, por um lado, através de argumentos religiosos (pautados nas noções de justiça) e, por outro, argumentos relacionados aos Direitos Humanos e à necessidade de modernização da sociedade, permitindo, assim, a elaboração do novo Código de Família Marroquino de 2004.

No início da década de 1990, a União pela Ação Feminina, considerada uma associação independente no campo político, desenvolveu uma plataforma de atuação que propunha reformas no Código de Família, ao clamar pelo estabelecimento de deveres e direitos iguais para homens e mulheres que contraíssem casamento, sobretudo no que tangia aos privilégios masculinos — como o direito ao divórcio — e visava à abolição da poligamia e da figura do *wali* (tutor)[470], representada por um membro masculino da família de uma mulher.

Além da UAF, outras organizações de mulheres passaram a desenvolver alternativas para lidar com a demanda de ampliação dos direitos das mulheres e a influência do Islã na sociedade marroquina. As propostas desses grupos se apresentavam como conciliadoras entre os preceitos do Islã (uma interpretação reformada destes, diferente daquela codificada por meio da jurisprudência — *fiqh* — com papéis de gênero bem demarcados) e as discussões desenvolvidas no âmbito internacional acerca dos direitos das mulheres, como aquelas que culminaram em mecanismos como a Convenção para Eliminação das Formas de Discriminação contra a Mulher (parte da Organização das Nações Unidas).

Do outro lado, as visões e propostas de movimentos de mulheres muçulmanas tinham como foco o trabalho com uma interpretação

---

469 Desde a metade da década de 1980, esses grupos vêm se dedicando a influenciar o debate público e político em torno de alterações no Código de Família Nacional tendo como foco o questionamento sobre a sua secularização e a discussão acerca da igualdade de direitos e deveres para homens e mulheres. Entre esses grupos, estão islâmicos reformistas, movimentos de mulheres muçulmanas e movimentos de feministas liberais.

470 Uma figura jurídica específica, geralmente desempenhada pelo pai (ou por um tio quando da falta do pai), é responsável por tratar assuntos em nome da mulher, seja especificamente para negociações sobre casamento, seja para assuntos em geral da vida cotidiana. A centralidade dessa figura também está associada à escola de pensamento jurídico, sendo possível observar variações da extensão da tutela exercida pelo guardião nas escolas Hanafi e Maliki, por exemplo, conforme foi apresentado com mais detalhes no primeiro capítulo do livro seção.

reformista das fontes religiosas (jurisprudência, Alcorão e *ahadith*[471]) e a noção de justiça entre os gêneros. A literatura desenvolvida (em árabe e francês) pelas pioneiras feministas no Marrocos nas décadas de 1960 e 1970 visava gerar um grande impacto nos formuladores de política e líderes religiosos. Fatima Mernissi[472], por exemplo, trouxe da história oral a experiência de mulheres anônimas e de diferentes classes sociais como o intuito de apresentar e discutir os efeitos sociais e legais da aplicação do código de família.

O antigo Código de Família Marroquino havia sido elaborado entre os anos de 1957 e 1958, após poucas reuniões entre religiosos (*Ulemás*), líderes de tribos e membros do governo monárquico que, naquele momento, desenvolviam um projeto de homogeneização e união do Estado-nação no período pós-colonial[473]. Codificou aspectos da religião (entendimento jurídico —*fiqh*— acerca dos papéis de gênero, direitos e deveres de homens e mulheres) para reger a esfera privada, fato que reduziu a mulher a um status de subordinação com relação aos familiares homens e eventualmente ao marido, no caso das casadas. Sadiqi[474] assinala que esse status vinha sendo percebido pelas ativistas marroquinas como incompatível com as alterações sociais e econômicas vivenciadas pelas mulheres ao longo das décadas subsequentes.

A reforma de 2004 no Código de Família Marroquino ocorreu em um ambiente político-religioso marcado pela abertura política conduzida pela monarquia desde a década de 1990 e pela intenção do Estado de institucionalizar e reformar/moderar a esfera religiosa. As principais mudanças apresentadas no texto aprovado pelo Parlamento foram: a) alteração na concepção de família, que passou a ser vista como uma união de pessoas com direitos e deveres iguais; b) a prerrogativa da guarda/tutela masculina (de familiares) com relação às mulheres para a celebração de contratos de

---

471 *Ahadith*, o plural de *hadith*, é um termo utilizado para fazer referência aos ditos, tradições e ações do profeta Maomé e outros membros da primeira comunidade muçulmana. Em seu conjunto, é considerado uma forma de revelação do Islã, depois apenas do Alcorão. Esse conhecimento foi passado de forma oral até meados do século VIII e depois foram escritos e organizados (Esposito, 2004).

472 MERNISSI, 1987.

473 Conforme explica Fatima Sadiqi (2009, p. 269-274), embora o Islã tenha sido introduzido no Marrocos durante a conquista árabe da região do Norte da África ainda no século VII, a religião tornou-se oficial para o Estado após sua independência do poder colonial da França e das forças espanholas, em 1956.

474 SADIQI, Fatima. The Moroccan feminist movement (1946-2014). *In*: BADRI, Balghis; TRIPP, Aili Mari (ed.). **Women's activism in Africa**: struggles for rights and representation. London: Zed Books, 2017. p. 97-120.

casamento foi retirada; c) as mulheres passaram a ter o direito de iniciar um pedido de divórcio, antes reservado somente aos homens[475].

Tal reforma no Código de Família (2004), conforme explana a pesquisadora marroquina Souad Eddouada[476], não foi isenta de questionamentos de setores conservadores islâmicos, principalmente ao considerar a atuação de movimentos de mulheres por meio de Organizações Não Governamentais (ONGs) na luta pela igualdade de direitos e deveres entre homens e mulheres no Marrocos. Segundo a autora, dois aspectos se inter-relacionam de forma complexa: em primeiro lugar, existe a constatação de que, ao clamarem pelos direitos das mulheres marroquinas, as feministas (islâmicas, seculares ou liberais) acabam por reproduzir uma espécie de discurso homogeneizado sobre o "ser mulher", o que coloca em xeque as demandas das mulheres de diferentes classes sociais (sobretudo tendo em vista as diferenças sociais e econômicas existentes entre as mulheres urbanas e rurais); e um segundo aspecto derivaria da própria luta pelo poder, visto que a ação dos movimentos de mulheres pode limitar-se ao poder que estes venham a alcançar entre as esferas políticas locais, suplantando um poder masculino por um projeto de poder feminino.

O presente capítulo visa analisar as experiências dos movimentos sociais de mulheres no Marrocos. Em razão da reforma em seu Código de Família (2004), considerado avançado por determinar a igualdade legal entre mulheres e homens no âmbito familiar, passou a ter relevância regional para o Oriente Médio e Norte da África. Aqui serão apresentadas e discutidas as diferentes narrativas acerca da mulher na sociedade marroquina; considerando a disputa entre as narrativas secular, nacionalista e islâmica que se iniciou na segunda metade do século XX e esteve presente em diversos momentos da história política do país, com maior intensidade no contexto da reforma mais recente do Código de Família (2004). Além de apresentar tal contexto de disputa de narrativas em torno da mulher na sociedade, bem como as alterações feitas na reforma de 2004 e suas possibilidades e desafios de implementação, propõe-se

---

475 De acordo com o Código de 1957 e os ensinamentos da escola de pensamento legal de corrente sunita Maliki, os homens poderiam pedir a dissolução de um casamento por meio do repúdio à esposa (*talaq*) ou divórcio (*tatliq*) diretamente, às vezes sem nenhuma forma de consentimento da esposa ou a necessidade, por parte do marido, de levar seu caso a uma corte de família.

476 EDDOUADA, 2016.

discutir a configuração do feminismo marroquino em sua pauta central em torno da discussão legal e jurisprudencial dos direitos das mulheres.

3.1 Gênero e a formação do Estado nacional marroquino

Com a formação dos Estados nacionais ainda nas primeiras décadas do século XX, o conjunto de leis de diversos países do Oriente Médio e Norte da África foi reformado de forma seletiva, visto que a jurisprudência islâmica clássica (*fiqh*) se manteve como elemento norteador no que diz respeito ao âmbito familiar, permitindo a manutenção da hierarquia dos papéis de gênero, com poucas exceções, nas suas novas legislações[477].

As leis de família elaboradas nesse período tinham como característica central a desigualdade de gênero, devido a uma compreensão específica dos direitos e deveres de homens e mulheres no casamento, e, que, por sua vez, sustentavam a noção de autoridade masculina. Conforme mencionado, o casamento era entendido como um contrato que não estabelecia obrigações recíprocas aos cônjuges. A hierarquização de gênero era fundamentada nas interpretações de juristas islâmicos dos elementos que compõem a tradição islâmica, a saber: o Alcorão e os *ahadith*, e sua posterior aplicação nas práticas sociais cotidianas; seja por meio do reforço dos ensinamentos religiosos, das leis de família ou das decisões de cortes de família quando da introdução de casos no âmbito jurídico.

Um exemplo interessante a ser mencionado como uma exceção na região do Magrebe é o da Tunísia. O país fez uma alteração em um dos direitos reservados aos homens — a poligamia —, proibindo-o em 1956, questão essa muito sensível no Marrocos à época. Alterações dessa natureza, como vimos de forma breve na seção anterior, só foram promovidas no sentido de conferir maior poder às mulheres no Marrocos em 1993.

O Marrocos, por sua vez, segue a escola de pensamento jurídico Maliki, de tradição islâmica sunita, que possui algumas especificidades no que diz respeito às características da concepção dos papéis de gênero na jurisprudência clássica (*fiqh*), principalmente por serem relacionadas com a centralidade da figura do *wali* da mulher para a celebração do contrato de casamento.

A requisição do *wali* foi observada historicamente no interior das escolas de pensamento jurídico como uma maneira de proteger a mulher

---

477 AL-HIBRI, 1997; MERNISSI, 1987, p. 11-25.

de suas próprias emoções ou da escolha de um pretendente ao casamento que não fosse adequado, ou seja, o argumento estava em torno da honra da mulher (e por extensão da família). Acreditava-se, assim, que o *wali* poderia evitar tais situações e proteger a mulher, racionalidade essa que expressa claramente uma visão patriarcal com relação à mulher e sua posição na família (como positiva ou negativa, dependendo de sua ação para com a honra e o nome da família) e sociedade.

De acordo com a escola de pensamento jurídico Maliki[478], um pai que exerça a função de *wali* pode, dessa forma, fazer com que sua filha solteira (ainda que entendida como adulta devido a sua idade) case-se com um noivo por ele determinado. Nesse contexto, cabe ainda ao pai a prerrogativa de declarar sua filha *capaz (no sentido de emancipada)* para que ela escolha seu marido, e um casamento arranjado pelo *wali* só pode ser evitado pela noiva se for possível comprovar que o futuro marido possui algum tipo de doença grave.

É justamente essa questão da definição de capacidade-emancipação que pode ser observada como um problema legal e prático para as mulheres muçulmanas, como enfatiza Mohammed Fadel, pois um elemento em comum entre os estudiosos da escola Maliki é o estabelecimento de

> [...] padrões discriminatórios de emancipação, nomeadamente, que enquanto um homem foi presumidamente emancipado do controle do pai ao alcançar a maioridade, uma mulher deve provar que é capaz de administrar seus assuntos próprios para ganhar a emancipação. De outra forma a mulher permanece sujeita ao controle de seu pai como se ela fosse menor até a celebração de seu primeiro casamento.[479]

Em contrapartida, juristas ligados à escola de pensamento jurídico Hanafi[480] diferem da escola Maliki quanto à extensão da tutela que o *wali* representa para as mulheres. De acordo com o entendimento do pensador

[478] A escola de pensamento foi desenvolvida no século VIII na Península Arábica por Malik ibn Anas al-Asbahi e tornou-se predominante no Norte da África e influente no Egito, Sudão, Bahrein, Emirados Árabes Unidos e Kuwait.

[479] FADEL, 1998, p. 4, tradução minha.

[480] Escola de pensamento jurídico predominante em países como Egito, Iraque, Turquia, Paquistão, Afeganistão e de grande influência entre os muçulmanos sunitas. A referida escola se utiliza de elementos como razão, lógica, opinião e analogia (*qiyas*) para a formulação de leis. As doutrinas derivadas dos entendimentos de juristas e estudiosos que seguem a escola são consideradas relativamente liberais por seus posicionamentos acerca das liberdades individuais (Esposito, 2004).

e jurista Abu Hanifah (fundador da escola de pensamento Hanafi, século VIII), existe um descompasso entre o direito que o Islã confere às mulheres para administrar suas questões financeiras sem a interferência ou tutela de uma figura masculina, por exemplo, e a imposição do *wali* quando o tema é o contrato de casamento[481].

Ou seja, o que Hanifah propunha era o reconhecimento do direito das mulheres a determinarem seu próprio casamento, pois, se elas são independentes e maduras para lidar com seus assuntos financeiros, podem dispor da mesma independência para contrair casamento e apenas consultar o pai ou familiar do sexo masculino se desejarem um conselho, mas não uma proteção devido a uma incapacidade de lidar com tal assunto.

Na intersecção da lei do costume, que influenciou o entendimento jurídico-religioso, e do ato de seguir a escola de pensamento Maliki, o Marrocos desenvolveu suas instituições políticas e religiosas. A posição da mulher na sociedade bem como a compreensão de seus direitos, a formulação de demandas específicas e sua subsequente aplicação e/ou efetividade na sociedade são impactadas pelas múltiplas identidades que formaram o país (berbere, árabe, muçulmana, cristã), conforme será apresentado e discutido nas próximas seções.

Em 2000, Rabat e Casablanca, importantes cidades do Marrocos, tornaram-se palco de marchas de manifestações de apoio e oposição a elementos da plataforma do governo para "integração da mulher ao desenvolvimento" e à influência de organizações internacionais e suas recomendações. Em cada cidade, a demonstração era de uma força política e social diferente — uma coalizão de movimentos de mulheres e partidos liberais em Rabat, enquanto em Casablanca se reuniram grupos islamitas —, porém ambas queriam apresentar seu posicionamento acerca das discussões dos direitos das mulheres e de possíveis mudanças no Código de Família[482].

Essas manifestações foram mais um capítulo do já desenvolvido debate de ideias e projetos de distintos grupos políticos (liberais, islamitas, por exemplo) acerca das reformas que deveriam ocorrer junto ao Código de Família nacional (1957/1958) e tiveram seus desenvolvimentos teóricos nas décadas anteriores.

[481] AL-HIBRI, 1997.

[482] MADDY-WEITZMAN, Bruce. Women, Islam, and the Moroccan state: the struggle over the personal status law. **The Middle East Journal**, Washington, v. 59, n. 3, p. 393-410, 2005.

Entre 1980 e 1990 ocorreram tentativas de estabelecer alguma forma de equilíbrio entre as demandas dos diferentes movimentos políticos e religiosos acerca da igualdade entre homens e mulheres e a revisão do espaço de disputa entre a religião e a secularização das leis, incluindo nesse contexto a possibilidade de compatibilizar as leis de cunho religioso com a aceitação de diretrizes internacionais, tais como aquelas presentes na Convenção sobre a Eliminação de Todas as Formas de Discriminação contra a Mulher. É importante ressaltar que o Marrocos ratificou esta última convenção apenas em 1993 com ressalvas a artigos que eram tidos como incompatíveis com a *Shar'ia* ou de alguma forma já tinham suas reivindicações atendidas pelo código de família vigente[483].

A compreensão dessas disputas ideológicas e a consolidação de seus principais representantes políticos e sociais ao longo das últimas décadas do século XX passam por aspectos como: o contexto político-social em que o Código de Família (1957/1958) foi elaborado; o entendimento de qual é a concepção de gênero que subsidiou o código (mais alinhada aos costumes ou ao Islã).

O Marrocos é constituído por múltiplas identidades étnicas e religiosas presentes em seu território; dentre elas, destacam-se a árabe, a muçulmana e a berbere, que ao longo dos séculos se articularam sob a forma de grupos políticos que competiram pelo controle do país[484]. Após as conquistas árabes alcançarem o Norte da África no século VII, algumas dinastias muçulmanas marroquinas passaram a controlar pequenos territórios, e a união destes foi capaz de resistir ao avanço do Império Turco-Otomano (a partir do fim do século XVIII), contendo-o na porção norte do país.

Os berberes que já viviam no Norte da África, principalmente nos territórios que atualmente compreendem os países da Argélia e Marrocos, resistiram ao processo de conversão ao Islã sunita e até mesmo mantiveram áreas autônomas ao Estado e posteriormente ao protetorado francês, estabelecido na região entre o final do século XIX e ao longo do século XX.

---

483 "CEDAW/SP/1996/2 – Declarations, reservations, objections and notifications of withdrawal of reservation relating to the Convention on the Elimination of all Forms of Discrimination against Women".

484 A pesquisadora Susan G. Miller desenvolveu um extenso estudo acerca da história política do Marrocos em que discutiu o processo de independência nacional, o papel da monarquia e a manutenção de seu poder, as reformas modernizantes e os embates entre o islã político moderno e o reavivamento da identidade berbere. *Cf.* MILLER, Susan Gilson. **A history of modern Morocco**. Cambridge: Cambridge University Press, 2013.

Fatima Sadiqi[485] destaca um aspecto importante para pensarmos o status da mulher na sociedade marroquina: a interação entre linguagem (o uso da língua árabe, berbere, francês), gênero e os principais centros de poder, ou seja, a política e a religião. As mulheres, sobretudo de áreas rurais, foram essenciais para a preservação do idioma e da cultura berbere, elementos que no Marrocos passaram a ser associados à mulher e às expressões populares da religião, enquanto a língua francesa era um símbolo da "modernidade" e utilizada em sua maioria pela elite urbana.

Desde o século XV, algumas áreas do Marrocos sofreram influências de potências colonizadoras europeias, como Portugal, Espanha e França. Esta última, no entanto, estabeleceu um protetorado no país magrebino no início do século XX que durou até 1956, quando o Marrocos alcançou sua independência. Por exemplo, o pluralismo jurídico, observado ao longo do período do protetorado francês, dividiu o Marrocos em áreas de influência da lei de costume berbere e outra da lei islâmica, e, como parte do processo de desenvolvimento do novo Estado marroquino no período pós-independência, a elaboração do sistema legal foi influenciada pela adesão de diversos territórios que compunham o país à escola de pensamento jurídico Maliki, principalmente pela utilização das cortes de *shari'a* para lidar com os temas relacionados à família[486].

A participação das mulheres na luta anticolonial e nacionalista da primeira metade do século XX permaneceu pouco explorada por estudos acadêmicos por décadas, conforme apontou assertivamente Assia Benadada[487], em breve artigo que visava reconstruir a memória e história da ação feminina em um período fundamental para a história do país: a resistência antes mesmo do estabelecimento do protetorado francês, oficializado em 1912, e ao longo da luta nacional nas décadas subsequentes.

Benadada[488] propôs como chave de análise da atuação feminina uma periodização desta em torno da resistência, bem como o resgate da trajetória de três mulheres que vivenciaram os processos de mudança. Em um primeiro momento, argumenta que o movimento nacionalista marroquino, assim como pudemos observar no caso do Egito (apresen-

485 SADIQI, Fatima. The central role of the family law in the Moroccan feminist movement. *In*: SALHI, Zahia Smail. **Gender and diversity in the Middle East and North Africa**. London: Routledge, 2013. p. 33-45.

486 AN-NA'IM, 2002.

487 BENADADA, Assia. Les femmes dans le mouvement nationaliste Marocain. **Clio. Femmes, Genre, Histoire**, Paris, n. 9, 1999. Disponível em: http://journals.openedition.org/clio/1523. Acesso em: jul. 2023.

488 *Ibidem*.

tado e discutido no capítulo 2 deste livro), desenvolveu um discurso de exclusão em alguns níveis, fato que contribuiu para o desenvolvimento de uma historiografia nacional oficial que pouco trouxe sobre o papel das mulheres na atuação política e social do movimento e, além disso, tendeu a apresentar o movimento como quase que exclusivamente urbano, algo que, no entendimento de Benadada[489], não se justifica, visto que as mulheres e as pessoas do contexto rural estiveram presentes no apoio aos confrontos corporais contra as forças francesas — fosse levando mantimentos, auxiliando os feridos ou até mesmo tomando a frente no confronto em regiões como o Rif até meados da década de 1930.

Em um segundo momento do movimento nacionalista, marcado pelo desenvolvimento de um movimento político urbano e pacífico, os embates entre nacionalistas e forças externas ocupantes foram por reformas políticas e sociais. A participação das mulheres nesse contexto esteve ligada à Irmãs da Pureza (Akhawat Assafa), associação independente de mulheres apoiada pelo principal partido nacionalista até então, o partido *Istiqlal*. A associação, bem como outras formas de organização solidária entre mulheres, tinha uma pauta baseada em aspectos como: a preocupação com a educação das mulheres (desde a alfabetização até acesso aos estudos de nível superior), e a atuação das mulheres em cargos e espaços públicos.

A preocupação com o acesso das meninas/mulheres à educação foi uma pauta recorrente entre nacionalistas durante a luta pela independência, sobretudo pelo entendimento de que tal acesso permitiria que elas tomassem consciência de sua importância na sociedade e se afastassem de tradições e/ou entendimentos que pudessem lhes trazer algum dano. Aqui ficou evidente a tentativa de parte do movimento nacionalista marroquino de deslocar-se da religião considerando a noção de modernização ligada à diminuição de seu espaço do âmbito público.

A educação foi observada pela socióloga marroquina Fatima Mernissi como uma pauta que deveria ser entendida a partir da reivindicação da população marroquina, e não por meio do que ela denominou de mito "eurocêntrico da emancipação feminina". Ou seja, Mernissi apresentou, em seu livro *Beyond the veil: male-female dynamics in modern Muslim society* (1987), que a administração colonial francesa no país não apenas deixara de incentivar a educação formal para as meninas e mulheres, como tam-

[489] *Ibidem.*

bém trouxera consigo seu próprio pensamento patriarcal (oriundo do Código Napoleônico), que reforçara o caráter desigual das capacidades econômicas entre mulheres e homens e se aproveitara da leitura masculina predominante do Islã para a manutenção de estruturas excludentes de poder que convinham ao protetorado francês.

Ao longo da década de 1940, observamos o surgimento daquelas que seriam as primeiras linhas centrais dos movimentos de mulheres que se desenvolveram nas décadas subsequentes: entendimentos acerca da emancipação da mulher como um elemento necessário para a *modernização do país* (considerando os interesses das mulheres em acessar espaços naquela que seria a nova configuração do Estado independente) bem como para a luta pela independência. Ou seja, as dinâmicas de gênero refletiam as representações sociais conflitantes seculares (de cunho universalista) e religiosas (entendidas muitas vezes como elementos da tradição nacional) relacionadas aos papéis desempenhados por mulheres e homens na sociedade.

Nos canais impressos de grupos nacionalistas, passaram a ser frequentes textos que buscavam apresentar à população o posicionamento daqueles com relação ao papel da mulher no futuro Estado independente. Dentre os jornais, destacaram-se o *Al-'Alam*, ligado ao partido *Istiqlal*, que passou a ter uma seção dedicada ao que se denominava "questão da mulher", em que foram publicados artigos para mulheres e outros escritos por eles sobre temas como comportamento na sociedade, forma de vestir, questionamentos acerca da influência ocidental, e engajava as mulheres a levarem os debates para outras, sobretudo aquelas que não sabiam ler ou viviam em regiões rurais e não tinham acesso aos referidos debates[490]. As mulheres, de forma geral, eram tidas como peças fundamentais para a estratégia do partido de transpor as barreiras da língua e educacionais existentes no país e que foram incentivadas durante o período de protetorado francês como forma de manter o controle.

A integração da "questão da mulher" no debate público foi percebida como importante para os diferentes grupos políticos, inclusive para a monarquia do Sultão Mohammed bin Youssef (que visava garantir a monarquia e buscou se aproximar do mundo árabe no contexto da luta pela independência), pois sua filha esteve presente em eventos políticos

490 STENNER, David. Decolonizing the Moroccan woman: female liberation and national sovereignty in the modern Maghrib. **Journal of Middle East Women's Studies**, Durham, v. 19, n. 2, p. 185-208, 2023.

dele e discursou em prol da educação feminina como forma de garantir o futuro do país e permitir a transmissão de conhecimento nacional/local, com ênfase na retomada da relevância da língua árabe.

No embate que culminou na independência do Marrocos, forças políticas diversas, como nacionalistas (em destaque o partido Istiqlal, fundado na década de 1940) e reformistas islâmicos, opuseram-se à manutenção do pluralismo jurídico imposto pela administração do protetorado francês. Assim que a independência foi formalizada em 1956, a demanda de religiosos conservadores de transformar o sistema jurídico em prol da lei islâmica ganhou forma com a abolição da lei de costume berbere. Porém os códigos civil e penal ainda guardavam influência da atuação colonial francesa, que implicava a redução do peso da religião em determinados aspectos da vida cotidiana, sobretudo na vida pública[491].

O governo do rei Mohammed V elaborou um projeto de homogeneização e unificação do Estado-nação em que o Código de Família (1957/1958) foi desenvolvido de acordo com a tradição Maliki. Embora a comissão responsável pela redação do código de família tenha observado o recém-elaborado Código de 1956 da Tunísia, não seguiu as alterações mais modernizantes que este último propôs, tais como a proibição da poligamia e na redução da centralidade da figura do *wali* para a celebração de contratos de casamento[492].

Dividido em seis livros, o Código de Família (1957/1958) aborda respectivamente os seguintes temas: o casamento, sua dissolução e efeitos, filiação e seus efeitos, capacidade e representação jurídica, testamento e direitos de sucessão (disposições gerais).

No código (1957/1958), de orientação Maliki, a mulher era vista como alguém que precisa da tutela de uma figura masculina, exercida pelo *wali*, para aspectos da vida como a contração de casamento, enquanto em áreas específicas como o gerenciamento e proteção de sua propriedade a mulher era considerada capaz e madura, sem ter de ser “emancipada”.

O casamento, compreendido antes de tudo como um contrato (como em outras escolas de pensamento jurídico), era descrito no artigo 1º do código (1957/1958) da seguinte maneira:

---

491 Abdulahi A. An-Na'im (2002) e Mounira Charrad (2001) desenvolvem análises interessantes desse momento da história marroquina ao buscarem discutir os efeitos do código de família desenvolvido em 1957/1958 na sociedade.

492 CHARRAD, Mourina. **States and women´s rights**: the making of postcolonial Tunisia, Algeria, and Morocco. Berkeley: University of California Press, 2001.

> [...] é um contrato de um homem e uma mulher que se reúnem para uma vida conjugal duradoura e comum. Seu objetivo é viver com fidelidade, pureza, intenção de procriação, em bases estáveis e sob a direção do marido, um lar que permita aos cônjuges enfrentar suas obrigações recíprocas em segurança, paz, carinho e respeito mútuo.[493]

A idade para o casamento, apresentada como *capacidade de casar-se* no artigo 8º do código (1957/1958), é estabelecida em 15 anos para as mulheres e 18 anos para os homens, salvo casos especiais que devem ser submetidos a um juiz que avalie conceder a isenção de idade. Esse sistema de capacidade permitia a celebração de casamentos precoces que teriam a figura do *wali* como um supervisor que servia aos interesses da mulher.

O dote (*sadaq*), propriedade ou dinheiro entregue quando da celebração dos contratos de casamento, constituía elemento importante do casamento ao certificar o compromisso entre as famílias dos noivos. No caso do Marrocos, o dote era entregue à noiva e passava a integrar sua propriedade pessoal, diferentemente das outras escolas que sugerem a entrega do dote à família da noiva. Os artigos 16 e 18 do capítulo IV do código (1957/1958) reforçam tal entendimento, até mesmo ao estipularem que a mulher deve dispor livremente do dote, sendo que seu marido não deve exigir nenhuma forma de contribuição futura em contrapartida ao dote acordado.

Ainda sobre as disposições relacionadas ao contrato de casamento, o artigo 34 do código (1957/1958) apresenta aqueles que eram entendidos como os direitos e deveres recíprocos entre os cônjuges, destacando-se elementos como o bom relacionamento para salvaguardar os interesses morais e materiais da família, o direito sucessório e o cuidado empenhado para os filhos gerados no casamento. Os artigos subsequentes abordam os direitos e deveres específicos para esposas e esposos. Transcrevemos, a seguir, os direitos das mulheres:

> Artigo.35º — Os direitos da esposa em relação ao seu marido são: 1º.A manutenção prevista pela lei, como alimentação, vestuário, assistência médica e habitação; 2º.Igualdade de tratamento com outras esposas, em caso de casamento poligâmico; 3º. Autorização para visitar seus pais e rece-

[493] MUDAWANA, 1957/1958, tradução minha. Ver: MUDAWANA (Código de Família Marroquino de 1957/1958). Disponível em http://www.amazighworld.org/countries/morocco/documents/moudawan.php. Acesso em 15 jan. 2020.

> bê-los; 4º. Liberdade total para dispor e administrar sua propriedade sem qualquer controle do marido, este último não possui poder sobre a propriedade da mulher.[494]

O divórcio era reconhecido no Livro II do código (1957/1958) e definia, de acordo com os entendimentos da escola Maliki, que existiam formas autorizadas de divórcio, entre elas: *talaq* (ou repúdio), *khul* ou *mubarat* (fim do casamento por mútuo consentimento dos cônjuges) e *tatilq* (separação consentida por um decreto judicial)[495]. A primeira forma é considerada um direito unilateral do marido, que pode pronunciar tal intenção diretamente e desfazer os laços do casamento, porém a esposa só pode se utilizar de tal forma de divórcio se a ela for dado este direito no contrato de casamento[496].

O pedido iniciado pela mulher geralmente era aquele em que o caso era conduzido por uma corte de família e, em casos específicos, como quando comprovado o uso de violência contra ela (artigo 56º do código), quando do abandono por parte do marido (artigo 57º do código) ou quando o marido falhasse com o seu dever de sustentá-la (artigo 59º do código).

Mernissi[497] desenvolveu um excelente posicionamento crítico com relação à intersecção entre o colonialismo e o nacionalismo e seus efeitos na configuração dos direitos das mulheres no período pós-colonial e, consequentemente, na formação de um discurso nacional oficial sobre o processo de independência e o alcance de pautas políticas e sociais. Uma primeira asserção da socióloga marroquina foi a de que o cenário político-social do Marrocos independente apresentou às mulheres uma dificuldade para o estabelecimento de suas pautas, pois o ordenamento jurídico, sobretudo no referente ao Código de Família, passou a ter na *shari'a* um símbolo de unidade nacional e fortalecimento em face do impacto do colonialismo francês.

Assim, apontou que a intervenção colonial francesa trouxe dois principais efeitos às mulheres. Primeiro, as alterações no status das mulheres passaram a ser entendidas como concessões à influência ocidental, ou seja, a monarquia marroquina e a classe política que foi acomodada no período pós-independência tinham um posicionamento conservador

---

[494] *Ibidem*, tradução minha.

[495] Ziba Mir-Hosseini (2011) faz uma análise extensiva das formas de divórcio no Marrocos, comparando-as com aquelas observadas no Irã que pertencem a uma escola de pensamento jurídico diferente.

[496] MUDAWANA, 1957/1958, artigos 44 ao 47.

[497] MERNISSI, 1987.

com relação à centralidade da família na sociedade que se reorganizava. A família passou a ser entendida como a instituição que garantiria a autenticidade e a integridade da identidade nacional e muçulmana.

> O efeito psicológico da intervenção psicológica na legislação muçulmana foi transformar a *shar'ia* em um símbolo da identidade muçulmana e da integridade da *umma*. Mudanças modernas foram identificadas como ferramentas para conduzir à destruição do Islã. [...] O movimento nacionalista marroquino nunca fez a transição de um movimento de independência para um movimento de formação nacional. Depois de terem 'enviado os estrangeiros para fora' os nacionalistas se provaram incapazes de transformar sua ideologia e aparato político em um instrumento para mudança social.[498]

O Estado marroquino recém-independente tinha, dessa forma, tomado um rumo conservador com relação à família e aos direitos das mulheres, pois os legisladores no contexto em questão mantiveram interpretações tradicionais (sobretudo masculinas) com relação aos direitos das mulheres e ao direito de família com o intuito de gerar uma coesão nacional em torno da cultura e da identidade marroquina.

Ao discutir o fato de que as escolas de pensamento jurídico islâmico tinham posições e entendimentos diferentes com relação aos direitos das mulheres e aos elementos que compõem o direito de família (aspecto discutido extensivamente ao longo do subcapítulo 1.2 desta obra), a exposição de Mernissi destacou que um dos pontos essenciais da tradição utilizada como inspiração para o Código de Família (1957) era o controle da sexualidade, ou seja, a noção de que esse era um tema de ordem religiosa.

Para Mernissi[499], a concepção de sexualidade presente na escola de jurisprudência Maliki era datada ao contexto social, político e religioso em que a escola foi desenvolvida, ainda no século VIII EC. Dessa forma, não acompanhava as mudanças sociais e econômicas ocorridas no país ao longo do tempo, sobretudo ao longo do século XX. Assim, apontou as ambiguidades de uma cultura que buscou se libertar do colonialismo europeu e ao mesmo tempo apegou-se cada vez mais aos entendimentos específicos acerca da tradição. Um destaque interessante foi justamente sua atuação no sentido de descentralizar o feminismo de uma chave de

---

498 *Ibidem*, p. 23, tradução minha.

499 MERNISSI, 1987, 1996.

leitura exclusivamente tida como ocidental ao apresentar argumentos que questionavam estereótipos e os equívocos com relação às mulheres orientais e fornecer aos seus leitores oportunidade de observar aspectos da atuação feminina a partir de visões, histórias de vida e saberes locais. A crítica esteve voltada às ações paternalistas de feministas ocidentais com relação às mulheres não ocidentais em geral e também ao questionamento de interpretações masculinas da religião que permitiam sustentar certo grau de desigualdade entre mulheres e homens.

O segundo efeito da intervenção colonial francesa apontado por Mernissi[500] foi o fato de que, para o Estado pós-colonial marroquino, a pauta da libertação das mulheres era considerada um elemento de ordem religiosa e menos uma questão econômica e social. A partir de tal leitura de Mernissi, é possível discutir que a religião ainda tinha um papel de importância para o Estado e guardava, assim, elementos que poderiam ser progressistas ou não em relação aos direitos das mulheres na sociedade. É importante ressaltar que o discurso construído na luta pela independência — que tinha a função de gerar a coesão entre diferentes grupos e vertentes políticas — deu espaço, no período pós-independência, a uma espécie de mosaico ideológico, composto por discursos até mesmo contraditórios entre si. Explico.

De um lado, esteve o discurso marcado pela linguagem religiosa, que tinha como principal aspecto a preocupação em demonstrar a religião como um dos elementos centrais da cultura e da identidade nacional. A relevância do referido discurso pôde ser observada na centralidade conferida à família enquanto instituição que garantiria a autenticidade e a integridade da identidade nacional e muçulmana. De outro lado, observou-se o discurso científico, contido principalmente em estatísticas sobre o novo Estado que passaram a apresentar dados sobre a reconstrução econômica e o papel das mulheres no referido processo. A contradição recai sob o entendimento de que um discurso praticamente anulava a "veracidade do outro", ou seja, o discurso religioso que foi respaldado na escola de pensamento jurídico sunita Maliki, ainda que apresentasse aspectos positivos para as mulheres (tais como a possibilidade de administrarem suas propriedades/bens), manteve as mulheres como dependentes dos homens no doméstico, enquanto o "discurso oficial" do Estado apresentava as mulheres a integração das mulheres no mercado de trabalho e passou a incentivar a educação.

500 MERNISSI, 1987.

O tensionamento pode ser observado, por exemplo, na leitura do artigo 115 do Código de Família (1957/1958) — que mantinha a noção de que as esposas teriam seu sustento provido pelo marido —, e permitia uma ambígua manutenção da noção de que a autoridade masculina derivava da capacidade econômica de manter a família, deixando para a mulher o papel de consumidora passiva na economia nacional. No entanto, como apresenta assertivamente Mernissi, foi justamente o aspecto econômico — leia-se a inflação, as divisões de classe e a deterioração de um mercado agrícola que forçou famílias inteiras a buscarem outras formas de sustento — que fez com que a sociedade marroquina vivesse um processo de mudança nos anos subsequentes.

Dessa forma, seguindo a argumentação da socióloga marroquina, uma das maiores alterações foi observada no processo de desaparecimento de papéis atribuídos com base na divisão sexual e sustentados ao longo dos séculos por interpretações restritas da cultura local e do Islã. Era inaugurado ali um espaço de oportunidades para as mulheres, sobretudo no acesso à educação, e ao mesmo tempo ocorreu uma fissura na identidade social; assim:

> Uma das mudanças básicas ocorrendo agora é o desaparecimento dos papéis atribuídos a cada sexo, como elaborado e usado por tradição por séculos. A dessegregação sexual do espaço já está em andamento, e traz consigo a dessegregação sexual da economia e a dissolução das barreiras entre espaços público e privado, algo que era vital para identidade social. [...] No caso da dinâmica masculino-feminino marroquina, a dessegregação sexual por meio da escolarização e do emprego das mulheres em empregos não-domésticos foram um ataque direto à barreira espiritual elevada pelo Islã entre homens e mulheres. Mas a divisão sexual do espaço no Islã não era um fenômeno isolado; ele era o reflexo de uma distribuição de poder, autoridade e mercado de trabalho específicas, que em conjunto formavam uma ordem social coerente.[501]

A análise de Mernissi[502] com relação aos efeitos negativos da influência da intervenção colonial francesa corrobora as discussões trazidas por Leila Ahmed ao examinar a influência britânica no Egito. Ahmed[503] apontou

---

501 *Ibidem*, p. 150-151, tradução minha.

502 *Ibidem*.

503 AHMED, 1992, p. 127-151.

a hipocrisia do discurso colonial com relação aos direitos das mulheres durante a administração colonial britânica no Egito, bem como os efeitos de tal discurso nos esforços de intelectuais islâmicos elaborarem uma contranarrativa com relação ao "atraso do Islã" perante a modernidade ocidental e suas promessas de integração das mulheres na vida pública.

Em ambos os casos — no Marrocos de Mernissi[504] e no Egito de Ahmed[505] —, a atuação colonial produziu uma espécie de crise de identidade, que foi respondida pelos países com a noção de era necessário um forte retorno à autenticidade apresentada no Islã; fosse pela retomada de escolas de pensamento jurídico, pela tentativa de novas interpretação daquelas ou pelas possibilidades de conciliação entre o Islã e a modernidade ocidental.

Ao apontar os aspectos anteriormente mencionados Mernissi[506] nos oferece ao mesmo tempo uma perspectiva crítica sobre o nacionalismo marroquino no imediato pós-independência e a forma pela qual o discurso acerca dos direitos das mulheres foi inicialmente assimilada por diferentes forças políticas e deu espaço a uma tentativa de acomodação entre entendimentos contraditório sobre temas como a atuação da mulher no mercado de trabalho, uma vez que era necessária para o sustento da família, mas esse direito precisava ser "negociado" com o marido, visto que, de acordo com o Código de Família (1957/1958), não ficava bem estabelecido o direito das mulheres ao trabalho. Outro aspecto conflituoso esteve relacionado ao usufruto do salário e até mesmo da propriedade que deveria ser designada à mulher, ou seja, contrariando um aspecto presente na escola Maliki sobre as mulheres poderem administrar a sua propriedade individual, algo que lhes garantiria segurança financeira em caso de divórcio, por exemplo.

3.2 A centralidade da lei de família nos movimentos de mulheres marroquinos

Um ponto focal na formação do Estado marroquino foi a noção de fortalecimento do papel das mulheres na sociedade, ação que não se desenvolveu de forma ingênua, mas que buscou legitimar anseios nacionalistas acerca do acesso à educação, por exemplo, e ao questionamento

[504] MERNISSI, 1987.

[505] AHMED, 1992, *passim*.

[506] MERNISSI, 1987.

da estrutura de poder político e social apoiada ao longo da ação francesa no país. Veremos que os movimentos de mulheres que atuaram no processo de independência com relação à França encontraram dificuldades de integração ao novo Estado por um fator discutido em profundidade pela autora: uma espécie de bricolagem na composição do discurso nacional.

A família, enquanto unidade responsável pelo processo de socialização de seus membros, passou a ser o centro de um discurso marcado pela linguagem religiosa, que tinha como principal aspecto a preocupação em demonstrar a religião como um dos elementos centrais da cultura e da identidade nacional marroquina. A seguir serão apresentadas as principais discussões, bem como a inserção do tema no desenvolvimento dos discursos de movimentos sociais de mulheres, partidos políticos e monarquia.

3.2.1 O *Moudawana* (1957/58), discursos e a atuação das mulheres

O processo de desenvolvimento do Código de Família (*Moudawana*, 1957/58) ocorreu em um contexto em que o recém-independente Marrocos buscou acomodar as diversas vertentes políticas em torno de um projeto relativamente coeso de país, ou seja, uma vez finalizado o mandato francês, era preciso estabelecer um discurso nacional que fosse capaz de combinar distintas demandas e interesses. No entanto, uma análise mais cuidadosa do desenvolvimento do Código de Família (*Moudawana*, 1957/58) permite observar a contradição entre as forças que participaram da luta pela independência e sua posterior alocação junto à monarquia que se consolidou, ou seja, a dificuldade de integrar os interesses. Exemplos disso são apreendidos pelo discurso da monarquia com relação aos direitos das mulheres na "nova sociedade" e a ausência delas na elaboração do referido Código de Família.

Discursos em torno dos status e dos direitos das mulheres já tinham se iniciado cerca de uma década antes, conforme descrito no item 3.1, "Gênero e a formação do Estado nacional marroquino", e foram de grande importância também nesse período de estabelecimento da monarquia marroquina e ao longo dos primeiros anos de seu reinado. Aqui é interessante observar o processo de produção e transmissão de discursos acerca das mulheres, seus direitos e papéis na "nova sociedade marroquina".

Ao analisarem o processo de desenvolvimento dos frames por parte dos movimentos sociais, Benford e Snow[507] nos oferecem uma chave de leitura que também destaca a importância do discurso como uma ferramenta na construção de realidades compartilhadas e na legitimação de ideologias que se apresentam como dominantes. A construção da realidade, por sua vez, é atravessada pelos contextos social e histórico, que permitem a composição de ideias, diagnóstico e prognóstico com relação às estruturas e às dinâmicas de poder que moldam as ações cotidianas.

Se observarmos tais contextos no Marrocos durante o período do protetorado francês (1912-1956), veremos que os discursos produzidos acerca das mulheres, seus direitos e status na sociedade marroquina recém-independente foram produzidos e transmitido por diferentes atores sociais; dentre eles, destacaremos três: a monarquia marroquina (como instituição, mas também observando o posicionamento dos membros da família real); os movimentos sociais de mulheres como o secular Akhawat Al-Safaa (ligado ao Partido Democrático da Independência); e os partidos políticos que possuíam interesses específicos e projetavam, cada um à sua maneira, ações de mudança e oposição ao "discurso oficial" da administração francesa. Para os propósitos de nossa análise, iremos concentrar nossa atenção em dois atores principais — a monarquia marroquina e os movimentos sociais de mulheres —, considerando seus discursos e processos de enquadramento (*framing*) durante o protetorado francês (1912-1956) e após a independência.

A monarquia marroquina elaborou um discurso durante o protetorado francês (1912-1956) que articulou elementos como: a) a centralidade do poder e da identidade nacional na instituição da monarquia; b) os direitos e o status das mulheres foram discutidos por meio da atuação pública de mulheres da família real, como a princesa Lalla Aicha. Após a independência, é possível observar um discurso paternalista entre os movimentos e associações de mulheres que tratava da conquista de seus direitos enquanto cidadãs e ao mesmo tempo excluiu de maneira formal a participação das mulheres na estrutura decisória do governo.

Com relação ao primeiro elemento, a centralidade do poder e da identidade nacional na instituição da monarquia, é relevante retomar a maneira particular que a referida instituição organizou historicamente sua autoridade no território que compõe o Marrocos contemporâneo.

[507] BENFORD; SNOW, 2000.

Explico. A legitimidade e a autoridade da monarquia no país se originaram de uma espécie de legitimidade dupla. A primeira dinastia a controlar a região (entre os séculos VIII e X) afirmou sua autoridade no argumento religioso ao se relacionar com a linhagem da família do profeta Mohammed; enquanto as dinastias subsequentes, formada em sua maioria pela população berbere, buscaram os laços tribais e suas lealdades em regiões do Norte do Marrocos para afirmar sua legitimidade[508].

Já a partir do século XVII, uma série de entendimentos da islâmicos, em específico da corrente alauita, passou a fazer parte do "imaginário coletivo" e ser tida como referência de costumes mais tarde resgatados como nacionais, sobretudo ao longo da ampliação da ação colonial europeia (Francesa e Espanhola) na região e ao longo do período do protetorado francês no século XX.

Conforme o embate entre nacionalistas e as forças da administração do protetorado francês foi ampliado, sobretudo entre as décadas de 1940 e 1950, a França teve sua base de apoio político nas grandes cidades (Fez, Casablanca e Rabat) reduzido aos poucos e manteve sua estratégia de dividir qualquer possível integração política marroquina ao tentar realizar alianças com comunidades tribais que não aceitavam completamente o poder do sultão à época e estariam, assim, mais propensos a impedir uma unidade política estruturada em torno do sultão e de partidos nacionalistas das cidades. Foi justamente no referido contexto que o principal partido nacionalista e urbano, o *Istiqlal*, e o sultão Mohammed V tomaram decisões distintas no que dizia respeito à estratégia de ação política.

O sultão, que já tinha aderido à luta nacionalista e até sido exilado em 1953, buscou alianças com lideranças tribais como parte do processo de recuperar o imaginário de que a monarquia seria elemento central da identidade nacional marroquina. Assim, afastou-se do partido o *Istiqlal* e utilizou aspectos religioso e político para se aproximar dos referidos líderes tribais e centralizar o poder e identidade nacionais novamente no sultanato e posteriormente na monarquia. E cabe ressaltar que, da aproximação com os líderes locais, o sultão (e depois rei Mohammed V) fez um movimento em direção às demandas mais conservadoras que, conforme argumenta Charrad[509], deram forma ao Código de Família de 1957/1958.

---

508 EVRARD, Amy Young. **The Moroccan women ´s rights movement**. Syracuse, New York: Syracuse University Press, 2014.

509 CHARRAD, 2001, p. 147-152.

A discussão dos direitos e o status das mulheres durante o protetorado pode ser observada por meio da atuação pública de mulheres da família real, como a princesa Lalla Aicha, e como uma pauta quase que pessoal do então sultão Mohammed V. A princesa Lalla Aicha, mesmo ainda muito jovem, passou a ser vista como uma espécie de *modelo híbrido de feminilidade patriota*, ou seja, suas ações em espaços públicos passaram a ser carregadas de sentido em uma mensagem endereçada para os diferentes atores que compunham o movimento nacionalista. Lalla Aicha chegou a representar o sultanato por um período curto (ainda durante o protetorado) em embaixadas na Itália e no Reino Unido. Em espaços públicos e durante discursos, era comum que Aicha estivesse sem o véu ou as vestes tradicionais, algo que já tinha sido observado cerca de duas décadas antes no Egito com Huda Shaarwi.

Em um discurso histórico em Tanger, em 1947, Aicha apontou a dita preocupação do sultão Mohammed V com a educação formal para meninas, pauta essa que ganhou muito espaço entre os meios de comunicação imprensa ligados aos movimentos nacionalistas como forma de questionar a administração francesa e seu descaso com a educação feminina e analfabetismo. Ao mesmo tempo, o discurso de Aicha esteve direcionado aos líderes locais ao valorizar o uso da língua árabe para disseminar conhecimentos tradicionais, por exemplo, e demonstrar uma forma de associação com elementos da tradição social[510].

Nesse contexto, o debate público acerca do papel das mulheres na sociedade marroquina já estava consolidado por meio da atuação da mídia impressa vinculada aos movimentos políticos pró-independência, que, por sua vez, discutia aspectos como os papéis de mães, esposas e cidadãs. Outro ponto extremamente relevante aqui foi a ocorrência de uma série de mudanças econômicas no pós-Segunda Guerra Mundial que inseriram definitivamente as mulheres no mercado de trabalho, questionando, assim, a concepção até então normativa de que as mulheres eram dependentes de seus respectivos maridos nos âmbitos econômico e emocional. Mernissi[511] apontou tal fato no livro *Beyond the veil* e argumentou que foi justamente essa mudança econômica e social de inserção das mulheres no mercado de trabalho que serviu como fator de questionamento para aspectos das leis de família, porém esse vigor desafiador foi parado pelo conteúdo conservador do Código de Família (1957/58).

---

510 EVRARD, 2014; STENNER, 2023.

511 MERNISSI, 1987.

Após a independência do domínio francês, o agora rei Mohammed V deu continuidade ao seu discurso de valorização com relação ao papel das mulheres na luta pela independência. Porém, com o intuito de manter o apoio político de líderes rurais, o rei desenvolveu uma postura pragmática e decidiu não promover muitas mudanças no que dizia respeito ao direito de família, deixando-o sob a égide da *shar'ia*.

O frame "direitos das mulheres" foi utilizado como um *frame bridging* (enquadramento de conexão), cujo foco esteve na união nacional — liderada pela monarquia — de indivíduos e grupos políticos nacionalistas. Estes últimos já compartilham certas crenças e entendimentos em comum acerca da necessidade de libertação com relação ao domínio francês e apresentavam interesse de alterar o status das mulheres na sociedade, ao garantirem a ampliação da educação delas como componente central da retórica de uma nova sociedade. No entanto, é importante destacar que os direitos das mulheres relacionados ao âmbito familiar foram "acomodados" em uma narrativa tradicional e mais conservadora que buscou agradar a base de liderança regional/tribal em torno da unificação da jurisprudência em concordância com a escola de pensamento sunita Maliki. Em alguns sentidos, isso apresentava um descompasso com a realidade nacional, uma vez que as mulheres passaram a atuar no mercado de trabalho por necessidade de complementar o sustento familiar, fato que em si foi apontado por nacionalistas como um elemento que apoiaria uma mudança com relação ao papel das mulheres na sociedade.

A atuação da monarquia é apresentada por Evrard[512] como inserida em uma estratégia dupla, segundo a qual em diversos momentos ocorre uma espécie de cisão entre a instituição e o monarca enquanto indivíduo que permitiu acenar para os diferentes grupos políticos no pós-independência.

Esse padrão se repetiu na gestão dos reis posteriores, Hassan II e Mohammed VI, algo que observaremos com maior profundidade na próxima seção da presente obra, em 3.2.2, "A atuação dos movimentos de mulheres entre as décadas de 1980-2000", quando examinaremos as relações estabelecidas entre o rei e determinados setores dos movimentos de mulheres até a reforma integral do Código de Família em 2004. O governo de Mohammed V (1957-1961) continuou a investir em uma retórica de modernização da sociedade baseada na ampliação do sistema educa-

[512] EVRARD, 2014.

cional para as meninas/mulheres, demanda essa que foi defendida por partidos nacionalistas como o *Istiqlal* como parte de um projeto nacional maior de inclusão das mulheres na vida pública e política.

Embora o discurso de Mohammed V fosse de uma maior integração das mulheres na sociedade e na política não houve continuidade prática aos elementos discursivos. Mesmo assim, permaneceu um ator central para as lutas das mulheres por direitos no Marrocos ao longo das décadas subsequentes, ou seja, os movimentos sociais e partidos políticos continuavam a buscar o apoio de pessoas da instituição para alcançarem algumas mudanças, sobretudo no âmbito da família.

A monarquia, por sua vez, continuou a desenvolver uma estratégia ambígua com relação aos direitos das mulheres, ao promover de forma simbólica um suporte às mulheres no período de consolidação da monarquia, enquanto poucas demandas foram atendidas no âmbito político. Quando Hassan II se tornou rei, conforme apresentam, a separação entre uma agenda pessoal do monarca no poder e a instituição foi significativamente reduzida pelo fato de Hassan II desenvolver uma atitude paternalista com relação às mulheres[513]. Por algumas décadas, isso impediu avanços sociais e mais tarde fez a primeira reforma do Código de Família em 1993 após pressão causada por uma série de manifestações de movimentos sociais de mulheres, como foi, por exemplo, a petição da campanha "Um Milhão de Assinaturas" que visava uma reforma no Código de Família.

É interessante ressaltar aqui que, ao longo do reinado de Hassan II, não apenas o discurso oficial da monarquia, mas também a mídia que organizava a comunicação do monarca com a sociedade, promoveu um reforço na centralidade do papel da família nuclear e na atuação de sua esposa enquanto mãe, marcada pela presença mais restrita ao espaço privado. O rei que o sucedeu desde 1999 no poder, Mohammed VI, buscou se apresentar de forma menos paternalista e "tradicional" que seu pai, ao desenvolver um discurso segundo o qual a preocupação com os direitos das mulheres e sua integração à sociedade passou a ser observado como progressista, ao tratar as mulheres como cidadãs que deveriam ter direitos iguais aos dos homens.

Um exemplo prático de sua atuação foi justamente o papel conferido a sua esposa, Salma Bennani, desde o casamento. Ela foi apresentada à sociedade como uma jovem profissional, moderna (até mesmo em sua

[513] CHARRAD, 2001; EVRARD, 2014.

forma de vestir) e que era capaz de representar o rei no país e no exterior[514]. Nesse sentido, a imprensa auxiliou a narrativa de Mohammed VI ao mostrar o casamento dele como um exemplo de relação igualitária entre mulheres e homens, algo que também chamou atenção de movimentos sociais no sentido de aproveitarem a abertura que o rei demonstrava com relação às demandas por mudanças no âmbito do direito de família. O referido aspecto será explorado em maior profundidade na seção 3.2.2.

Os partidos nacionalistas, os movimentos de mulheres e suas associações também tiveram grande relevância na luta pela independência do Marrocos, trazendo discursos e propostas diferenciadas para as mulheres no contexto pós-independência.

O frame "agência", no contexto pré e pós-independência do Marrocos, pode ser observado justamente no discurso e nas práticas desenvolvidas pelos atores sociais supracitados. Ao tomarmos como referência para este livro o conceito de agência da antropóloga Saba Mahmood, estamos nos referindo a um conceito expandido das noções tradicionais da crítica feminista acerca da submissão e do patriarcado para abarcar formas de atuação no contexto religioso ou de estruturas religiosas.

Cada partido, movimento social e associação apresentou uma forma de ligar a agência feminina aos processos de luta pela independência, mas iremos observar que as formas que mais se aproximam do conceito de Mahmood estavam nos movimentos sociais e associações de cunho religioso e que o processo de expansão da noção de agência feminina ocorreu com maior ênfase entre as décadas de 1990 e 2000 pelas disputas dialéticas entre os movimentos de cunho secular e de cunho religioso.

A fim de apresentar uma espécie de genealogia dos movimentos de mulheres marroquinas, Sadiqi[515] sugeriu argumentar que eles se organizaram em torno do que posiciona como duas tendências ou correntes principais — uma secular e outra islâmica —, sendo que em um primeiro momento seria difícil o estabelecimento de diálogos ou pontes entre os pensamentos apresentados por ambos acerca do status e dos direitos da mulher na sociedade.

A aparente inflexibilidade ou até mesmo falta de interação entre as tendências secular e islâmica foi aos poucos questionada pela atividade das mulheres que engajaram em ambos e possuíam posições

514 EVRARD, 2014.

515 SADIQI, 2017.

próximas em determinados assuntos e também pela identificação, por parte de estudos etnográficos como o de Zakia Salime[516], com o processo de enquadramento (*framing*) de ambos ao longo das décadas, bem como sua relação interdependente.

Salime[517] argumenta que, sobretudo a partir da década de 1980, os grupos de mulheres ligados aos Direitos Humanos passaram a mobilizar o regime de Direitos Humanos da Organização das Nações Unidas [regime esse baseado em documentos internacionais como a Declaração Universal dos Direitos Humanos (1948); e, em relação aos direitos das mulheres, a Cedaw, de 1979), para articular um discurso liberal com relação aos direitos das mulheres que teve como foco a "secularização" do Código de Família. Campanhas marcantes na história do país, como a *One Million Signature*, iniciaram-se na década de 1990 com o objetivo final de retirar do contexto nacional as desigualdades baseadas em gênero e religião (considerando, aqui a jurisprudência utilizada para tratar do tema da família).

O movimento de mulheres islâmicas, por sua vez, começou a se desenvolver a partir de entendimentos acerca de uma identidade coletiva que passava pelo movimento de reinterpretação da *Shar'ia* e da jurisprudência. No referido contexto as mulheres passaram a indicar "alternativas religiosas" para clamar por seus direitos no interior da família. Tais alternativas consideravam elementos como a identidade nacional (berbere, islâmica) de forma a questionar um padrão feminino "universal" e ao mesmo tempo escapar das armadilhas teóricas da jurisprudência islâmica, que, por ter sido interpretada quase que exclusivamente por homens ao longo dos séculos, produziu "consensos" restritos com relação aos reais direitos das mulheres no que diz respeito ao casamento, ao divórcio e à custódia de filhos.

A perspectiva de Salime[518] também contempla uma discussão sobre a influência que um movimento teve na produção de sentido do outro ao longo das décadas de 1990 e 2000, ou seja, como a constante produção de discurso foi relevante para que as duas tendências dos movimentos desenvolvessem constantes alterações em suas percepções e buscassem novas formas de mobilização. Iremos retomar essas discussões em maior

516 SALIME, Zakia. **Between feminism and Islam**: human rights and sharia law in Morocco. Minneapolis: University of Minnesota Press, 2011.

517 *Ibidem.*

518 *Ibidem.*

profundidade na próxima seção desta obra, no item 3.2.2, "A atuação dos movimentos de mulheres entre as décadas de 1980-2000".

Para as discussões, aqui vamos nos ater primeiro a produção e transmissão de discursos acerca das mulheres, seus direitos e papéis tais quais apresentados por movimentos de mulheres seculares e islâmicos, considerando as discussões de Sadiqi[519] e Charrad[520].

A influência do colonialismo francês no processo de desenvolvimento de um direito de família estruturado a partir do Código de Família de 1957/58 é um aspecto importante a ser recordado. Ao longo do protetorado 1912-1956, a França atuou de forma a manipular as divisões políticas e étnicas existentes — sobretudo entre a população das grandes cidades e a população rural, de maioria *berbere* —, com o intuito de garantir o controle do Estado por meio de alianças estratégicas que exploravam as diferenças existentes. No referido contexto se observou a manutenção de sistemas de lei de costume concomitantes, considerando que não existia até então uma homogeneização das leis existentes em um único modelo, ou seja, mesmo o sultanato não tinha conseguido tal feito e as leis de família seguiam os diversos costumes locais.

Um decreto real (*dahir*) emitido em 1914 sob a influência do protetorado francês garantiu, por exemplo, a autonomia para a comunidade *berbere* continuar a ser administrada de acordo com suas leis e costumes, um movimento que mostrou o interesse francês de acentuar certas rivalidades locais com a ideia de que assim poderiam reduzir aos poucos as resistências das diferentes comunidades ao seu poder centralizador. Em 1930 outro *dahir* intensificou a política colonial de ampliação das rivalidades locais como parte da administração do protetorado ao reconhecer a autonomia de conselhos tribais locais para decidirem aspectos do direito de família, além de matérias de cunho do comércio e civil, o que reafirmou a existência de um direito consuetudinário local que não se submeteu ao direito islâmico (no caso, as interpretações sobre a *shar'ia* consolidadas nas escolas de jurisprudência islâmica).

Cabe ressaltar que parte relevante da atuação francesa esteve baseada na compreensão de que as comunidades berberes poderiam ser suas aliadas, principalmente por não terem se comprometido integralmente com o direito islâmico antes mesmo do estabelecimento do protetorado. O

519 SADIQI, 2017, p. 97-120.

520 CHARRAD, 2001, p. 28-49, 147-168.

dahir de 1930 também implementou leis penais do código francês, ambos os movimentos foram observados pela população marroquina árabe e berbere como uma estratégia de divisão e desintegração de tentativas de unificação em torno de uma identidade nacional, e questionamentos foram feitos ao sultão[521].

Ao longo do processo de embates entre nacionalistas e forças externas foi possível observar, como discutido no item 3.1 desta obra, que o acesso das meninas/mulheres à educação foi uma pauta recorrente entre nacionalistas durante a luta pela independência, sobretudo pelo entendimento de que tal acesso permitiria que elas tomassem consciência de sua importância na sociedade e se afastassem de tradições e/ou entendimentos que pudessem lhes trazer algum dano.

Os movimentos sociais e associações de mulheres ao longo do período do protetorado francês (1912-1956) se organizaram, conforme argumenta Sadiqi[522], em torno do que posiciona como duas tendências ou correntes principais: uma secular e outra islâmica, sendo que, em um primeiro momento, seria difícil o estabelecimento de diálogos ou pontes entre os pensamentos apresentados por ambos acerca do status e dos direitos da mulher na sociedade. Cada uma das tendências também buscou se ajustar de acordo com as forças políticas à época para alcançar as demandas que visavam. Após a independência e a elaboração do Código de Família (1957/58), é possível observar de forma mais intensa a reconfiguração das forças políticas e a tentativa dos movimentos de buscarem atuar em meio às brechas conferidas pela institucionalidade. Vejamos.

Na tendência/corrente de cunho secular, a organização de maior influência no contexto do protetorado foi a Akhawat Al-Safaa, que surgiu em 1946 e era composta em sua maioria por mulheres urbanas ligadas aos homens do Partido Democrático da Independência (Parti Démocratique de l'Indepépendence, PDI). O discurso promovido pela referida associação teve como base aspectos semelhantes àqueles que puderam ser observados na atuação de outros entes nacionalistas, tais qual o partido Istiqlal. Os principais aspectos de convergência entre ambos foram: a) a luta pela independência nacional; b) a promoção da educação formal para as meninas/mulheres; c) a promoção da língua árabe como elemento de identidade nacional.

521 *Ibidem*.

522 SADIQI, 2017.

Em um documento elaborado pela referida organização, as mulheres expressaram demandas que se tornaram cada vez mais essenciais na construção do Estado marroquino após a independência. As principais se relacionavam ao código de família, algo que também foi observado na Argélia, por exemplo, e tratavam da abolição da poligamia e da revisão do status das mulheres. Além disso, as mulheres que participavam da organização apresentavam uma demanda ampla: a) a ampliação da atuação das mulheres no âmbito político público; b) o aumento da idade mínima para celebrar casamento de meninas; c) a permissão de diferentes formas de divórcio, não apenas o repúdio unilateral proferido pelo esposo, fato que permitiria às mulheres a iniciativa de pedidos de divórcio; d) ampliação do sistema de educação para as meninas/mulheres com o intuito de combater as elevadas taxas de analfabetismo, sobretudo no meio rural.

Cabe destacar aqui a influência de ações bem-sucedidas desenvolvidas por ativistas pelos direitos das mulheres em outros países do Oriente Médio e Norte da África, bem como de países da Ásia. A pauta da libertação nacional alcançou as diferentes sociedades supramencionadas e trouxe exemplos muito interessantes de atuação, como o caso da egípcia Huda Sha'rawii. Huda lutou pela independência de seu país, fundou a União Feminista Egípcia (em 1923), participou de conferências com sufragistas de diversas partes do mundo, clamou pela ampliação da educação para meninas/mulheres, questionou argumentos religiosos sobre a imposição do uso do véu, organizou um grupo de solidariedade à Palestina.

No contexto marroquino, o desenvolvimento da tendência/corrente de cunho secular após o Akhawat Al-Safaa foi marcado pelo que Sadiqi[523] denomina de três ondas; seriam elas: a) as pioneiras (de 1946 até 1970); b) a segunda onda (1980 e 1990); e c) terceira onda (2000-atualmente). Ainda nesse sentido, a autora aponta algo que será extremamente relevante para nossas discussões ao longo do presente capítulo: o entendimento de que, embora compartilhem o secularismo, as supracitadas ondas possuem contextos sociais e políticos distintos que fizeram as demandas dos movimentos se alterarem e se adaptarem ao longo do tempo para serem capazes de manter certo grau de relevância e influência política.

A relativa maleabilidade apresentada deveu-se ao fato de que, ao longo das décadas, as demandas dos movimentos seculares buscaram um alinhamento com ideias e valores de cunho universal/secular, como os

[523] *Ibidem.*

Direitos Humanos, com o intuito de alcançar mudanças sociais, legais e políticas para as mulheres. Ou seja, no referido contexto se evitou usar a religião para alcançar tais mudanças ou até mesmo para criticar a situação das mulheres; o foco esteve, por exemplo, no patriarcado — em seu impacto negativo na vida delas — e nas possibilidades que incluir convenções internacionais sobre Direitos Humanos e direitos civis como fonte de jurisprudência. Na próxima seção, 3.2.2, alguns exemplos da referida maleabilidade serão apresentados e será possível observar os pontos de contato entre a tendência/corrente de cunho secular e a tendência/corrente de cunho religioso.

Após a independência, as mulheres enfrentaram uma dificuldade para conseguir que suas demandas continuassem a ser difundidas por movimentos, associações e organizações. Tal interpretação se deve ao fato de que as mulheres foram excluídas do processo de formação do Estado independente, conforme mencionado anteriormente, quando foi descrita a atuação da monarquia (enquanto instituição) no contexto das concessões aos diferentes grupos políticos com o intuito de garantir a centralização do poder.

Expoentes da tendência/corrente de cunho secular buscaram se adaptar à nova realidade da distribuição de forças políticas no país. É justamente no referido contexto que observamos a primeira onda do feminismo secular: as pioneiras (1946-1970). Ao longo das mais de duas décadas em que se desenvolveu, as principais características da onda foram as seguintes: a) as mulheres que integram os movimentos, associações e partidos vinham da classe média-alta e, ao longo de sua trajetória de vida, tiveram acesso à educação e a espaços que perceberam que não eram comum às mulheres das outras classes sociais; b) as demandas principais eram inicialmente por educação; c) a influência advinha da força da tradição como elemento importante da identidade nacional que era forjada e também do entendimento de que a "modernidade" seria capaz de trazer alternativas/caminhos para a emancipação feminina.

As segunda e terceira ondas do feminismo secular marroquino foram influenciadas por mudanças nas dinâmicas políticas, sociais e econômicas, sendo possível ressaltar aqui também o papel da ideologia, destacado com o Revolução Iraniana (1979) e a repercussão de um Islã político que trouxe leituras específicas sobre o papel das mulheres na sociedade; bem como o enfraquecimento interno de partidos marroquinos e a chegada aos movimentos feministas de novas gerações de mulheres advindas da classe média-baixa e que permitiram uma maior heterogeneidade ao grupo. Sadiqi aponta, assim, as seguintes características:

> As estratégias usadas pela segunda onda do feminismo secular foram duas: por um lado, combinando política e ativismo, enquanto por outro utilizando bolsas de estudo e jornalismo. Em matéria de política e ativismo, as feministas da segunda onda rapidamente perceberam que suas questões e demandas nunca haviam constituído uma prioridade na história nacional marroquina, nem nas ideologias dos partidos políticos formais pós-independência do país (Daoud, 1993; Naciri 2008). Como resultado, jovens universitárias entraram em massa em partidos de esquerda (então de oposição).[524]

Além das características supradescritas, também é importante apontar que as integrantes da segunda onda do feminismo secular marroquino tinham seu alinhamento e lealdade "divididos" entre as demandas das mulheres (como educação, mudanças no código de família) e as alianças estabelecidas ao longo do tempo com partidos políticos.

O aspecto central da nova forma de atuação que se desenhou, sobretudo ao longo da década de 1980, foi a atuação de associações, sob a forma de ONGs. Entre as décadas de 1980 e 2000, as referidas organizações passaram a ter grande relevância na determinação de pautas do feminismo marroquino, bem como nas possibilidades de articulação com documentos internacionais como a Convenção sobre a Eliminação de Todas as Formas de Discriminação contra as Mulheres, e com demandas locais de movimentos de mulheres de países do Norte da África, como Tunísia e Argélia, que foram aglutinadas na atuação do Collectif 95 Maghreb-Egalité.

3.2.2 A atuação dos movimentos de mulheres entre as décadas de 1980-2000

Duas organizações de mulheres tiveram grande relevância no desenvolvimento de demandas relacionadas à mudança nas leis de família (Código de Status Pessoal): a Associação Democrática das Mulheres no Marrocos, vinculada ao Partido Comunista do Progresso e do Socialismo, e criada em 1985; e a União pela Ação Feminina, relacionada à Organização da Ação Democrática e Popular, e desenvolvida em 1987.

[524] *Ibidem*, p. 103, tradução minha.

A ADFM surgiu no cenário marroquino em 1985, na cidade de Rabat, como uma espécie de organização guarda-chuva capaz de acomodar organizações não governamentais nacionais que tinham como objeto os direitos das mulheres, algo que abarcava aspectos como direito à educação, à saúde e à proteção contra a violência, além de um trabalho de conscientização social e jurídica.

A ADFM representou um fortalecimento dos movimentos de mulheres marroquinas, sobretudo por aglutinar diferentes ONGs existentes e organizar os movimentos, e ao mesmo tempo manteve estreitas conexões com o processo de desenvolvimento de um movimento de mulheres transacional, o Collectif 95 Maghreb-Egalité, que unificou demandas, agenda e discursos de movimentos de mulheres de países do Norte da África, como Tunísia e Argélia[525].

Sob a coordenação de Rabéa Naciri, Leila Rhiwi, Farida Bennani, e de ativistas, professoras e advogadas, a ADFM desenvolveu uma série de campanhas destinadas à conscientização das mulheres sobre seus direitos no âmbito familiar, além de trazer discussões sobre políticas de igualdade de gênero em diferentes meios de comunicação como parte das ações de motivação e engajamento da população às causas que tratavam da mulher e seus direitos na sociedade marroquina.

A atuação conjunta da ADFM e do Collectif 95 Maghreb-Egalité trouxe uma espécie de "profissionalização" para o movimento secular de mulheres marroquinas, bem como para os movimentos na região do Magrebe, ao elaborar um programa detalhado para lidar com a desigualdade entre mulheres e homens que perpetuava nas leis/códigos de família e nas ações cotidianas da sociedade. O objetivo central, o apelo pela igualdade no interior das famílias da região do Magrebe, serviu como uma espécie de quadro de referência para a ação social elaborada comum elaborada pelas organizações que compunham o Collectif 95 Maghreb-Egalité, considerando principalmente a influência da religião nas sociedades e também o fato de que a crença era utilizada de maneira errônea para sustentar desigualdades entre mulheres e homens.

O quadro de referência do Collectif 95 Maghreb-Egalité, compartilhado pela ADFM, era fundamentado em quatro argumentos centrais, que apresentavam, por sua vez, a complexidade da jurisprudência islâmica, a importância da legislação internacional sobre Direitos Humanos, bem

[525] SALIME, 2011.

como as mudanças sociais e econômicas das sociedades magrebinas (Tunísia, Marrocos e Argélia) e seus reflexos no que diz respeito às demandas por mudanças nas leis/códigos de família.

Assim, o documento *Guide equality in the family in Maghreb* (2005) trouxe elementos do documento elaborado em 1995 para a conscientização, motivação e atuação de movimentos sociais vinculados ao Collectif 95. Apresentava 11 elementos centrais, a saber:

> 1 – padronização da idade mínima para o casamento, 2 – consentimento para a celebração do casamento, 3 – liberdade de escolha do cônjuge, 4 – proibição da poligamia, 5 – abolição do dever de obedecer, 6 – responsabilidade compartilhada de sustentar [a família], 7 – igualdade na dissolução dos casamentos, 8 – concessão da casa à pessoa que tem a guarda dos filhos, 9 – o direito das mães divorciadas a casar novamente, 10 – a partilha das responsabilidades parentais e 11 – igualdade nos direitos sucessórios.[526]

A organização das demandas dos movimentos de mulheres no Magrebe em torno de pautas por meio das trocas de experiências e de plataformas de ação local exitosas foi de grande relevância para a consolidação de temas centrais na busca pela reforma das leis/códigos de família na região, tal qual apresentado no trecho *supra*.

Rabéa Naciri, figura central da ADFM, falou sobre o processo de mobilização independente dos movimentos sociais de mulheres marroquinas em uma entrevista concedida a Haleh Vaziri em 2017[527] ao tratar de sua atuação na ADFM e fazer uma análise crítica sobre a influência dos partidos políticos, da política e do costume na adesão ou não de parcelas da população às demandas por alterações no código de família:

> Percebi que se tratava de política e poder, sendo que não existia uma tomada de posição nítida ou uma ação real contra a injustiça social, incluindo as violações dos direitos das mulheres. A totalidade dos partidos políticos marroquinos, mesmo aqueles que se apresentavam como progressistas, mantinham uma abordagem relativista, de "certamente somos a favor dos princípios da igualdade de gênero, mas a

[526] COLLECTIF 95 MAGHREB-EGALITÉ, 2005, p. 13, tradução minha. Ver: COLLECTIF 95 MAGHREB-EGALITÉ. **Guide to equality in the family in the Maghreb**. Bethesda: Women's Learning Partnership for Rights, Development and Peace (WLP), 2005.

[527] NACIRI, Rabéa. Interview with Rabéa Naciri. *In*: ERTÜRK, Yakıin *et al.* **Feminist advocacy, family law and violence against women**. New York: Routledge, 2019. p. 226-239.

> sociedade não está pronta para tal mudança por enquanto". [...] A organização [de uma associação] independente voltada para os direitos das mulheres era uma prioridade no Marrocos. No partido nos disseram que se questões como a revolução e a luta de classes fossem resolvidas, as mulheres alcançariam seus direitos. Para mim a formulação deveria ser feita de forma contrária, ou seja, a garantia dos direitos das mulheres era a revolução necessária para remodelar a sociedade marroquina.[528]

Cabe ressaltar que o surgimento das associações e organizações de mulheres marroquinas na década de 1980 se deu em um contexto internacional marcado por uma série de discussões iniciadas em 1975 (na chamada Década das Mulheres da Organização das Nações Unidas) acerca dos direitos das mulheres. Aqui é possível notar os processos de desenvolvimento de sentido, ideias e significados que serviram como mobilizadores ou contramobilizadores de ação e mudanças sociais, tais como discutidos por Benford e Snow[529]. Ou seja, observar como as mulheres marroquinas passaram a integrar e atuar em associações e/ou organizações a partir de uma espécie de renovação e transformação na justaposição dos frames direitos das mulheres, Direitos Humanos e agência.

No que diz respeito ao frame "direitos das mulheres", observa-se que, entre os movimentos de cunho/tendência secular, ocorreu um esforço ao longo das décadas de 1980 e 1990 para a ampliação do escopo e do sentido de tal enquadramento. Explico. Sem perder de vista as especificidades das pautas/demandas nacionais, os movimentos de mulheres marroquinas buscaram articular uma ponte para o diálogo entre entendimentos sobre os direitos das mulheres, o aspecto cultural marroquino e as normas/convenções de Direitos Humanos. Isto é, ocorreu uma organização de sentido que ampliou a discussão sobre tais demandas nacionais, ao se utilizar de uma linguagem jurídica internacional para pressionar a monarquia marroquina a tomar providências com relação a aspectos sobre o código de família, que, de alguma forma, violaria os Direitos Humanos das mulheres marroquinas.

Dessa forma, os frames "direitos das mulheres" e "Direitos Humanos" se relacionaram de forma intrínseca, uma vez que movimentos como

[528] *Ibidem*, p. 226, tradução minha.

[529] SNOW, 2000, p. 613-617. Ver: BENFORD, Robert D.; SNOW, David A. Framing processes and social movements: An overview and assessment. **Annual review of sociology**, Palo Alto, California, v. 26, n. 2000, p. 611-639, 2000.

a ADFM e a UAF observaram até mesmo o desenvolvimento do discurso da ONU sobre os direitos das mulheres e a adesão ao denominado discurso "Mulheres em Desenvolvimento" no processo de organização do Plano Nacional de Ação para Integração das Mulheres no Desenvolvimento (que ocorreu entre 1998-2000), que até então tinha sido liderado pela monarquia. Outro elemento conectado à interligação dos dois frames mencionados foi o que Salime[530] denominou de *discurso de democratização e cidadania*, que articula o processo de transição do Estado marroquino para o neoliberalismo, sendo que no cerne desse discurso esteve a adesão a uma plataforma de Estado baseada na realização de mudanças estruturais guiadas pelo Banco Mundial e pelo Fundo Monetário Internacional (FMI).

O discurso "Mulheres em Desenvolvimento" era uma plataforma de ação de cunho hegemônico, ou seja, trabalhava com interpretações e entendimentos acerca dos direitos das mulheres e dos Direitos Humanos que tinham como cerne aspectos como discussões sobre o desenvolvimento e direitos individuais, portanto uma agenda de cunho liberal que em alguns momentos contrastava com aspectos culturais da sociedade marroquina, aspecto que ficará mais evidente ainda ao longo da seção, quando for apresentada a atuação dos movimentos de mulheres de cunho religioso. É importante reter agora que o referido discurso sobre os direitos das mulheres era pautado por concepções de aspiração ocidental, secular e de pretensões "universais", ou seja, tinham como referência o feminismo ocidental e suas demandas.

Ainda nesse sentido, considerando a atuação da monarquia e de alguns partidos políticos, Salime[531] apontou corretamente um aspecto de grande relevância: a tentativa do Estado marroquino de cooptar o discurso sobre os direitos das mulheres como uma forma de controlar a narrativa oficial apresentada aos atores do cenário internacional, tais como a ONU, o Banco Mundial e o FMI. A ação mais concreta no sentido de controle da narrativa (e, portanto, de quais demandas seriam atendidas e de que maneira) foi justamente a criação (ainda na década de 1990) de dois órgãos institucionais, a saber: o Conselho de Direitos Humanos e o Ministério dos Direitos Humanos.

A União pela Ação Feminina surgiu no ano de 1987, por iniciativa de ativistas que antes participavam da Organização da Ação Democrática

530 SALIME, 2011.

531 *Ibidem*.

e Popular, com o intuito de garantir às mulheres um espaço de diálogo e organização sem amarras políticas e que visava a ampliação e melhoria dos seus direitos no Marrocos. Antes desse processo, as ativistas faziam parte do corpo editorial da revista *8 de Março*, inicialmente apoiada pela Organização da Ação Democrática e Popular, que abordava temas relacionados à intersecção entre direitos das mulheres e Direitos Humanos.

A partir da década de 1990, a UAF apresentou um programa de ação baseado em quatro pontos centrais[532], a saber: a) Programa de Conscientização, Mobilização e *Advocacy*; b) Programa de Combate à Violência contra as Mulheres; c) Programa para a Integração de Mulheres e Jovens no Desenvolvimento; d) Programa de Educação em Saúde. O primeiro se desdobrava em ações de conscientização e sensibilização sobre leis nacionais (*Moudawana*, Código de Trabalho) e internacionais (Cedaw e demais declarações ratificadas pelo Marrocos); organização de ações de *advocacy* em nível nacional, regional e internacional. Além disso, promovia educação sobre Direitos Humanos, noções de gênero e igualdade, bem como de cidadania.

O segundo ponto esteve relacionado ao combate à violência contra as mulheres através de serviços como atendimento médico, psicológico e jurídico para mulheres e crianças que sofreram violência doméstica. Além dos serviços de atendimento citados, a equipe da UAF também contava com uma estrutura de apoio formada por clínicas e centros de auxílio, distribuídos por diversas províncias.

Já o terceiro e o quarto pontos centrais da atuação, inicialmente relacionados aos dois primeiros, passaram por um processo de ampliação e diferenciação ao longo dos anos 2000. Por um lado, a preocupação relacionada à conscientização de direitos e o combate à violência conduziu ao desenvolvimento de programas voltados ao desenvolvimento pessoal e profissional de mulheres e jovens a partir da capacitação para a atuação no mercado de trabalho formal. Do outro, estavam programas direcionados à saúde sexual e reprodutiva das mulheres por meio de ações como conscientização sobre direito à saúde, o planejamento familiar e a capacitação de agentes de saúde locais.

---

532 A UAF Tanger mantém um site em que várias informações sobre a organização são encontradas, bem como documentos de sua atuação recente no Marrocos. O site pode ser acessado através do link https://uaftanger.wordpress.com/nos-programmes-daction/. Acesso em: maio 2023.

Em comum, ambas as organizações (ADFM e UAF) criticaram a posição da monarquia (enquanto instituição) com relação aos direitos das mulheres, ou seja, o entendimento de que estes não constituam uma pauta constante no programa sociopolítico da instituição. Além disso, as organizações passaram a desenvolver atividades como: a) um trabalho relevante de conscientização, b) assistência (médica e jurídica), c) atendimento para mulheres vítimas de violência doméstica que viviam em zonas urbanas e rurais, d) pressão sobre o Estado marroquino para aderir às normas/convenções internacionais sobre os direitos das mulheres, como a Convenção sobre a Eliminação de Todas as Formas de Discriminação contra as Mulheres, em uma reforma do código de família.

É importante observar que o frame "direitos das mulheres", tal qual utilizado pelas organizações Associação Democrática das Mulheres no Marrocos e União pela Ação Feminina, também passou por um processo de alinhamento de frame denominado por Snow *et al.* como um *frame bridging* (enquadramento de conexão), ou seja, a "conexão/união de dois ou mais enquadramentos ideologicamente congruentes, mas estruturalmente desconectados em relação a uma questão ou problema específico"[533].

Nesse contexto, o frame "direitos das mulheres", entendido como a combinação de uma série de discursos construídos ao longo das décadas de 1950 a 1990 sobre o status das mulheres marroquinas na sociedade, bem como seus direitos e deveres, foi conectado/alinhado ao frame "Direitos Humanos", considerando, assim, as possibilidades de compatibilização de documentos e convenções internacionais sobre o tema dos direitos das mulheres (como a Cedaw) e as demandas das organizações por mudanças no código de família. Explicaremos tal processo de alinhamento e suas consequências para o debate nacional marroquino dos anos 1990 até 2000 acerca da reforma legal. O processo de alinhamento será detalhado a seguir.

Em 1992, a UAF desenvolveu a campanha "Um Milhão de Assinaturas", que tinha como objetivo principal a coleta de assinaturas para demonstrar o descontentamento com relação ao código de família nacional e, assim, demandar uma mudança que considerasse os desenvolvimentos socioeconômicos ocorridos desde o desenvolvimento inicial do código (aspecto que Fatima Mernissi já apontava em suas análises na década de 1980) e considerasse alterar seu conteúdo de forma a trazer um conteúdo igualitário em direitos e deveres para os cônjuges[534].

533 SNOW *et al.*, 1986, p. 465, tradução minha.

534 SALIME, 2011.

Em seu texto da campanha "Um Milhão de Assinaturas", a UAF elaborou demandas que funcionavam como um tipo de sugestão para emendas ao código de família de 1958. Entre os pontos apresentados, figuravam os seguintes: a) a supressão da tutela exercida pela figura do tutor/guardião (*wali*); b) o estabelecimento da igualdade jurídica (direitos e deveres) entre mulheres e homens no interior da instituição do casamento; c) igualdade entre os cônjuges no que diz respeito aos direitos custódia com relação aos filhos gerados pelo casal; d) abolição do direito unilateral do homem ao divórcio por repúdio; d) abolição da poligamia (ponto que já tinha surgido em países do Magreb, como a Tunísia); e) direito às mulheres de iniciarem um pedido de divórcio caso desejassem. Outro aspecto relevante da iniciativa de articulação de seu texto foi a tentativa de equilibrar a demanda de reivindicação do princípio da livre interpretação (*ijtihad*) das fontes sagradas e da jurisprudência islâmica e, ao mesmo, a compatibilização com normas e convenções internacionais voltadas aos direitos das mulheres ao pedir a ratificação sem restrições da Cedaw.

A iniciativa da UAF teve uma forte inspiração no discurso liberal "Mulheres em Desenvolvimento", anteriormente mencionado, ou seja, é possível argumentar que o discurso em torno do frame "Direitos Humanos" possui um elemento universal/homogeneizante, que foi a utilização de documentos e convenções como a Convenção Internacional sobre a Eliminação de Todas as Formas de Discriminação contra as Mulheres. Porém, como observado anteriormente, ao mesmo tempo existia a tentativa da UAF de compatibilizar o discurso liberal acerca dos Direitos Humanos com as concepções locais de direitos das mulheres, principalmente ao conscientizar as mulheres de seus direitos tais quais observados no contexto do Islã, ou seja, resgatando elementos que a interpretação masculina da jurisprudência islâmica impedia de serem inseridos de maneira direta no ordenamento jurídico e no cotidiano da sociedade marroquina.

Um reflexo mais direto da atuação da UAF pôde ser observado na forma com que a sociedade marroquina recebeu tal iniciativa, principalmente as ações dos grupos que demonstraram seu apoio ou não e, ao fazerem-no, ampliaram o já complexo embate de narrativas acerca dos direitos das mulheres no país. O fato de os frames "direitos das mulheres" e "Direitos Humanos" terem sido unidos pelo *frame bridging* (enquadramento de conexão) fez com que atores religiosos organizados (como o Movimento por Unidade e Reforma) e ulemás independentes elaborassem uma *fatwa* (decreto/opinião religiosa) alegando que a ação era uma forma de apostasia, ou seja, um ataque direto à religião, considerando que, para muitos setores da sociedade marroquina, a religião era tida como parte essencial da cultura nacional.

Assim, é possível destacar que o alinhamento das demandas locais das mulheres pela revisão do código de família — por mais que fossem fruto de um longo processo de sensibilização de direitos feito por organizações, associações e movimentos sociais — se converteu em alvo de intensa desconfiança por considerar um enquadramento/posicionamento externo e de pretensão universal: a Declaração Universal dos Direitos Humanos e as Convenções específicas da Organização das Nações Unidas acerca dos direitos das mulheres, como a Cedaw. É interessante notar que a linguagem empregada por associações como a UAF destacava aspectos como a igualdade de gênero, algo que também iria surgir na plataforma do feminismo marroquino, isto é, a tendência/corrente religiosa, porém de maneira diferenciada, resgatando a tradição da livre interpretação das fontes sagradas (Alcorão, *hadith*) e jurisprudência para compatibilizar com as demandas em aspectos como a restrição da figura do tutor/guardião (*wali*) na celebração dos contratos de matrimônio, a proteção da propriedade individual da mulher, o direito a iniciar um pedido de divórcio e a flexibilização da guarda, garantindo mais direitos às mulheres sobre seus filhos/filhas.

Diferentemente da tendência/corrente secular do feminismo marroquino, a tendência/corrente religiosa possui como marco de desenvolvimento o final da década de 1980 e o início da década de 1990, momento em que as discussões em torno do status das mulheres no Estado marroquino se ampliaram, com a atuação de associações, organizações e movimentos de mulheres que demandavam mudanças no código de família, considerando as mudanças econômicas e sociais ocorridas desde sua formação.

De acordo com Elliot[535] e Sadiqi[536], o feminismo de base islâmica se desenvolveu principalmente em duas frentes, porém os autores divergem com relação a uma espécie de "qualificação" ou "tipificação" conferida a cada uma das frentes. Explico. Existe uma controvérsia sobre a classificação da ação e do desenvolvimento teórico-político que ambas as

535 ELLIOTT, Katja Žvan. Morocco and its women's rights struggle: a failure to live up to its progressive image. **Journal of Middle East Women's Studies**, Durham, v. 10, n. 2, p. 1-30. 2014. DOI 10.2979/jmiddeastwomstud.10.2.1.

536 SADIQI, 2017.

frentes representam, ou seja, a literatura específica trata da ação das duas principais organizações observando uma tendência reformista e outra acomodadora em questões que envolvem os direitos das mulheres nas esferas privada e pública.

Para além da controvérsia com relação à classificação da ação das organizações, o aspecto importante a ser destacado é o de que as organizações, associações e movimentos demonstram a pluralidade do feminismo islâmico desenvolvido no Marrocos. Além disso, cabe ressaltar que esses movimentos tiveram grande influência da corrente/tendência secular do feminismo marroquino, visto que foi a partir do confronto de narrativas com tal vertente que se articulou uma série de posicionamentos sobre os direitos das mulheres e sua relação com a cultura e a religião.

A disputa de narrativa entre as correntes/tendências secular e islâmica do feminismo marroquino bem como as ações e políticas de mobilização subsequentes foram muito evidentes em dois momentos: um ainda na década de 1990, com a reação nacional com relação à campanha "Um Milhão de Assinaturas" (1992), e o outro momento foram as manifestações nos anos 2000 contra elementos do Plano Nacional de Ação para Integração das Mulheres no Desenvolvimento (PNAIMD). Tais desenvolvimentos serão apresentados em mais detalhes ainda ao longo desta seção, porém agora retomamos as discussões acerca da existência de duas principais frentes do feminismo islâmico marroquino, representadas pela Organização para a Renovação da Consciência das Mulheres (ligada ao PJD) e al-Adl wa-l-ihsãne (ligada ao partido Justiça e Espiritualidade).

A primeira frente é a representada pela Organização para a Renovação da Consciência das Mulheres, uma organização vinculada ao Partido da Justiça e Desenvolvimento (PJD) e que surgiu oficialmente em 1994 como uma espécie de organização unificadora das demandas de algumas organizações independentes que atuavam desde 1980[537].

A Organização partiu, assim, das experiências desenvolvidas por suas ativistas em organizações, associações, movimentos e partidos políticos distintos, porém que possuíam em comum uma preocupação com relação à manutenção da dita autenticidade cultural e nacional da sociedade marroquina, ou seja, que apresentavam o Islã e como a principal resposta para questões sociais, econômicas e políticas.

[537] SALIME, 2011.

Assim, posicionava-se como uma alternativa islâmica para as discussões nacionais com relação aos direitos das mulheres e às mudanças recentes no código de família, ou seja, apresentava que considerava ser uma *renovação da consciência das mulheres* ao promover esforços para a revisão do desenvolvimento histórico do islã com vistas a demonstrar que o fato determinante não era inquirir até que ponto as predisposições islâmicas eram ou não igualitárias, considerando os entendimentos contemporâneos com relação à noção de igualdade como similaridade — tal como questionavam as feministas seculares.

No referido contexto, o aspecto mais relevante para as integrantes da organização era responder aos anseios das mulheres que demandavam mudanças, mas utilizando o islã como uma chave de explicação para a compreensão dos direitos das mulheres na sociedade marroquina. O investimento teórico revisionista então esteve ligado ao entendimento de que a equidade — considerando assim as diferenças biológicas existentes entre mulheres e homens — deveria ser tida como alvo. Ainda nesse argumento, existia uma ênfase em demonstrar que, ao longo da história islâmica, o ideal de equidade foi pouco considerado por homens quando do desenvolvimento de entendimentos com relação às prescrições observadas no Alcorão e *Sunnah*.

A violação aos direitos das mulheres, já apresentados em contexto islâmico desde o século VII, era apresentada como principal conflito da sociedade. Assim, o projeto de ação da organização estava baseado na discussão da forma insuficiente como os direitos garantidos pelo Islã às mulheres foram aplicados, bem como de sua violação por interesses outros, como o poder em si.

Sadiqi[538] aponta assertivamente, em sua análise sobre o feminismo islâmico marroquino, que existia uma aproximação ideológica da Organização com pensadores conservadores/tradicionalistas do Islã, visto que ambos apontavam para o fato de que os direitos das mulheres (bem como a elevação de seu status social) já tinham sido alcançados no século VII, e que, portanto, caberia apenas a observação destes sob o princípio da equidade entre mulheres e homens.

A ênfase na equidade como um princípio legal e legítimo reforçou a noção de complementaridade entre mulheres e homens no âmbito da família, sobretudo ao focar o papel das mulheres como esposas e mães e,

538 SADIQI, 2017, p. 97-112.

consequentemente, como pilares morais de suas famílias e um vetor de valores para a sociedade. Tal posicionamento se aproxima daquele apresentado pelo partido nacionalista Istiqlal ao apresentar as questões dos direitos das mulheres e o status destas na sociedade marroquina como um elemento moral, porém cuja ação era contida em diversos contextos (público e privado) por conta da tradicional ordem política patriarcal.

As fundadoras da Organização, entre elas Bassima Hakkaoui (que se tornou parlamentar, e entre 2012-2019 foi ministra da Família, Solidariedade, Igualdade e Desenvolvimento Social), enfatizaram desde o início sua preocupação com relação à "ocidentalização" dos direitos das mulheres, um processo que, segundo elas, violava até mesmo os direitos das mulheres à sua identidade. Ou seja, de acordo com Hakkaoui, o enquadramento dos direitos das mulheres e dos Direitos Humanos a partir de conceitos ocidentais era um processo que em si colocava em questão a identidade religiosa, cultural e nacional das mulheres marroquinas.

Ao mesmo tempo a Organização também se engajou em um processo discursivo que, em determinados momentos, utilizava da linguagem dos direitos das mulheres, tal como os movimentos da correntes/tendências secular do feminismo, para apresentar sua plataforma de ação para a sociedade marroquina e em fóruns internacionais. No entanto, como fica evidente no trecho a seguir, a construção de discurso privilegiava uma visão islâmica com relação aos direitos das mulheres e aos Direitos Humanos; assim,

> Nós, como um grupo de mulheres, focamos nossa atenção em questões das nossas [mulheres] na sociedade, estando perto de seus problemas, constatando e testemunhando o esmagamento de seus direitos, para melhorar sua posição social e proteção do seu ser e pela afirmação e defesa de seus direitos [...] tornou-se necessário salvaguardar o Direito que Deus concedeu à mulher, mas que a sociedade desprezou. Concordamos com todas as reivindicações solicitadas internacionalmente desde que não estejam em contradição com a nossa referência religiosa, cultural e social [ancestral].[539]

A Organização conseguiu se apresentar como uma alternativa islâmica relevante em face do desenvolvimento da tendência/corrente secular do feminismo marroquino e garantiu uma boa base de ativistas jovens que

[539] ORWA, 1995 *apud* SALIME, 2011, p. 58, tradução minha.

buscavam uma forma de alcançar seus objetivos e ao mesmo tempo se posicionar em relação ao que consideravam conservador nos movimentos islâmicos. Cabe destacar que a Organização formou uma liderança islâmica feminina que a partir dos anos 2010 alcançou espaço na política nos níveis local (municipal) e nacional (pela eleição ao Parlamento).

No contexto das discussões internacionais sobre os direitos das mulheres ocorridas na década de 1990, principalmente a Conferência de Pequim (1995), a Organização tentou participar das discussões e apresentar sua visão particular sobre a relação entre o Islã e os direitos das mulheres, um movimento que visava apresentar o frame "direitos das mulheres" e "Direitos Humanos" como elementos inter-relacionados e parte de uma visão holística fornecida pela religião. A ação buscava marcar posição acerca da importância de observar os fatores culturais, sociais e identitários nos debates internacionais de Direitos Humanos.

No âmbito doméstico, ao longo dos debates acerca do Plano Nacional de Ação para Integração das Mulheres no Desenvolvimento e durante as manifestações dos anos 2000, a atitude da Organização foi a de oposição ao texto elaborado pelo grupo de trabalho e a tentativa de se impor como uma força islâmica importante. Quanto ao PNAIMD, por exemplo, o principal questionamento foi o de que, embora o discurso oficial da monarquia contemplasse a ideia de um governo alternativo, com uma maior participação de grupos políticos seculares e islâmicos, a Organização se sentiu excluída pois, durante o processo de discussão das propostas para o PNAIMD, suas ideias não foram atendidas. A Organização não se posicionava como contrária aos direitos das mulheres, mas questionava o fato de não poder apresentá-los em termos islâmicos, considerando o entendimento da Organização de que os direitos das mulheres já tinham sido apresentados pela reforma social e moral que a introdução do Islã trouxe.

A segunda frente do feminismo islâmico marroquino é representada pela al-Adl wa-l-ihsãne (ligada ao partido Justiça e Espiritualidade) e teve como figura central Nadia Yassine, cientista política de formação, e que foi responsável pelo desenvolvimento de uma organização junto ao Justiça e Espiritualidade, movimento político islâmico fundado por seu pai, Abdessalam Yassine. O Justiça e Espiritualidade se apresentou desde o início como um movimento político-religioso composto por elementos do sufismo (e sua abordagem não violenta das tradições religiosas) e populismo, fato que o fez adquirir um status político controverso no Marrocos, relacionado à sua oposição frontal ao regime monárquico[540].

Ao iniciar a al-Adl wa-l-ihsãne, Nadia Yassine tornou-se uma espécie de porta-voz de discussões relevantes para a reflexão do status das mulheres na sociedade marroquina, alinhando religião e ativismo político. Para tanto, Nadia elaborou um discurso condizente com a base teórico-religiosa sufi e que ao mesmo tempo privilegiava o exercício da interpretação do Alcorão e das demais fontes sagradas. A ênfase conferida por Abdessalam Yassine e Nadia Yassine ao sentido justo e igualitário da *ummah* em seu desenvolvimento inicial com o profeta Muhammad conduziu o movimento a um processo de questionamento da monarquia marroquina que definiu uma distinção dos demais movimentos e partidos de orientação islâmica, sobretudo no período posterior à independência do Marrocos com relação ao poder colonial francês.

O principal compromisso do movimento Justiça e Espiritualidade foi, então, garantir a difusão de conhecimento religioso que permitisse à população marroquina desenvolver o princípio da *ijtihad* (livre interpretação) e observar que determinadas práticas sociais relacionadas comumente à religião guardavam elementos importantes de disputa por poder. Estas integravam uma preocupação maior com a manutenção de determinado *status quo* político, social e econômico, afastando-se do que seriam os elementos (como liberdade e responsabilidade) e a prática de uma sociedade justa naquela que seria a melhor expressão de si.

O posicionamento do Justiça e Espiritualidade fica evidente na fala de Nadia Yassine em diversos momentos, como em uma reflexão feita acerca da necessidade de garantir acesso das novas gerações ao conhecimento religioso que envolvia a interpretação da *shari'a*:

> Assim, o aspecto mais importante neste campo é a preparação de uma nova geração para adquirir as ferramentas essenciais do *ijtihad* intelectual (interpretação) em todos os campos — principalmente para as mulheres, que foram constantemente injustiçadas em seu acesso ao conhecimento. O líder do grupo Abessalam Yassine evidenciou que a tragédia dos muçulmanos é observada na exclusão das mulheres do *ijtihad*. Estamos vendo um renascimento do pensamento relacionado às mulheres, que estão reto-

[540] EUBEN, Roxanne L.; ZAMAN, Muhammad Qasim (ed.). **Princeton readings in Islamist thought**: texts and contexts from al-Banna to Bin Laden. New Jersey: Princeton University Press, 2010. p. 302-312.

> mando os estudos em geral e particularmente o *ijtihad* para o desenvolvimento prático de habilidades.[541]

As mulheres se converteram no foco das reflexões de Nadia Yassine. Assim, é possível observar que, no entendimento de Nadia Yassine, existia uma crença relacionada à natureza igualitária do islã, que teria, por sua vez, sido distorcida por conta de interpretações patriarcais, ação que permitiu o desenvolvimento de problemas sociais relacionados à desigualdade de gênero. A preocupação da pensadora em enfatizar que os supramencionados problemas eram fruto de interpretações patriarcais e específicas da religião, ou seja, seriam fruto de uma leitura, é semelhante àquela existente entre as expoentes do feminismo islâmico (movimento abordado ao longo do capítulo 2 deste livro). Cabe destacar aqui que Nadia desenvolve suas reflexões sobre o status das mulheres sem utilizar a terminologia feminista, problematizando assim o uso desta como uma categoria político-social ocidental que, por sua vez, não dá conta de lidar com as especificidades da agência feminina em contexto religioso.

Em consonância com as reflexões de Amina Wadud e Asma Barlas, o posicionamento de Nadia Yassine parte do entendimento de que religião e protagonismo feminino (entendido como o nível de ação das mulheres na sociedade) eram compatíveis e deveriam estar em consonância para assim resgatar o sentido original e revolucionário do Islã com relação ao papel e aos direitos das mulheres.

Nesse sentido, Yassine desenvolve um discurso em que os frames "direitos das mulheres", "Direitos Humanos" e "agência" são diretamente relacionados à retomada das fontes sagradas e do conhecimento por parte das mulheres, ou seja, ao desenvolvimento de práticas que garantissem às mulheres direitos e deveres sem perder de vista a religião. Os "direitos das mulheres" e "Direitos Humanos" são expressos em termos religiosos, ato que torna a noção de equidade mais adequada para tratar de um processo que permite a retomada do potencial feminino em sua sociedade a partir do entendimento de que a fonte divina garantia às mulheres sua dignidade e igual responsabilidade perante Deus. É importante ressaltar aqui o reforço ao papel das mulheres como fontes de valor e moral da sociedade, algo que lhes conferiam, por um lado, uma posição importante

---

541 YASSINE, Nadia. Interview with Nadia Yassine of the Moroccan Justice and Charity Group. [Entrevista cedida a]: Kyle McEneary. **Sada Online Journal**, Washington, 2008. Disponível em: https://carnegieendowment.org/sada/2008/09/interview-with-nadia-yassine-of-the-moroccan-justice-and-charity-group?lang=en. Acesso em: maio 2024.

e, por outro, tornava-as alvo de uma série de discursos sobre autenticidade, moralidade e de questionamento ao processo de ocidentalização.

O frame "agência" pode ser compreendido na fala de Nadia Yassine a partir da ação individual e coletiva de mulheres religiosas que atuam de acordo com sua convicção e em oposição às restrições sociais e econômicas que as atingiam; assim:

> [...] a agência sinaliza uma ruptura tripla das restrições sobrepostas: uma reconquista do espaço público que desafia as restrições ligadas ao ambiente doméstico; a declaração de dissidência com relação à ordem estabelecida; e uma reivindicação pública da fé contra todos aqueles que veem o islamismo e os direitos das mulheres como mutuamente excludentes.[542]

Embora o discurso de Nadia e da *al-Adl wa-l-ihsãne* seja de uma revisão interpretativa favorável às mulheres (e seus direitos), é possível observar na literatura especializada uma discussão sobre a atuação do referido movimento de mulheres. Sadiqi[543] argumenta que o referido movimento reforça um discurso de complementaridade de gênero no Islã, ou seja, a noção de complementaridade entre mulheres e homens, considerando que a equidade (com base na diferença de papel social) era consistente com o entendimento de justiça.

As ações da *al-Adl wa-l-ihsãne* ao longo dos debates nacionais acerca dos direitos das mulheres na década de 1990 estiveram relacionadas principalmente ao questionamento do que Nadia Yassine e outras lideranças islâmicas acreditavam ser uma espécie de distração do governo para não lidar com questões domésticas relevantes (como as econômicas, de liberdade de expressão). E, ao mesmo tempo, Yassine firmava a crítica acerca do uso de entendimentos ocidentais acerca dos direitos das mulheres, considerando convenções e documentos internacionais, fato que excluía a pluralidade do pensamento religioso acerca do status da mulher na sociedade marroquina.

A crítica ao Plano Nacional de Ação para Integração das Mulheres no Desenvolvimento, desenvolvido pela monarquia marroquina e diversas forças políticas entre 1998 e 1999, é um exemplo concreto da ação da *al-Adl wa-l-ihsãne*. Atuando em oposição direta ao desenvolvimento de

542 EUBEN; ZAMAN, 2010, p. 309-310, tradução minha.

543 SADIQI, 2017, *passim*.

reformas nas leis de família sem considerar interpretações religiosas de mulheres acerca da temática, sobretudo considerando que a mudança era percebida pela associação como necessária, em especial por conta de alterações econômicas, sociais e pelo uso do *ijtihad*. O uso deste último garantiria uma interpretação compatível com os ideais de justiça, verdade e equidade já presentes nas fontes sagradas, porém invisibilizados ao longo do tempo por conta da predominância de interesses políticos e econômicos[544].

Em 21 de junho de 1993, o Marrocos aderiu com ressalvas à Convenção para Eliminação das Formas de Discriminação Contra a Mulher, importante instrumento na construção de um discurso acerca dos direitos das mulheres. A ação sinalizou a tentativa da monarquia marroquina de se posicionar diante do debate internacional como um país preocupado com a pauta, porém, ao mesmo tempo, no âmbito interno selou o que Evrard[545] denominou de "estratégia dupla da monarquia" acerca das mulheres.

Essa "estratégia dupla" foi caracterizada por diversos momentos nos quais uma espécie de cisão entre a instituição e o monarca enquanto indivíduo ocorreu no plano discursivo e prático. Isso permitiu uma ampliação das ações políticas, ou seja, acenar para os diferentes grupos políticos desde o pós-independência (1957/58). A monarquia continuou a desenvolver uma estratégia ambígua com relação aos direitos das mulheres, ao promover, de forma simbólica, um suporte às mulheres desde o período de consolidação da monarquia, enquanto poucas demandas foram atendidas no âmbito político.

A adesão à Cedaw teve ressalvas, como anteriormente mencionado. Tais ressalvas foram levantadas pelo governo marroquino a partir da compreensão de que os artigos selecionados feriam de alguma forma as características culturais e religiosas do país. Os alvos de tal ação foram os artigos 2º, 9º (2), 15 (4), 16 e 29 da Cedaw[546], que tratam, de maneira geral, da igualdade jurídica entre mulheres e homens, bem como de sua expressão no interior da família (no casamento, no acesso ao divórcio, à custódia de filhos) e à transmissão da nacionalidade.

---

544 RODED, Ruth. Moroccan Islamist Nadia Yassine imagines the life of the prophet. **Hadith and Sira Studies**, Istanbul, v.10, n. 1, p. 100-122, 2015.

545 EVRARD, 2014.

546 As ressalvas apresentadas pelo Marrocos quando da adesão à Cedaw podem ser lidas de forma integral no link: https://treaties.un.org/doc/Publication/UNTS/Volume%201725/v1725.pdf. Acesso em: maio 2023.

Destaque especial pode ser feito aos artigos 16, 2º e 9º. O artigo 16 dispunha sobre a igualdade entre mulheres e homens com relação aos direitos e responsabilidades no casamento e em sua possível dissolução (divórcio). O questionamento do Marrocos acerca do artigo se deu pelo fato de que o código de família vigente naquele contexto. Esse entendimento estava baseado em uma interpretação específica da jurisprudência islâmica que ainda permitia que os homens tivessem um acesso diferente ao divórcio, marcado pela possibilidade de repúdio; enquanto as mulheres só poderiam iniciar um pedido de divórcio em situações específicas. Além disso, tal processo era acompanhado pela necessidade de pagamento de uma compensação financeira ao marido.

O artigo 2º trata da necessidade de os Estados condenarem a discriminação e buscarem o desenvolvimento de uma política nacional voltada à eliminação de qualquer forma de discriminação. A oposição mais direta do Marrocos esteve relacionada aos itens "c" e "d", que dispunham respectivamente sobre a proteção jurídica com base na igualdade entre mulheres e homens, bem como o cumprimento do dever de eliminar quaisquer práticas que permitissem a discriminação contra as mulheres e garantir que as instituições públicas e autoridades elaborem leis e políticas voltadas para tal objetivo.

Já o artigo 9º foi destacado por conta da inconformidade deste com a Lei de Nacionalidade marroquina, principalmente pelo fato de que nessa lei mulheres e homens possuem direitos diferentes no que diz respeito à nacionalidade dos filhos; a nacionalidade da mãe é transmitida para os filhos em casos específicos.

A pressão feita por movimentos sociais de mulheres marroquinas pela mudança no código de família nacional se intensificou, e apenas no ano de 1993, tendo o monarca Hassan II (filho de Mohammed V) como figura de mediação, o código de família marroquino (*Moudawana*) passou por alterações de ordem procedimental — no que diz respeito às formas corretas de registro de casamento ou divórcio e ao pagamento das taxas por estes geradas. Em termos substantivos, no entanto, a reforma de 1993 trouxe alguns poucos avanços com relação aos direitos e deveres das mulheres.

Quatro aspectos dessa reforma devem ser ressaltados devido à importância que possuem para a concretização das demandas das mulheres marroquinas acerca das alterações em seus direitos no âmbito da família[547].

[547] MIR-HOSSEINI, 2011; SALIME, 2011.

O primeiro foi o fato de a mulher receber o poder de assinar seu próprio contrato de casamento com a restrição parcial da figura do *wali* (guardião/tutor) no processo de elaboração do contrato. Ou seja, a mulher ganha, no processo legal, visibilidade e a capacidade de recusar um casamento forçado ao poder manifestar nesse sentido[548].

O segundo foi a possibilidade de mitigar os efeitos do casamento poligâmico, visto que, para entrar em futuros contratos de casamento, era necessário que o marido tivesse expresso consentimento da primeira esposa. O terceiro aspecto tinha como tema central a custódia/tutela de filhos com pais divorciados. De acordo com a alteração, a tutela dos filhos deveria ser entregue à mãe em caso de morte do pai, sendo que antes caberia a um juiz decidir a tutela entre as famílias.

O quarto aspecto, relacionado ao tema do divórcio, determinava que, para a efetivação de um divórcio, era necessário que ambas as partes expressassem sua vontade e estivessem presentes para o registro do ato. O divórcio por repúdio continuava como uma prerrogativa masculina, mas ficou estabelecido que, mesmo em tais casos, era necessário que o esposo pagasse uma espécie de compensação para a esposa repudiada, sobretudo por conta do estigma existente em relação a tais mulheres na sociedade marroquina.

A reforma do código de família em 1993 trouxe, além dos aspectos mencionados, um momento de reconhecimento por parte da monarquia (enquanto instituição) — ainda que forçado — da relevância da atuação das mulheres, principalmente considerando seu potencial político e social. A *agência* das mulheres pôde ser entendida no referido contexto justamente pela criação de oportunidades de atuação, apesar das condições político-religiosas que, de alguma forma, pudessem constranger sua margem da ação na sociedade. Elemento que se aproxima do entendimento de Saba Mahmood[549] acerca da necessidade de tencionar a ação feminina fora de um binômio dominação vs. resistência, ou seja, observar a capacidade de ação que não seriam tradicionalmente concebidas como tal.

Assim, é possível observar que, por mais que a monarquia, com Hassan II (filho de Mohammed V), como figura de mediação, tenha utilizado de sua autoridade para conter o avanço das campanhas desenvolvidas por movimentos, associações e organizações de mulheres de tendência/

548 MIR-HOSSEINI, 2011.

549 MAHMOOD, 2006.

corrente secular e religiosa do feminismo marroquino, a realização de uma reforma do código de família, ainda que pequena, foi considerada um ganho das articulações populares. Essa vitória é importante se observarmos, por exemplo, a demanda comum entre as tendências secular e religiosa do feminismo marroquino acerca da restrição da figura do *wali* (guardião/tutor) no processo de realização do contrato de casamento, fato que garantia a visibilidade e a capacidade da mulher recusar um casamento forçado (ao poder manifestar nesse sentido) e de tomar suas decisões sobre o tema.

Além disso, as alterações desenvolvidas na reforma de 1993 permitiram uma mudança relevante no que diz respeito à condução do tema dos direitos de família: a compreensão pública de que a temática era, acima de tudo, um esforço humano em interpretar aspectos presentes nas fontes sagradas (Alcorão e *sunnah*), ou seja, foi aberta a discussão de que a livre interpretação (*ijtihad*) era importante para acompanhar o dinamismo da sociedade e que a lei, apesar de ter uma aspiração religiosa, não deveria ter um caráter imutável.

De maneira geral, é possível argumentar que, na década de 1990 e início dos anos 2000, os direitos das mulheres figuravam na sociedade marroquina como um campo de disputa simbólica entre os discursos tradicionalistas (ligados à noção de uma retomada de valores religiosos tidos por seus defensores como representantes dos valores nacionais) e os "modernos", entendidos como aqueles que visam uma orientação da sociedade de acordo com valores universais (Direitos Humanos e direitos das mulheres) e nacionais. Inseridos neste contexto, os direitos das mulheres foram vistos pelos governantes como elemento de barganha para a manutenção de partidos políticos e da própria monarquia[550], fato que ficou mais evidente nas tratativas de uma reforma ampliada no fim da década de 1990.

Além dos movimentos e organizações de feministas de tendência/cunho liberal ou secular, tais como a União pela Ação Feminina e a Associação Democrática das Mulheres no Marrocos, diversos movimentos de mulheres com raízes religiosas ligados aos principais movimentos políticos islâmicos também ganharam espaço, como a Organização de Justiça e

[550] Susan G. Miller (2013) argumenta que a monarquia construiu ao longo das décadas um discurso pragmático, não apenas ideológico ou religioso, que garantiu a manutenção de seu poder em momentos de crise/contestação entre forças políticas nacionalistas, liberais e seculares, e islâmicas.

Espiritualidade, vinculada ao Partido da Justiça e Desenvolvimento, e a al-Adl wa-l-ihsãne, vinculada ao movimento Justiça e Espiritualidade[551].

A plataforma dos grupos de orientação islâmica esteve relacionada a uma preocupação com a manutenção da "autenticidade" da identidade e dos costumes marroquinos relacionados ao Islã, tais quais contidos no Código de Família[552]. O tópico da integração das mulheres na sociedade, discutido extensivamente no final da década de 1990 por meio da articulação da UAF e da ADFM e foco de um plano de ação governamental (1998-1999), poderia ser visto como positivo por grupos islâmicos, caso fosse desenvolvido de acordo com a identidade (leia-se religião islâmica) da sociedade, ou seja, as fontes (Alcorão e os *ahadith*) e os ensinamentos religiosos[553].

A disputa de narrativas entre as associações/organizações seculares de mulheres marroquinas (tais como a ADFM e a UAF) e os movimentos de mulheres de cunho religioso, tais como a Organização para a Renovação da Consciência das Mulheres, (vinculada ao Partido da Justiça e Desenvolvimento) e a *al-Adl wa-l-ihsãne* (ligada ao partido Justiça e Espiritualidade), também teve a influência de outro importante processo de desenvolvimento social e político nacional: a formação do denominado Plano Nacional de Ação para Integração das Mulheres no Desenvolvimento, entre os anos de 1999 e 2000.

Antes de seguir com as discussões geradas em torno do PNA, é importante destacar a influência do contexto internacional no processo de *framing*, ou seja, do processo de construção (por parte dos entes nacionais) dos enquadramentos que motivam a ação dos movimentos sociais na temática os direitos das mulheres, por exemplo. Nesse sentido, observamos a influência teórica e ideológica dos movimentos sociais internacionais (como o Collectif 95), a pressão representada por organizações internacionais formais (como a ONU) e por convenções internacionais de Direitos Humanos na delimitação dos frames direitos das mulheres, Direitos Humanos e agência.

---

551 ELLIOT, 2015.

552 Embora o Islã seja religião oficial do Marrocos, existem comunidades cristãs e judaicas que possuem sua liberdade de credo garantida no artigo 6 da Constituição do país (com revisões em 1992 e 1996). As comunidades judaicas, por exemplo, possuem um código de status pessoal diferenciado que é aplicado na Corte Sadad (primeira instância) em seção específica no uso do direito rabínico (AN-NAIM, 2002, p. 178-179).

553 BUSKENS, Léon. Recent debates on family law reform in Morocco: Islamic law as politics in an emerging public sphere. **Islamic Law and Society**, Leiden, v. 10, n. 1, p. 70-131, 2003.

Associações e organizações seculares de mulheres marroquinas (tais como a ADFM e a UAF) pressionaram o governo nacional para aderir a tratados e convenções internacionais de Direitos Humanos e também passaram a desenvolver relatórios em paralelo aos oficiais, produzidos por setores do governo marroquino. A linguagem dos Direitos Humanos foi utilizada pelas associações e organizações como parte da estratégia para pressionar o Estado a fazer mudanças, sobretudo no código de família.

Assim, as associações e organizações vislumbraram o ambiente internacional como o adequado para tal ação, visto que o Estado passou a ser pressionado também por outros atores internacionais a se comprometer e a tomar uma atitude mais direta no âmbito interno, nacional: o frame "Direitos Humanos" foi enquadrado, apresentado como um elemento-chave para a busca por mudanças substantivas no status das mulheres na sociedade marroquina.

Embora grande parte da população compreendesse a necessidade de mudança expressa pela iniciativa do PNAIMD para uma maior participação das mulheres na sociedade marroquina, foram as propostas para mudança do código de família (*Moudawana*) que suscitaram maiores debates. No contexto das discussões em torno do PNAIMD, foi possível observar com mais detalhes a atuação dos movimentos, associações e organizações de tendência/corrente secular e religiosa do feminismo marroquino, ou seja, a forma pelas quais tais grupos se posicionaram no debate, estabeleceram alianças com outros grupos políticos.

Um primeiro aspecto que merece destaque aqui é a própria composição do grupo de trabalho que desenvolveu o PNAIMD, principalmente a orientação política de seus membros e a forma como as demandas se articularam para a elaboração do documento. O grupo era composto por homens e mulheres de orientação política diversa, liderados pelo primeiro-ministro Abderahman al-Youssoufi (membro do partido socialista União Socialista de Força Populares e um oponente formal da monarquia), que foi escolhido pelo rei Hassan II como parte do movimento da monarquia de realizar, desde 1997, uma espécie de alternância política, permitindo maior alteração no Parlamento[554]. Além da liderança de al-Youssoufi, o grupo de trabalho que elaborou o texto-base do PNAIMD tinha como integrantes movimentos, associações e organizações feministas seculares e o secretário do Estado para a família.

554 SALIME, 2011.

O PNAIMD continha em seu texto indicações de mudança acerca dos direitos das mulheres e, portanto, do conteúdo do *Moudawana*, que não tinham sido possíveis na reforma realizada em 1993. O plano deixava evidente que, ao tomar como base as discussões internacionais sobre os direitos das mulheres e considerando a pressão popular, o governo marroquino adotara um discurso liberal que se afastava da noção até então posta de que os elementos do código de família eram *sagrados*, ou seja, não poderiam ser alterados.

A primeira versão do PNAIND não mencionava, por exemplo, a *shar'ia* como inspiração (diferentemente do código de status pessoal anterior), mas enfatizava as ideias de igualdade de gênero e direitos individuais inspirada no discurso liberal da plataforma ONU e do Banco Mundial, respectivamente organizações que foram consultora e financiadora dos projetos estipulados no plano de ação.

Os principais temas abordados no PNAIMD traziam à tona uma série de discussões já existentes na sociedade marroquina, sobretudo junto aos movimentos, associações e organizações de mulheres que desenvolveram plataformas de ação a partir de visões diferentes acerca do tema dos direitos das mulheres na família. Dentre os referidos temas, destaque especial pode ser conferido aos seguintes: a) a anulação total da poligamia e da tutela matrimonial; b) o divórcio por repúdio (uma prerrogativa essencialmente masculina) seria substituído pelo divórcio legal, ou seja, seria desenvolvido de acordo com a noção de divórcio mútuo, com a necessidade de aceitação por ambas as partes, bem como discussão acerca de possíveis compensações financeiras e da custódia dos filhos; c) a guarda dos filhos deveria ser materna, preservando a sua manutenção, mesmo no caso da celebração de um novo casamento; d) a repartição igualitária de bens em caso de divórcio; e) a participação de juízas em tribunais especializados no direito de família[555].

As manifestações realizadas no dia 8 de março de 2000 nas cidades de Rabat e Casablanca foram um momento importante para a estratégia de mobilização desenvolvida por movimentos, associações e organizações de tendência/corrente secular e religiosa do feminismo marroquino. Em cada cidade a demonstração era de uma força política e social diferente — uma coalizão de movimentos de mulheres e partidos liberais em Rabat,

555 OUALI, Nouria. Les réformes au Maroc: enjeux et stratégies du mouvement des femmes. **Nouvelles Questions Féministes**, Lausanne, v. 27, n. 3, p. 28-41, 2008.

enquanto em Casablanca se reuniram grupos islamitas —, porém ambas queriam apresentar seu posicionamento acerca das discussões dos direitos das mulheres e de possíveis mudanças no Código de Família[556].

A crítica de Nadia Yassine e da al-Adl wa-l-ihsāne acerca do PNAIMD e das iniciativas de modernização conduzidas pela monarquia e com base em pressões internacionais sobre os temas de Direitos Humanos e direitos das mulheres pôde ser observada em posicionamentos como o realizado à audiência francesa no contexto da marcha em Casablanca. Ao apresentar os motivos pelos quais as mulheres da al-Adl wa-l-ihsāne estavam no ato organizado por grupos religiosos, Nadia reforçou o caráter contrário a qualquer interferência externa: no caso, um entendimento ocidental e universal dos Direitos Humanos que teria sido aceito por parcela da monarquia e de forças políticas como parte de um projeto de melhoria do status das mulheres na sociedade marroquina. Assim, Yassine destacou:

> Nossa marcha é pela autodeterminação cultural. Sei que usamos a autodeterminação para falar sobre questões políticas, mas quero estender o uso desse termo a questões culturais. Marchamos para declarar nossa oposição a todas as formas de intrusão estrangeira em nossos negócios. Temos problemas, mas podemos resolvê-los como uma família e com referência aos nossos próprios valores e cultura islâmica.[557]

A Organização para a Renovação da Consciência das Mulheres seguiu uma retórica semelhante àquela apresentada pela al-Adl wa-l-ihsāne em termos de reforço à identidade cultural e religiosa marroquina, bem como à soberania para atuação no campo dos direitos das mulheres, considerando a livre interpretação (*ijtihad*) como o melhor caminho a ser seguido para um posicionamento renovado e coerente,

> Queremos reverter a centralidade dos regulamentos e normas internacionais, porque eles são as ferramentas de uma opressão e dominação global. Vemos o NPA como uma dessas políticas de cima para baixo, destinadas a submeter a vontade do povo à agenda de agências internacionais e doadores. Denunciamos a alienação da shari'a e a exclusão de um grande eleitorado nacional da elaboração do NPA. [...]

[556] MADDY-WEITZMAN, 2005; SATER, 2007, p. 82-84. Ver: SATER, James N. **Civil society and political change in Morocco**. New York: Routledge, 2007. p.82-128.

[557] YASSINE, 2000 *apud* SALIME, 2011, p. 80, tradução minha.

> Esse não é um plano nacional, mas sim parte de uma trama global para a dominação do Terceiro Mundo pelo Ocidente. Queremos dizer ao público que o NPA é anticonstitucional porque o Marrocos é um estado islâmico e, portanto, a mais alta autoridade do estado é a da lei islâmica.[558]

Ainda nesse sentido, outra declaração importante foi a de Khadija Mufid, também fundadora da *Organização para a Renovação da Consciência das Mulheres*, que falou sobre a necessidade do reconhecimento da pluralidade de vozes quem compunham o feminismo marroquino, considerando que as demandas entre suas expressões se aproximavam, mas as diferenças estavam justamente na forma alcanç*á*-las:

> Nosso objetivo não era abrir velhas feridas com a esquerda secular nem polarizar o país. [...] As feministas começaram essa luta, lutaram por suas crenças, por um ideal de igualdade, democracia e desenvolvimento. Estamos perseguindo os mesmos objetivos, mas em linhas diferentes. Não somos contra os direitos das mulheres, mas nossa luta é mais ampla. Queremos a soberania de nosso país, lutamos pela dignidade de nosso povo e queremos uma governança inclusiva que respeite a diversidade de vozes. Não somos seguidores cegos das escolhas ocidentais. O Ocidente não resolveu seus próprios problemas; Como isso pode nos ajudar a consertar o nosso? Em Casablanca, as pessoas responderam. Todo mundo precisa ouvir. Os islâmicos têm ouvido o pulso do povo. É por isso que poderíamos facilmente mobilizar a rua. Somos nós que podemos mobilizar o povo, e essa marcha foi crucial para nós.[559]

Em comum, as associações, as organizações e os movimentos de mulheres muçulmanas tinham o fato de enquadrarem a ação conjunta da monarquia com grupos seculares como uma ameaça aos valores culturais nacionais, assim os frames "Direitos Humanos" e "direitos das mulheres" foram interpretados como parte de um projeto ocidental de atuação no país que impunha valores e entendimentos específicos sobre os direitos das mulheres e sua atuação na sociedade que eram diferentes das alternativas que a reinterpretação das fontes religiosas, por meio do *ijtihad*, poderia trazer.

---

[558] ORWA, 2000 *apud* SALIME, 2011, p. 81, tradução minha.

[559] SALIME, 2011, p. 81, tradução minha.

A crítica desenvolvida também discutiu o papel desempenhado pelos movimentos, organizações e associações de feminismo secular marroquino que alinharam suas demandas por alterações no status das mulheres aos valores discutidos e apresentados por organizações internacionais, seus tratados/convenções, bem como às expressões do feminismo ocidental que em alguma medida mantinha uma narrativa salvacionista com relação aos direitos das mulheres.

3.3 A reforma do *Moudawana* (2004) e as discussões sobre sua aplicação

As manifestações realizadas em março de 2000 nas cidades de Rabat e Casablanca foram um momento importante para a estratégia de mobilização desenvolvida por movimentos, associações e organizações de tendência/corrente secular e religiosa do feminismo marroquino, conforme discutido extensivamente na seção anterior. Alguns elementos das mobilizações políticas e discursivas das tendências/correntes secular e religiosa do feminismo marroquino nos anos subsequentes às manifestações podem ser destacados considerando as ações conduzidas até a reforma que deu origem ao novo *Moudawana* (Código de Família) em 2004.

Um primeiro elemento que merece ser destacado é o fato de que os movimentos, associações e organizações de mulheres, bem como os partidos políticos, os *ulemás* (líderes religiosos) e a monarquia (enquanto instituição), apresentaram publicamente suas impressões acerca dos "resultados" das manifestações como uma forma de posicionar perante o debate nacional sobre os direitos das mulheres e o desenvolvimento[560].

Os movimentos, associações e organizações de tendência/corrente secular do feminismo marroquino realizaram algumas adaptações em seu discurso com o intuito de responder aos questionamentos feitos pelos movimentos, associações e organizações de tendência/corrente religiosa e, ao mesmo tempo, alcançar um maior número de apoiadoras. A primeira ação em tal sentido foi justamente um processo de questionamento sobre as estratégias anteriores, marcadas por confrontações diretas a elementos que eram tidos pela população como "divinos", como os direitos e deveres de mulheres e homens no âmbito do casamento.

[560] SALIME, 2011; EVRARD, 2014.

A segunda ação, talvez a mais relevante para nossas análises aqui, foi a adesão da religião como forma de argumentar pela mudança no status das mulheres na sociedade, ou seja, ao responder às críticas realizadas sobretudo por ulemás às feministas da tendência/corrente secular. Estas observaram na própria linguagem religiosa, no caso o que denominavam espírito da *shar'ia*, um instrumento poderoso para argumentar pela legitimidade das mudanças sugeridas no PNAIMD. Em um comunicado publicado em conjunto por meio da recém-criada Rede de Suporte ao PNAIMD, a nova argumentação das feministas de tendência/corrente secular integrava o princípio da *ijtihad* (livre ou renovada interpretação das fontes sagradas) como o caminho para a concretização das reformas e políticas sugeridas no PNAIMD.

Além disso, o comunicado da *Rede de Suporte ao PNAIMD* questionava o conselho de ulemás como únicos detentores do conhecimento religioso para interpretar as fontes sagradas e a jurisprudência islâmica (*fiqh*). Sua argumentação seguia no sentido de que visões antiquadas ou absolutas da *fiqh* deveriam ser substituídas, considerando que princípios como justiça e equidade integram o espírito do Islã, devendo ser retomadas para que as mudanças legais demandadas pelas mulheres marroquinas pudessem ser atendidas.

Os movimentos, associações e organizações de tendência/corrente religiosa do feminismo marroquino também reexaminaram suas estratégias de atuação após as manifestações de março de 2000, observando possibilidades de ajuste e atuação que permitissem uma maior eficiência na garantia de suas demandas, até mesmo por participação nas discussões junto ao governo nacional.

Diferentemente da postura adotada por al-Adl wa-l-ihsãne, que manteve uma postura de questionamento da legitimidade da monarquia, a Organização para a Renovação da Consciência das Mulheres (ligada ao PJD) adotou uma postura que, para Eddouada e Pepicelli[561], poderia ser denominada como moderada, visto que passou a aceitar a legitimidade do rei e da monarquia em conduzir os futuros processos de reforma e implementação de políticas. Ainda nesse sentido, a Organização passou a buscar formas de atuar a partir do sistema político vigente, ou seja, de integrar o sistema por meio da garantia de assentos nas eleições muni-

[561] EDDOUADA, Souad; PEPICELLI, Renata. Morocco: towards an "Islamic state feminism". **Critique Internationale**, Paris, v. 46, n. 1, p. 87-100, 2010.

cipais e do Parlamento para levar as demandas sobre o código de família para discussão, visando a elaboração de consensos amplos na temática.

A monarquia (instituição) respondeu às manifestações de março de 2000, a partir de ações do rei Mohamed VI, com o intuito de garantir que possíveis mudanças fossem conduzidas pela instituição e obtivessem legitimidade ao mediar os interesses dos diversos grupos envolvidos na discussão dos direitos de família. A primeira, e talvez mais relevante, ação nesse sentido foi a criação — no ano de 2001 — de uma espécie de conselho consultivo que foi responsável pela coordenação de esforços para a realização de uma mudança no código de família[562].

O *conselho real consultivo* gerou um duplo impacto inicial, marcado pela retirada do tema da reforma e dos direitos das mulheres do debate público (algo que os movimentos, associações e organizações de tendência/corrente secular do feminismo marroquino viram com desconfiança) e pela tentativa da instituição de conter possíveis questionamentos ao seu poder central. A composição do conselho trouxe, além da desconfiança das feministas seculares, a oportunidade inédita de mulheres participarem de um processo de decisão tão relevante como a redação do novo código de família. Foram convidadas mulheres de diferentes vertentes políticas e rapidamente o ambiente transformou-se em um espaço de disputa, que passou a articular a linguagem religiosa como forma de argumentação para legitimar demandas.

A preocupação dos movimentos, associações e organizações com o uso da linguagem religiosa pôde ser observada no manifesto conjunto articulado por representantes da corrente/tendência secular do feminismo marroquino, em que se apresenta as noções de igualdade e justiça no islã como condizentes com a plataforma de ação em prol de reformas no âmbito do direito de família; assim,

> Consideramos que a inferioridade das mulheres entra em conflito tanto com a essência quanto com os propósitos do islamismo. [...] As demandas das mulheres por justiça, dignidade e igualdade são fundamentadas na ética do islamismo e, portanto, assumem significados integrais dentro da estrutura da shar'ia islâmica [...] O Alcorão convida a debates e deliberações como forma de alcançar consenso sobre questões de interesse coletivo; assim inscrevemos nossa abordagem dentro dessa lógica.[563]

[562] SALIME, 2011.

[563] *Ibidem*, p. 89, tradução minha.

Em 2004, após anos de mobilização política de grupos, partidos e movimentos sociais diversos, o Código de Família marroquino foi alterado por meio de um decreto real (*dahir*) conduzido pelo rei Mohamed VI. A reforma ocorreu em um ambiente político conturbado, marcado por atentados em Casablanca no ano de 2003 (fato que levantou a questão de um posicionamento acerca da identidade muçulmana do país magrebino) e pelo acirramento das disputas discursivas de movimento, organizações e associações seculares e islâmicas acerca da revisão do Código de Família (1993).

Tal ato por parte da monarquia é colocado por Eddouada como estratégia para atingir o que a pesquisadora denomina "agenda nacional de um Islã marroquino moderno e moderado"[564], ou seja, faz parte de um esforço de lidar com as demandas dos atores políticos nacionais e internacionais.

O *Moudawana* (2004), diferentemente da reforma ocorrida em 1993, já demonstrava um esforço maior de ampliação dos direitos das mulheres e na restrição de aspectos que permitiam a desigualdade de gênero. No preâmbulo do novo código, figurava uma breve descrição das alterações realizadas pelo antecessor do rei Mohamed VI e ficava clara a necessidade de afirmar que a reforma era condizente com a *Shari'a* e os princípios islâmicos da tolerância, principalmente ao utilizar a livre interpretação (*ijtihad*) para considerar "espírito da nossa ordem moderna e os imperativos do desenvolvimento, em concordância com o comprometimento do reino com os direitos humanos reconhecidos internacionalmente"[565].

Dentre as alterações apresentadas no novo código de família, destacaram-se a nova concepção do conceito de casamento; a abolição da figura do *wali* (restringida parcialmente na reforma de 1993) e garantia da autonomia para a mulher; o direito da mulher de iniciar um pedido de divórcio (retirando o direito unilateral do homem ao repúdio, *talaq*); e a restrição à poligamia. A seguir serão examinadas em mais detalhes as referidas alterações, bem como as articulações e os embates entre movimentos, associações e organizações de corrente/tendência secular e religiosa do feminismo marroquino no tocante aos temas.

A elaboração dos termos que permitiram a alteração do *Moudawana* (2004) foi possível por uma mudança central no que diz respeito à noção

---

564 EDDOUADA, 2016, p. 70, tradução minha.

565 MOUDAWANA, 2004, tradução minha.

de igualdade, ou seja, o entendimento dela enquanto elemento essencial para a concretização de direitos e deveres de mulheres e homens no âmbito familiar. A noção de igualdade não era mencionada anteriormente no código de família (mesmo com a reforma de 1993), pois a linguagem do texto mantinha um entendimento específico de complementaridade que, advindo de uma interpretação da jurisprudência islâmica (*fiqh*), permitia a existência de uma desigualdade formal no que dizia respeito aos direitos e deveres entre mulheres e homens no interior da família, principalmente no casamento, no divórcio e na custódia de filhos.

Com base nas interpretações feitas por juristas de passagens do Alcorão [como na Suarata nº 4, *An Nissá – As mulheres*, verso (*ayat*) nº 34] e das tradições (*ahadith*), a hierarquização de gênero teve sua aplicação *traduzida* para a prática social no Marrocos. Os direitos e deveres estabelecidos no casamento são definidos de forma diferente para os cônjuges, visto que, de acordo com a jurisprudência islâmica clássica (*fiqh*), o homem possuía um papel privilegiado de autoridade e responsabilidade (esta última claramente relacionada ao aspecto econômico).

A hierarquia de gênero estava evidente em diversos artigos do código de família marroquino, sendo que dentre eles se destacou o artigo 1º, que tratava dos *propósitos do casamento* e introduzia a noção de autoridade masculina, segundo a qual o marido era o chefe da família e esposa legalmente devia obediência a ele:

> O propósito do casamento é a felicidade, a virtude, a vontade de procriação e a criação de uma família estável, sob o comando marido, que permita a ambos os cônjuges cumprir suas obrigações recíprocas com segurança, paz, afeição e respeito mútuo.[566]

A mudança da noção de complementaridade para a noção de igualdade passa pelo debate interno no Islã acerca dos diferentes entendimentos acerca da noção de igualdade em si. Especialmente, na compreensão de possíveis distorções de como ela se expressa nas fontes sagradas (Alcorão, *sunnah*, *ahadith*) e da forma pela qual foi aplicada ao longo do tempo nas interpretações que deram origem às escolas de pensamento da jurisprudência e, assim, se converteu em fonte para os códigos de família.

Conforme analisamos na seção 1.1.2 ("As mulheres e/no Alcorão e ao longo dos primeiros séculos do Islã"), a noção de igualdade poderia

[566] MOUDAWANA, 1993 *apud* EVRARD, 2014, p. 182, tradução minha.

ser compreendida de diferentes maneiras, sendo que, em um primeiro momento, três visões são centrais, conforme argumentou assertivamente Bauer[567]. Tais visões poderiam ser resumidas da seguinte forma: a) a igualdade presente no texto sagrado referia-se ao âmbito espiritual, mas no âmbito familiar as hierarquias eram lidas como algo natural; b) a igualdade estava presente de forma contínua no texto e tida como um tratamento justo, visto que o texto clamava por uma espécie de reforma nos costumes observados nos séculos anteriores, e c) a igualdade seria um ideal a ser alcançado, porém, em certos aspectos, as hierarquias entre mulheres e homens poderiam ser encontradas no próprio texto.

Um aspecto importante a ser destacado aqui é o de que a possibilidade de leitura da igualdade no âmbito espiritual não impediu a desigualdade material, por exemplo. Tal aspecto foi observado por Kecia Ali[568], que reforçou observar a existência de uma lógica complexa, derivada de interpretações do Alcorão. Alguns dos seus trechos, tais como o 4:34 e o 4:11, mantinham a hierarquia de gênero ao relacionar o direito ao sustento das esposas pelo marido e o direito à herança, como forma a garantir que a desigualdade material estivesse presente sob a égide de uma proteção que a esposa receberia em troca de sua obediência e reconhecimento do marido como chefe da família. A contradição também surgirá se tivermos em vista que desigualdade material era tida como justa por algumas (ou todas?) interpretações, se considerarmos que os maridos teriam a obrigação de sustentar suas esposas, e estas poderiam dispor livremente da propriedade herdada.

No contexto marroquino, como apresentou Evrard[569], é possível observar que a sociedade em geral estava familiarizada com a noção de complementaridade, reforçada por leituras específicas da jurisprudência *maliki*. A diferença de direitos e deveres entre mulheres e homens não era necessariamente compreendida como uma expressão de desigualdade, visto que existia o entendimento de que ambos eram importantes para a família (enquanto núcleo de preservação e transmissão de valores e cultura) e exerciam funções diferentes na referida estrutura.

Com base na noção de igualdade, a reforma do código de família (2004) tinha o potencial de alterar as relações sociais e garantir algo tido

[567] BAUER, 2009.

[568] ALI, 2010.

[569] EVRARD, 2014.

como central para os movimentos, associações e organizações de corrente/ tendência secular e religiosa do feminismo marroquino: a retomada da igualdade presente no espírito e conteúdo das fontes sagradas, algo que por séculos tinha sido obliterado por interpretações específicas da jurisprudência que tinham como foco a manutenção de poder político e *status quo* que o patriarcado desenvolvera. Assim, é possível argumentar que o uso da linguagem religiosa foi essencial para os movimentos seculares e religiosos, visto que ocorreu um entendimento de que apenas assim mudanças poderiam ser realizadas.

Tal entendimento marca uma mudança com relação ao padrão de comportamento dos movimentos, associações e organizações de corrente/ tendência secular do feminismo marroquino, que ao longo das décadas de 1980 e 1990 se opuseram frontalmente em assumir a religião como um elemento necessário em sua atuação política e social de mobilização e protesto.

A partir da noção de igualdade, por exemplo, a reforma trouxe uma nova concepção do conceito de casamento (no Livro I, artigos 4º e 51), ao estabelecer responsabilidades iguais para os cônjuges, embora a família continuasse sendo o núcleo da sociedade marroquina. A igualdade retomou, então, o sentido espiritual e de justiça que, mesmo presente no Alcorão (como em 9:47, que enfatizava a proteção mútua que deveria ser fornecida por ambos os cônjuges), não esteve contemplada no código de família de 1957/58 ou mesmo na reforma de 1993.

O artigo 4º do *Moudawana* (2004), em específico, apresentava um entendimento renovado em relação aos *propósitos do casamento*, além de retirar a anteriormente mencionada noção de *autoridade masculina*; assim, "O propósito do casamento é a fidelidade, a virtude e a criação de uma família estável, sob a supervisão de ambos os cônjuges de acordo com as disposições deste Mudawwana"[570].

Ainda nas disposições acerca do casamento, cabe mencionar a estipulação de cláusula monogâmica no contrato, restringindo a poligamia à permissão dada pela primeira esposa e confirmada pelo aval de um juiz, que se certifica se o homem é capaz de sustentar mais de uma família (artigo 42). O uso da cláusula foi importante no sentido de encontrar uma forma mais efetiva de lidar com a poligamia, visto que o homem precisaria apresentar uma justificativa plausível para tal ato, além de

[570] MOUDAWANA, 2004 *apud* EVRARD, 2014, p. 182, tradução minha.

reunir documentos capazes de provar para uma Corte de Família sua capacidade financeira para sustentar de maneira justa e igual as esposas.

A *Wilayat*, doutrina que permitiria ao pai (ou familiar masculino mais próximo, como avô, tio ou irmão) agir em prol de menores de idade no que diz respeito à celebração de contrato de casamento e outras questões de ordem financeira, foi outro aspecto que a reforma do Moudawana (2004) alterou de forma mais definitiva. A referida doutrina se insere nas discussões acerca da capacidade legal dos noivos para entrar em um contrato de casamento e nos entendimentos das escolas de jurisprudência islâmica acerca da maioridade, considerando a existência de um padrão diferente para meninas/mulheres e meninos/homens.

A doutrina *Wilayat* apresenta dois tipos principais de guardiões/tutores, sendo que a diferença central entre ambos é a capacidade entregue ao tutor de compelir seus filhos (menores) a entrarem em um determinado contrato de casamento. Quando se trata do casamento de uma filha, o fato de ela ser ou não menor de idade nem sempre determinou seu grau de independência com relação à tutela masculina, visto que mesmo mulheres adultas costumavam necessitar da figura do *wali* no processo de elaboração e celebração de seu contrato de casamento, seja por estarem sujeitas a uma escola de pensamento jurídico que prevê sua existência, seja por conta da influência dos costumes/práticas locais.

Em consonância com a escola de pensamento jurídico Maliki, o código de família marroquino mantinha o entendimento de que a mulher deveria ter seu casamento "contraído por meio (e, portanto, com a permissão de) um guardião masculino (wali), normalmente seu pai, mas possivelmente qualquer outro membro da família do sexo masculino"[571]. Com a reforma de 1993 a doutrina *Wilayat* foi parcialmente contida, porém em casos específicos, por exemplo, pela garantia de que uma mulher órfã poderia elaborar e entrar em um contrato de casamento sem a presença de um *wali* (tutor/guardião) para representá-la.

No entanto, paradoxalmente, conforme apontaram movimentos, associações e organizações de mulheres de corrente/tendência secular do feminismo, como a ADFM, a restrição parcial do *wali* apresentava uma mensagem direta às mulheres: o reforço da noção de que, sem a presença de tal figura, a mulher poderia ter a "má sorte" de entrar em um casamento desfavorável a ela, ou seja, ainda se fazia muito evidente a necessidade de

[571] EVRARD, 2014, p. 201, tradução minha.

um tipo de aconselhamento para tratar do tema do casamento. A preocupação da ADFM com relação ao tema já estava evidente em manifestos elaborados pela associação em colaboração com o movimento regional Collectif 95 Maghreb-Egalité, conforme discutido no item 3.2.2 deste livro.

O ponto central nos argumentos de ambas as associações foi o questionamento do tratamento desigual com relação à capacidade ou maioridade de mulheres e homens para agir por si. De acordo com a ADFM e o Collectif 95 Maghreb-Egalité, embora a instituição da *Wilayat* alcançasse meninas/mulheres e meninos/homens, eram as meninas/mulheres as pessoas mais prejudicadas pela extensão da tutela[572].

Na reforma de 2004, a capacidade de entrar em um contrato de casamento, tratada no artigo 19, foi adquirida automaticamente por homens e mulheres aos 18 anos gregorianos de idade. Assim, a figura do *wali* (tutor/guardião) foi abolida, garantindo, nos artigos 24 e 25, a autonomia para a mulher elaborar e construir seu próprio contrato de casamento.

Cabe ressaltar que, no preâmbulo do *Moudawana* (2004), o rei Mohamed VI apresentou a reforma do referido código como parte de um projeto da monarquia de modernização e promoção dos Direitos Humanos, tomando para si e para a instituição (monarquia) o protagonismo nas discussões sobre os direitos das mulheres no país. Um ponto importante de sua argumentação era justamente promover, por meio da reforma, a justiça às mulheres, "objetivos tolerantes do Islã, notadamente justiça, igualdade, solidariedade, ijtihad (raciocínio jurídico) e receptividade ao espírito de nossa era moderna e às exigências de progresso e desenvolvimento"[573].

Assim, é possível notar que o discurso da monarquia visou acenar para os mais diversos movimentos, associações e organizações de corrente/tendência secular e religiosa do feminismo marroquino, ou seja, demonstrar sua aparente sensibilidade às nuances das discussões, desenvolvidas principalmente desde as manifestações de março de 2000. Os frames "direitos das mulheres" e "Direitos Humanos" passaram a ser apresentados de forma correlacionada, porém com o devido cuidado de expressar tais entendimentos de maneira a não incentivar o acirramento

---

572 COLLECTIF 95 MAGHREB-EGALITÉ. **Guide to equality in the family in the Maghreb**. Bethesda: Women's Learning Partnership for Rights, Development and Peace (WLP), 2005.

573 MOUDAWANA, 2004, tradução minha.

das posições dos movimentos, associações e organizações de corrente/ tendência secular e religiosa, de forma gerar novas ondas de manifestações.

No entanto, os artigos 21 e 23 ressalvaram a possibilidade de o casamento de um menor de idade (mulher ou homem) ocorrer apenas quando existisse o aval de um juiz da Corte da Família. A decisão do juiz deveria considerar os motivos explicitados pelos representantes das partes (futuros cônjuges) para a celebração do casamento, ouvir os menores e especialistas médicos; todos esses elementos constituem o entendimento que permita ao menor ser considerado um indivíduo capaz (no sentido jurídico), validando, assim, o casamento.

A questão do divórcio, presente nas discussões da reforma na década de 1990, foi retomada no texto de 2004 e teve alterações importantes. O divórcio por repúdio (*talaq*), tido anteriormente como um direito unilateral do homem, passou a poder ser exercido por ambos os cônjuges e de acordo com a supervisão judicial:

> Artigo 78º: O repúdio é a dissolução dos vínculos matrimoniais exercidos pelo marido e pela mulher, cada um de acordo com as suas respectivas condições, sob supervisão judicial e de acordo com as disposições deste Moudawana.
>
> Artigo 79º: Quem quiser repudiar deve requerer ao tribunal autorização para certificar o repúdio por dois notários públicos credenciados para o efeito na comarca do domicílio conjugal, no domicílio ou local de residência da mulher, ou no local onde foi lavrada a convenção antenupcial, nessa ordem.
>
> Artigo 80º: O pedido de autorização para certificar o repúdio contém a identidade de ambos os cônjuges, as suas profissões, o(s) seu(s) endereço(s) e o número de filhos, se for caso disso, as suas idades, o seu estado de saúde e de educação. A petição deve ser acompanhada do registro de casamento e evidências da situação material e das obrigações financeiras do marido.[574]

Neste contexto, aspectos como o consentimento mútuo e a exposição dos motivos das diferenças irreconciliáveis deveriam ser expressos a uma corte de família que passaria a ser responsável por verificar todos os

[574] *Ibidem*, artigos 78 a 80 artigo, tradução minha.

itens necessários para o andamento do processo e também tentar uma reconciliação, conforme os artigos 81 e 82:

> Artigo 81.º O tribunal intima os dois cônjuges para uma tentativa de reconciliação. Se o marido receber pessoalmente a citação e não comparecer isso é considerado uma desistência de sua petição. Se a mulher receber pessoalmente a citação e não comparecer ou não apresentar uma resposta escrita, o tribunal notifica-a através do Ministério Público de que, se não comparecer, o processo será decidido na sua ausência. Quando o endereço da mulher for desconhecido, o tribunal, com a assistência do Ministério Público, determina os fatos, e se for comprovado que o marido prestou falsas declarações, a pedido da esposa, incorre nas penas previstas no artigo 361.º do Código Penal.
>
> Artigo 82.º Quando os dois cônjuges comparecem, as discussões têm lugar na sala de consulta, incluindo a audição de testemunhas e de qualquer outra pessoa que o tribunal considere útil ouvir. O tribunal pode tomar todas as medidas necessárias, incluindo a nomeação de dois árbitros, um conselho de família ou quem considerar qualificado para reconciliar o casal. Na existência de filhos, o tribunal realiza duas tentativas de reconciliação separadas por um mínimo de 30 dias. Se as tentativas de reconciliação dos cônjuges forem bem-sucedidas, um relatório oficial é escrito e arquivado no tribunal.[575]

O divórcio consensual (*khul*) foi retomado como uma possibilidade de acordo mútuo entre os cônjuges, porém estipulado de acordo com condições específicas que garantiam até mesmo uma compensação financeira. Destacamos o retorno de tal forma de divórcio, pois na versão anterior do código ela não se fez presente, o que reforçou a crítica de movimentos, associações e organizações seculares do feminismo marroquino de que o divórcio era um direito unilateral masculino que servia mesmo de "barganha" no casamento para tolher as ações de sua esposa.

A noção de uma forma de divórcio conduzida pelo interesse expresso da esposa já existia como um elemento nas discussões das escolas de pensamento jurídico desde o século XV EC, conforme apontou a análise histórica de Ibrahim[576], e seguia algumas inovações interpretativas da

---

[575] *Ibidem*, artigos 81 e 82, tradução minha.

[576] IBRAHIM, 2018.

tradição Maliki que permitiram, por exemplo, que algumas mães pudessem manter a guarda dos filhos (independentemente do fato de ser uma filha ou um filho) de maneira definitiva, caso fosse considerada a melhor escolha para o bem-estar da criança.

O divórcio por repúdio (*talaq*), presente no código de 1957/58 e parcialmente alterado na reforma de 1993, também foi mantido como uma possibilidade de dissolução do casamento na reforma de 2004. Na reforma de 1993, o marido poderia repudiar a esposa apenas em sua presença, sendo que o ato deveria ocorrer e ser registrado em um tribunal. O divórcio neste contexto ainda é tido como revogável, pois após o repúdio o marido poderia retirar a declaração e retomar o laço matrimonial. Após 2004, o divórcio por repúdio passou a seguir o procedimento também aplicado às outras formas de divórcio: a anuência de ambas as partes e o registro no tribunal após as tentativas de reconciliação.

Além disso, o tribunal também passou a fixar elementos como: estipular uma quantia que o marido deve entregar à esposa; garantir que a esposa possa ficar na casa do casal durante o período de espera (*idda*) para garantir de que, em caso de gravidez, o marido tome as providências legais para assumir a paternidade e garantir a pensão à criança. Tais disposições foram observadas como um avanço com relação às demandas das mulheres por alterações no dispositivo do divórcio, pois no código de 1957/58 o repúdio (*talaq*) era um exercício puramente verbal do marido, ou seja, a partir do momento que ele o pronunciasse, a união seria considerada suspensa, já que a ação não passava pelo exame de um tribunal.

Relacionada aos procedimentos do divórcio está a questão da custódia dos filhos do casal cuja união se desfez. Nas versões anteriores do *Moudawana*, a custódia/guarda dos filhos era entregue ao pai após um determinado período, visto que seguiam, de acordo com Welchman[577], um tipo de consenso de que eram os pais os encarregados de autoridade para o desenvolvimento de deveres/funções relacionadas a assuntos financeiros (como o pagamento de suas despesas, a gestão de propriedade e direitos de herança). A partir da reforma de 2004 (especificamente no artigo 171), foram observadas duas alterações centrais em tal entendimento: a) as mães passaram a ser observadas como as guardiãs dos filhos, seguidas pelo pai da criança e depois sua avó materna; e b) as mulheres divorciadas não perderiam mais a guarda dos filhos quando entrassem em um novo

[577] WELCHMAN, 2007.

casamento ou pelo simples fato de mudarem de cidade, elementos existentes nas versões anteriores do *Moudawana*. O aspecto mais complexo das novas disposições foi justamente seu caráter inovador (considerando que historicamente a posição de responsabilidade com relação aos filhos era do pai), que era de difícil compreensão, por ir contra as práticas sociais estabelecidas.

A reação dos diferentes movimentos presentes nas discussões públicas acerca da reforma do *Moudawana* (2004) demonstrou, como explica Eddouada[578], a influência dos movimentos de mulheres de cunho liberal e/ou secular na elaboração de alterações nos direitos das mulheres marroquinas, a tentativa de grupos islâmicos e conservadores desenvolverem um discurso teológico compatível com as mudanças do novo código e com os princípios do Islã, bem como a vontade da monarquia de mostrar a sua adesão a convenções internacionais de Direitos Humanos e direitos das mulheres. Esse último ponto foi observado com a retirada das ressalvas à Cedaw em 2008 em aspectos relacionados à transmissão da nacionalidade e a adoção de direitos e deveres iguais para homens e mulheres que contraem casamento.

Além das mudanças substanciais mencionadas ao longo da seção, outras de ordem procedimental também ocorreram, como o estabelecimento de Cortes de Família, que visava auxiliar na implementação correta do novo código de família, elemento este que se mostrou complexo, por exemplo, no que diz respeito ao tema do casamento de menores de idade.

As normas sociais, no entanto, foram utilizadas para contornar o sistema judicial marroquino, sobretudo as disposições contidas no novo código *Moudawana* (2004), visto que casamentos com base nas leis do costume (*fatiha*) continuaram a ser celebrados à margem do sistema judicial e oficializados posteriormente em um tribunal de família, já que o contrato de casamento deve ser registrado para ser considerado válido no país[579].

Tais celebrações eram influenciadas pela lei do costume que ainda prevalecia em algumas áreas rurais via práticas sociais. O elemento comum desta forma de casamento era a união de uma jovem com menos de 18 anos e um homem mais velho, contrariando o código de 2004, que permitia

---

578 EDDOUADA, 2016, p. 70-71.

579 PRETTITORE, Paul Scott. Family Law reform, gender equality and underage marriage: a view from Morocco and Jordan. **The Review of Faith & International Affairs**, London, v. 13, n. 3, p. 32-40, 2015.

o casamento de menores de idade apenas com a decisão de um juiz de família, que poderia aceitar uma requisição feita pelos pais/responsáveis do menor em questão. As discussões acerca de tal forma de casamento retomam a questão da idade mínima para casar-se, uma pauta levantada desde a década de 1990 pela ADFM e *Collectif 95 Maghreb-Egalité* e que tinha como elemento central delimitar um possível entendimento acerca de uma idade mínima para casar-se, relacionando-se à noção de capacidade, que pudesse acompanhar as disposições internacionais sobre o tema, tais como a Convenção Internacional dos Direitos da Criança (1989), que estabelecia a categoria "criança" para seres humanos menores de 18 anos de idade.

Para Leila Rhwi, uma das fundadoras da ADFM, o novo código teria alcançado o objetivo de garantir às mulheres seu reconhecimento enquanto ser humano e cidadã, o que representaria um avanço nas discussões sobre os direitos das mulheres no Marrocos. No entanto, para pesquisadoras como Katia Zvan Elliot, o *Moudawana* falha em um aspecto que ela considerou essencial: a defesa dos direitos individuais (ou autônomos) das mulheres, ou seja, aqueles que deveriam tratar delas de forma mais específica, garantindo direitos como à igualdade, à propriedade e à liberdade sem considerar apenas o seu papel enquanto mães, por exemplo. Além disso, a autora adicionou outra complexidade do processo em si: a atuação da monarquia (instituição), que, apesar de sua tentativa de lidar com todas as forças políticas existentes, acabou por reforçar algumas ideias sobre os direitos das mulheres, a sua posição na família e, sobretudo, a relação entre tais elementos e o casamento. Assim,

> [...] esse processo de individuação e reconhecimento de direitos como direitos, e não como consequência de deveres cumpridos, é o desafio aqueles que serão os reformadores do Código da Família. Por enquanto, no entanto, o Marrocos não cumpre a ordem internacional com a qual se comprometeu, pelo menos no papel. A falha em abordar os direitos individuais ganha uma importância prática quando se discute os direitos de mulheres adultas solteiras. [...] Nessa configuração, mulheres autônomas que sejam adultas solteiras, que não respondem nem a seus parentes masculinos nem aos de seus maridos, não são consideradas. Reconhecer dezoito anos como a idade legal de responsabilidade (para casar) não indica independência pessoal da

> autoridade familiar, o que, eu argumento, é evidente no artigo 198 do Código da Família.[580]

A lógica interna presente no artigo 198 permite observar que o direito da mulher à proteção poderia, na realidade, funcionar como uma espécie de reforço ao patriarcado marroquino, pois dispõe que o pai é responsável pelo sustento de sua filha até os 25 anos, a não ser que ela seja capaz de prover o próprio sustento ou então seja sustentada pelo marido. Assim é possível observar que a autonomia de mulheres de baixa renda estava parcialmente presente no novo *Moudawana*, visto que "os costumes e as noções de vergonha e modéstia exigem que as meninas vivam na casa de seu pai e sob a autoridade de seus parentes masculinos até se casarem"[581].

Diante dos desdobramentos da reforma do *Moudawana* (2004), a al-Adl wa-l-ihsãne (ligada ao partido Justiça e Espiritualidade), por meio de Nadia Yassine, argumentou que a reforma tinha sido capturada pelos entendimentos ocidentais acerca do papel da mulher e seus direitos. Tal direcionamento ia contra a convicção da associação de que as mudanças deveriam partir de interpretações que retomassem o espírito de mudança, igualdade e autonomia presente no Islã, mas obliterado por leituras da jurisprudência que reforçavam a autoridade masculina.

Ainda nesse sentido, Nadia Yassine reforçou críticas importantes acerca do conteúdo do *Moudawana* e as dificuldades de seu processo de implementação, ao destacar a manutenção de disparidades entre as mulheres urbanas, que tinham acesso à educação, e àquelas que viviam em áreas rurais e em diversas situações tinham sua vida definida por práticas sociais que reforçavam a ingerência em sua vida:

> Não me opus por motivos religiosos, mas sim por motivos políticos. Eu também queria que a situação das mulheres melhorasse. Claro que é correto que elas tenham mais liberdades. Mas como isso de parece na prática? Como uma mulher pode fazer uso do seu direito ao divórcio, por exemplo, se ela não tem emprego depois dele e poderá acabar na rua? Nas áreas rurais há cada vez mais casamentos ilegais. E lá as mulheres têm uma escolha: ou se prostituem, ou se casam ou migram para as cidades maiores. O rei aprovou uma lei para as mulheres que vão ao ensino médio, mas não para as pessoas comuns que vivem no campo.[582]

580 ELLIOT, 2014, p. 15-16, tradução minha.

581 *Ibidem*, p. 16, tradução minha.

582 YASSINE, 2007, tradução minha.

Yassine argumentava também que a oposição dela e da al-Adl wa-l-ihsãne esteve relacionada ao processo político de desenvolvimento do próprio texto. Na sua interpretação, a condução feita pela monarquia (instituição) tinha como objetivos centrais aspectos políticos, sobretudo apresentar o país como "moderno" e alinhado às diretrizes internacionais sobre o tema do direito das mulheres e, consequentemente, dos Direitos Humanos.

Em 2006, o governo marroquino realizou uma pesquisa que constatou que homens e mulheres tinham conhecimento das mudanças ocorridas no *Moudawana* (2004), sendo o maior grau de informação nas áreas urbanas (72%); as mulheres reagiram de forma mais positiva às diretrizes do Moudawana[583]. No entanto, observa-se que práticas sociais como a do casamento *fatiha* (anteriormente mencionada) tinham o potencial de restringir a aplicação dos novos direitos das mulheres.

Um elemento que surge nas discussões após 2004, sobretudo por parte de organizações, associações e movimentos de mulheres como a ADFM, é o da violência com base no gênero, problematizando as brechas deixadas pelo código de 2004 para além do casamento de menores de idade, e discute a questão das violências física e sexual, por exemplo.

Em uma análise sobre os direitos das mulheres no Marrocos entre os anos de 2004 e 2009, a pesquisadora Fatima Sadiqi[584] observou um tipo de descompasso entre o *Moudawana* (2004) e o código penal nacional, que poderia impedir as mulheres de obterem justiça em caso de violência doméstica. De acordo com o artigo 100 do *Moudawana* (2004), a esposa poderia iniciar um pedido de divórcio, por exemplo, no caso de abuso físico exercido pelo marido, sendo que, para a continuidade da ação, seria necessário que ela apresentasse testemunhas. No caso de a esposa não conseguir sustentar tal fato em um tribunal, ela deveria voltar para sua casa e lidar com a convivência com um agressor, algo que por si já servia para conter qualquer possibilidade de denúncia de violência física ou sexual.

O código penal não possui disposições específicas sobre a questão da violência sexual no interior do casamento, ou seja, violências como estupro marital não são alcançadas pelo código, nem mesmo pelo *Moudawana* (2004). Por outro lado, o sexo fora do casamento é problematizado no código penal, mais especificamente no artigo 490, que estipula punições no caso de transgressão sexual.

---

583 ALTO COMISSARIADO PARA PLANEJAMENTO – REINO DO MARROCOS, 2006 *apud* PRETTITORE, 2014.

584 SADIQI, 2011.

Uma campanha de pressão, com o auxílio de organizações internacionais e regionais ligadas à temática dos Direitos Humanos, passou a demandar alterações no código penal marroquino para lidar com a violência contra a mulher e garantir, assim, a proteção de seus direitos. Um exemplo dessa ação conjunta foi uma petição desenvolvida por um grupo de Direitos Humanos, assinada por mais de um milhão de cidadãos marroquinos e enviada ao Parlamento nacional para pressionar a elaboração de legislação específica para áreas críticas como violência doméstica, abuso sexual e os pedidos de casamentos com menores de idade enviados às Cortes de Família[585].

Apenas em 2018, após mais de uma década de atuação de movimentos de mulheres e de Direitos Humanos de âmbito nacional e internacional, o governo marroquino aprovou a Lei nº 103-10, que reconhece algumas formas de violência contra a mulher — ao defini-la como uma forma de discriminação com base no gênero e que ocorre em termos econômicos, físicos, psicológicos e sexuais. Além disso, estabeleceu medidas de proteção às vítimas de violência e elevou as punições previstas no código penal para determinados tipos de violência, tendo em vista o perpetrador, como na violência intrafamiliar[586].

No entanto, de acordo com entrevistas conduzidas pelo Human Rights Watch com mulheres vítimas de violência conjugal e com o comentário de grupos ativistas marroquinos, a lei possui alguns vácuos que podem dificultar sua aplicação e principalmente a proteção da vítima, tais como a dificuldade de proibir um acusado de violência de comunicar-se com a sua vítima, o baixo índice de denúncia de violências ocorridas no âmbito conjugal, a impossibilidade legal para a promoção de abrigos para mulheres vítimas de violência.

As transformações sociais que precedem as reformas legais devem ser objeto de maior investigação, tendo em vista, sobretudo, a complexidade das interações estabelecidas entre costume, religião e identidade nacional. Embora alguns desenvolvimentos positivos tenham ocorrido,

---

585 UNITED NATIONS CHILDREN'S FUND; INTERNATIONAL COMMITTEE OF THE RED CROSS. **Child marriage in the Middle East and North Africa**: Morocco country brief. New York: United Nations Children's Fund (Unicef) Middle East and North Africa Regional Office in collaboration with the International Center for Research on Women (IRCW), 2017.

586 HUMAN RIGHTS WATCH, 2018. Ver: MOROCCO: New Violence Against Women Law. **Human Rights Watch,** [*s. l.*], 26 fev. 2018. Disponível em https://www.hrw.org/news/2018/02/26/morocco-new-violence--against-women-law. Acesso em maio 2023.

tais como o estabelecimento de direitos e deveres iguais para homens e mulheres e a garantia da emancipação da mulher da tutela legal de um homem, existem vários aspectos sociais e da lei do costume que precisam ser alterados para lidar com as demandas e os direitos previstos para as mulheres *Moudawana* (2004).

3.4 Influência dos movimentos no Marrocos na formação do *Musawah* e as discussões sobre Direitos Humanos e Islã[587]

O conceito de Direitos Humanos é comumente utilizado para designar "[...] uma compreensão intuitiva da liberdade e da justiça em geral, mas o direito e nas relações internacionais esse termo tem um significado técnico específico que evoluiu desde meados do século XX"[588].

O contexto histórico e político ao qual Abdullahi A. An-Naim[589] se refere é o da Declaração Universal dos Direitos Humanos (1948), redigida no âmbito da Organização das Nações Unidas, e tida como a primeira declaração oficial do termo no direito e nas relações internacionais.

Nesse contexto os direitos — que incluem direito à vida, à liberdade, à dignidade — possuíam como característica central a universalidade, independentemente de especificidades, como raça, sexo, nacionalidade e religião. Ou seja, a partir do pós-Segunda Guerra Mundial, fortaleceu-se a noção de direitos entendidos como inerentes a todos os seres humanos[590], diferentemente do que se observou anteriormente em documentos nacionais que tinham como fundamento uma visão restrita dos direitos daqueles que eram considerados cidadãos e excluíam as mulheres e muitos homens de tal status.

---

587 Partes do texto deste subcapítulo compõem duas seções do artigo "Islã, reforma das leis de família e COVID-19: análise da atuação do *Musawah* no debate dos impactos da pandemia na desigualdade de gênero", escrito pela autora deste livro e apresentado no GT 34 do 45º Encontro Anual do Anpocs (2021).

588 AN-NAIM, 2007, p. 307, tradução minha.

589 *Ibidem*.

590 A historiadora norte-americana Lynn Hunt (2007) argumenta que os Direitos Humanos tais como entendidos no século XX e XXI são consequência de um longo processo histórico, político e social em que as concepções acerca de conceitos como liberdade e igualdade se desenvolveram. Hunt problematiza aspectos como a gênese europeia e norte-americana dos Direitos Humanos, principalmente o fato de que documentos nacionais como a Declaração de Independência dos Estados Unidos (1776) e a Declaração Francesa dos Direitos Humanos e do Cidadão (1789) excluíam parcelas de sua população ao focarem direitos políticos daqueles que eram considerados cidadãos (o que implica corte de gênero e classe), bem como a permanência da escravidão e a colonização dos continentes asiático e africano.

Hunt[591] explana que os Direitos Humanos possuem três características fundamentais que estariam interligadas, a saber: a natureza, a igualdade e a universalidade. Porém, ao longo do tempo, o entendimento da natureza dos Direitos Humanos como inerentes a todos os seres humanos, independentemente de sua origem, demonstrou sua força teórica, mas teve dificuldades em sua implementação igual e universal.

Ao analisar a implementação do discurso de Direitos Humanos no direito internacional e das relações internacionais, bem como as respostas de países de população muçulmana com relação àquele, Shannon Dunn[592] destaca que a divergência na abordagem muçulmana dos Direitos Humanos — ilustrada em atitudes como a de elites religiosas e políticas que apresentavam uma intepretação da liberdade religiosa para justificar a manutenção de leis patriarcais — trouxe à tona questionamentos acerca dos limites da *universalidade* proposta pela Declaração Universal dos Direitos Humanos (1948) e nas declarações subsequentes[593], bem como a influência política ocidental (sobretudo europeia) entre países que foram suas colônias por muitas décadas.

Dunn[594] aponta que algumas estratégias argumentativas foram desenvolvidas por lideranças políticas, religiosas e de movimentos sociais de países de população muçulmana para lidar com o entendimento de um possível descompasso entre as concepções de Direitos Humanos e a doutrina religiosa islâmica. Dentre tais abordagens, destacam-se quatro, as quais, em alguns momentos, poderiam até aparecer de forma combinada, a saber: a) busca de uma visão secular dos direitos; b) o prevalecimento do entendimento islâmico dos Direitos Humanos em detrimento de modelos seculares; c) a retórica pós-colonial crítica à imposição das concepções de países ocidentais aos demais; e d) a tendência reformista que visava estabelecer pontos de contato entre os Direitos Humanos e a doutrina islâmica.

A segunda abordagem, em que o entendimento islâmico dos Direitos Humanos prevalecia em detrimento de modelos seculares, foi obser-

[591] HUNT, Lynn. **A invenção dos direitos humanos**: uma história. São Paulo: Companhia das Letras, 2007. p. 13-33, 113-133.

[592] DUNN, Shannon. Islamic law and human rights. *In*: EMON, Anver M; AHMED, Runne (ed.) **The Oxford handbook of Islamic law**. Oxford: Oxford University Press, 2018. p. 819-842.

[593] Também desenvolvidas no âmbito da ONU na década de 1960, são elas o Pacto Internacional de Direitos Civis e Políticos (1966) e o Pacto Internacional de Direitos Econômicos, Sociais e Culturais (1966).

[594] Dunn, 2018.

vada, por exemplo, no processo de elaboração da Declaração Universal dos Direitos Humanos. Sobretudo, na atuação de países como a Arábia Saudita, que se absteve de aprovar a referida declaração tendo em vista os artigos 16 e 18, que tratam respectivamente da igualdade de direitos e deveres entre os cônjuges no casamento e em sua eventual dissolução; bem como das liberdades religiosa, de pensamento e consciência[595].

Já uma postura que combinou duas abordagens foi a da elaboração, por parte dos países membros da Organização da Conferência Islâmica[596], de uma declaração islâmica de Direitos Humanos que concomitantemente reafirmava o compromisso com os princípios islâmicos e permitia aos países utilizarem da retórica de resistência a padrões/valores ocidentais como hegemônicos e apresentava o Islã como a base fundamental dos direitos e liberdades descritos no texto. Anteriormente, em 1981, membros do Conselho Islâmico de Londres propuseram a Declaração Universal dos Direitos Islâmicos.

Ao discutir os Direitos Humanos no Oriente Médio e Norte da África, Abdullahi A. An-Naim[597] destaca em suas contribuições a importância de compreender as concepções filosóficas, a teoria e a história que conferem as bases para documentos e convenções internacionais em Direitos Humanos. Além disso, é importante entender a forma diferenciada pela qual a concepção de tais direitos foi recebida nos continentes e países, com destaque especial aos países da Ásia e África, que passaram por processos de descolonização até a primeira metade do século XX.

O escritor sudanês Abdullahi A. An-Naim desenvolve desde a década de 1990 uma abordagem que denomina como *perspectiva transcultural*, em que busca uma forma de reconciliar a identidade religiosa islâmica (bem como as possíveis interpretações da lei islâmica, a *Shar'ia*) e a concepção universalista dos Direitos Humanos, tal qual observada na Declaração Universal dos Direitos Humanos da ONU.

A premissa de An-Naim parte do argumento de que a promoção e proteção dos Direitos Humanos passa pela necessidade de mediar diversas tensões culturais, sociais e políticas com relação ao próprio paradigma

---

595 *Ibidem*, p. 822.

596 É uma organização intergovernamental fundada em 1969 e composta por 57 países. Em 1990 a organização assinou a Declaração do Cairo de Direitos Humanos, que se assemelhava à Declaração Universal dos Direitos Humanos (1948), mas tinha suas formulações acerca dos Direitos Humanos advindas de princípios e ensinamentos que compõem a doutrina islâmica, por exemplo, o Alcorão e os *ahadith e a shar'ria.*

597 AN-NAIM, 2007.

dos Direitos Humanos, sobretudo ao considerar a importância das relações estabelecidas entre religião, cultura e as premissas filosóficas que determinam o entendimento de tais direitos e sua proteção. Assim:

> Como tentarei explicar à frente, a universalidade dos direitos humanos é produto de um processo de construção de consenso, portanto não uma qualidade que pode simplesmente ser proclamada ou "descoberta". Visto que a cultura e a religião não são entidades autônomas e monolíticas permanentemente "programadas' para agir de maneiras específicas, deve ser possível desenvolver um consenso global sobre as normas de direitos humanos e os mecanismos de implementação. Essa possibilidade teórica, entretanto, só pode ser realizada por meio da atuação de seres humanos em seu próprio contexto cultural/religioso, e em solidariedade e em parceria com outros em seus respectivos contextos. Esses processos de discurso interno e diálogo intercultural pode ser facilitado ou dificultado pelas formas como as relações internacionais e a cooperação para o desenvolvimento são conduzidas.[598]

A implementação dos Direitos Humanos encontrou barreiras devido às tensões existentes entre a noção de universalidade, seu conteúdo e contexto. Ou seja, as populações de diferentes países apenas seriam capazes de aceitar e buscar a implementação de direitos que entendessem em seu conteúdo e prática. Para alcançar tal resultado, seria necessário um processo de reflexão interno (local, nacional) e externo (transcultural) que alinhasse os anseios acerca de normas comuns para a garantia de direitos iguais para pessoas de diferentes contextos culturais e religiosos, por exemplo.

Assim, o debate acerca dos Direitos Humanos no Islã trouxe respostas diversas dos países de população muçulmana, sendo que, dentre elas, destacaram-se os processos de assimilação (sob o argumento de que não existiria problema em conciliar a religião e os Direitos Humanos, como observado no modernismo islâmico do século XIX), a apropriação (segundo a qual a implementação dos Direitos Humanos só poderia ser realizada dentro do islã) e a confrontação (postura que, ao longo da segunda metade do século XX, intensificou-se sob a influência do islã político e seu questionamento de diversos elementos tidos como imposições ocidentais).

---

598 *Ibidem*, p. 307, tradução minha.

A atuação do movimento internacional Musawah (criado em 2009, baseado na Malásia) pode ser discutida como um projeto de conhecimento emancipatório para mulheres muçulmanas, ou seja, partindo da análise da apropriação da construção discursiva do feminismo islâmico feita pelas intelectuais e ativistas do movimento como forma de conciliar as demandas de igualdade no âmbito familiar e os Direitos Humanos, propondo uma reflexão acerca da compatibilidade entre as reformas teológicas sugeridas pelo movimento e tratados e convenções internacionais.

3.4.1 Musawah como um projeto de conhecimento emancipatório para as mulheres muçulmanas

Os movimentos de mulheres muçulmanas que integraram o *feminismo islâmico* emergiram nas últimas décadas do século XX com as seguintes características centrais: a) desenvolvimento de um discurso que se utilizou da livre intepretação (*ijtihad*) para argumentar por uma releitura das fontes sagradas islâmicas (Alcorão e *ahadith*) a partir dos princípios éticos islâmicos como as noções de justiça, igualdade e dignidade humana, ações que permitiriam; b) foco nos direitos das mulheres, sobretudo no que diz respeito à elaboração de novos entendimentos jurídicos acerca das leis de família e da jurisprudência clássica (*fiqh*), tendo em vista seu histórico e sua prática na vida cotidiana em países muçulmanos; c) organização em movimentos nacionais, regionais e internacionais (como o *Musawah*); d) formulação da *igualdade de gênero* com maior intensidade em sua expressão no âmbito da família, em que as expoentes do feminismo[599], tais como Fatima Mernissi, Amina Wadud e Ziba Mir-Hosseini, utilizaram a releitura das fontes sagradas para expor as interpretações patriarcais até então tidas como referência central para a jurisprudência (*fiqh*) e, ao mesmo tempo, para questionar o vínculo direto do Islã com o patriarcado, apresentando interpretações que clamavam pelo avanço

[599] O *movimento*, assim como as diversas discussões que ocorrem em torno do termo, é plural, visto que seu desenvolvimento se deu de acordo com as demandas e linguagem (religiosa, política, cultural) de cada Estado em que suas expoentes e ativistas se inserem e produzem seus artigos ou plataformas de atuação. Cabe ressaltar, conforme enuncia Badran (2009, p. 244), que as intelectuais e ativistas que desenvolveram ou utilizam o discurso que denominamos feminismo islâmico podem ou não se identificar com o referido "rótulo", sobretudo por conta da complexa relação das sociedades muçulmanas com a palavra "feminismo". Desta forma, é comum que em diversos trabalhos as autoras identifiquem a sua "dupla pertença" com relação à religião e à questão de gênero com outros termos, tais como "ativista de gênero" ou "religiosa ativista".

no entendimento com relação ao gênero e aos direitos das mulheres nas famílias[600].

O *feminismo islâmico* permitiu transcender as barreiras disputas discursivas entre "seculares e religiosas" existentes entre os movimentos sociais e políticos de mulheres na região do Oriente Médio e Norte da África, ao propor um exame crítico acerca de questões relevantes para a compreensão e desenvolvimento de discursos de gênero no contexto muçulmano, sobretudo das leis de família, dos direitos das mulheres, e ao clamar pela igualdade em uma linguagem conciliadora.

Fundado em 2009, o Musawah, movimento internacional pela igualdade de direitos no interior das famílias muçulmanas, é uma expressão global do feminismo islâmico. Reúne intelectuais e ativistas de 47 países de população muçulmana, no esforço de propor novas formas de interpretar os preceitos corânicos e fazer frente os discursos de países do Oriente Médio e Norte da África que utilizam a religião para a manutenção de leis de família discriminatórias com relação aos direitos das mulheres[601].

Resultado de uma série de reuniões desenvolvidas entre ativistas, intelectuais, juristas e políticas muçulmanas, o Musawah apresenta um discurso que adota abordagens reformadas do Islã e perspectivas dos Direitos Humanos. Suas propostas são respostas a pautas contemporâneas como a violência de gênero, o debate entre os Direitos Humanos universais e locais, o protagonismo feminino no interior das religiões e as possibilidades de compatibilizar a pertença religiosa às necessidades políticas e sociais da vida cotidiana. Possui duas características centrais: a interpretação alternativa das fontes religiosas islâmicas e das leis de família muçulmanas, compatibilizando-as com as convenções internacionais acerca dos Direitos Humanos e direitos das mulheres, sobretudo a Cedaw (1979). Faz uso da internet e de diferentes plataformas sociais para desenvolver discussões on-line[602], apresentar demandas político-sociais

600 BADRAN, 2009, p. 215-241

601 MUSAWAH – FOR EQUALITY IN THE FAMILY. **Who provides?** Who cares? Changing dynamics in Muslim families. Kuala Lampur: Musawah Iniciative, 2018. Disponível em: https://www.musawah.org/wp-content/uploads/2018/11/WhoProvidesWhoCares_En.pdf. Acesso em: jun de 2020.

602 A pesquisadora Anna Piela (2013) desenvolveu extensa pesquisa acerca da utilização da internet por parte de grupos de mulheres muçulmanas e argumentou que a literatura desenvolvida até o momento tinha em comum a ênfase no entendimento de que as mulheres viam o referido espaço virtual como uma ferramenta importante para diversos objetivos, entre eles as discussões abertas acerca da doutrina islâmica, o questionamento de estereótipos observados com frequência em diversas manifestações do Ocidente acerca da "realidade muçulmana", e, principalmente, o engajamento em lutas políticas nacionais ou locais. Ver: PIELA, Anna. **Muslim women online: faith and identity in virtual space**. New York: Routledge, 2013.

e relacionar-se com as experiências de movimentos locais de mulheres muçulmanas ao redor do mundo.

Enquanto membro da comissão organizadora do *Musawah*, a antropóloga iraniana Ziba Mir-Hosseini[603] destaca questões relevantes que nortearam o desenvolvimento do grupo, a saber: a) as mulheres tomaram a frente de uma série de iniciativas que, desde o início dos anos 2000 e em seu contexto geopolítico turbulento[604], buscaram avançar para além da "noção abstrata" de igualdade e tomar a frente de discussões e políticas acerca de gênero; b) o questionamento de estruturas de poder nacionais, regionais e globais que perpetuem a injustiça e a desigualdade; c) como a igualdade em sociedades de população muçulmana (majoritária ou não) é construída em meio à dialética entre a política e a teologia.

A família, entendida tradicionalmente como uma unidade social que inclui um casal, seus filhos e a família estendida de ambos (avós, tios, sobrinhos, primos), é o ambiente em que a socialização ocorre desde a infância, inserindo seus membros nas regras da religião, costumes e sociedade. As ativistas e intelectuais do *Musawah* entendem que é justamente nesse ambiente familiar que as mudanças em prol da igualdade de políticas e de gênero devem ser discutidas e aplicadas. Ou seja, um aspecto central do movimento é a elaboração de novos entendimentos teológicos e jurídicos acerca das leis de família e da jurisprudência clássica (*fiqh*).

Assim, o *Musawah* passou a atuar como um projeto de conhecimento emancipatório ao produzir um saber localizado acerca da jurisprudência islâmica clássica (*fiqh*) e as possibilidades de *ijtihad* que conduziriam a uma espécie de conciliação entre os direitos das mulheres no islã e as convenções e tratados acerca da temática, como a Cedaw, considerando seu impacto entre os países com população muçulmana.

Em Estrutura de Ação (*Framework of Action*)[605], apresentada em 2009 com o surgimento internacional do *Musawah*, a estratégia é descrita a partir da união de quatro elementos centrais, a saber: a) os ensinamentos do Islã, considerando as distinções necessárias entre *shar'ia* (tida, de maneira geral, como a expressão da vontade divina) e a jurisprudência *fiqh* (vista como o conjunto de interpretações/entendimentos acerca das

[603] MIR-HOSSEINI, 2016, p. 93-117.

[604] Marcado pela Guerra ao Terror, Islã político e escalada da violência em diversos países do Oriente Médio e Norte da África.

[605] O *Framework of Action* está disponível em: https://www.musawah.org/wp-content/uploads/2018/11/MusawahFrameworkforAction_En.pdf. Acesso em: maio 2020.

fontes do Islã), ou seja, retomar o princípio da livre interpretação (*ijtihad*); b) os princípios universais dos Direitos Humanos (tomando como base a Cedaw, a Convenção Internacional sobre os Direitos da Criança); c) as garantias constitucionais de igualdade presentes nas constituições dos países analisados (o Musawah organiza relatórios temáticos sobre a situação das leis de família nos países de população muçulmana, confrontando, por exemplo, as declarações feitas por governos que dizem não seguir determinadas diretrizes internacionais por conta da crença religiosa); e d) organização de relatos de mulheres e homens acerca de experiências vivenciadas.

As estratégias de atuação do movimento foram baseadas nas atividades de promoção de conhecimento (por meio de informativos, cartilhas, relatórios), pesquisa e *advocacy* junto à ONU, participando do Conselho de Direitos Humanos e do comitê da Cedaw de forma a garantir que os interesses de movimentos, associações e organizações de mulheres muçulmanas sejam alcançados pela pressão direcionada aos Estados que de alguma maneira ferem os direitos das mulheres.

CONSIDERAÇÕES FINAIS

Questionar o patriarcado ainda presente em diversos países islâmicos, e não necessariamente o Islã, parece ser um ponto central para as ativistas de gênero que visam obter reformas legais que reconheçam, e até mesmo ampliem, os direitos das mulheres por meio da utilização de argumentos progressistas. Cabe ressaltar que o Islã não é uma instituição estática e unificada do ponto de vista da doutrina, principalmente se considerarmos as diferentes escolas de pensamento jurídico que compõem o entendimento humano acerca da *Shari'a*, revelada no Alcorão, e norteiam as decisões judiciais em países do Oriente Médio e Norte da África. Ao contrário de um senso comum de unidade, a lei islâmica apresenta-se de forma fragmentada e passível de alteração de acordo com a interpretação de juristas, clérigos e de acordo com o contexto local, ou seja, as forças políticas e religiosas que disputam determinado objetivo.

No Marrocos, caso analisado ao longo da obra, o Código de Família de 2004 (*Moudawana*), responsável por regulamentar diversos aspectos da vida cotidiana dos muçulmanos — tais como o casamento, o divórcio, a custódia de filhos e os direitos de herança —, foi alvo de disputas de forças políticas com projetos políticos distintos. A reforma mediada pela monarquia marroquina visava estabelecer alguma forma de equilíbrio entre as demandas dos diferentes movimentos políticos e religiosos acerca da igualdade entre homens e mulheres e a revisão do espaço de disputa entre a religião e a secularização das leis.

Uma questão central ao discutir o conteúdo programático acerca dos direitos das mulheres apresentadas por essas duas principais correntes políticas — uma liberal/feminista e outra islâmica — parece ser a definição de quais devem ser os direitos das mulheres. Ou seja, conciliar visões distintas acerca do papel a ser desempenhado pela mulher marroquina na sociedade, em constante interação com o meio internacional (convenções de Direitos Humanos e direitos da mulher da ONU, por exemplo, a Cedaw), o crescente acesso das mulheres ao ensino e com um entendimento de uma identidade nacional. Esta última, por definição, já é complexa se considerarmos as múltiplas identidades marroquinas, a luta pelos direitos do povo berbere, a influência religiosa na esfera pública, a retirada das mulheres dessa esfera no período pós-independência até meados da década de 1980, quando surgem movimentos e organizações de mulheres.

Com o intuito de discutir as aproximações entre o feminismo islâmico e a atuações dos movimentos de mulheres no Marrocos com as demandas por alterações nos leis de família nacionais, foi necessário observar os processos pelos quais se relacionam as estruturas do discurso (forma como a ideologia é transmitida, como um grupo define a si e ao outro, como estabelece alianças) com as práticas sociais (estabelecidas em relações de poder, tais como dominação, resistência e questionamento para reforma), e para isso a pesquisa utilizou o conceito de frames (enquadramentos).

Os frames (enquadramentos) selecionados para nortear tais discussões e considerações ao longo desta obra foram os seguintes: direitos das mulheres (que engloba as noções de causas feministas, consciência de gênero e igualdade de gênero para apresentar as discussões de gênero no Oriente Médio e Norte da África em face da hegemonia do *feminismo ocidental*), Direitos Humanos (considerando o debate internacional acerca de sua definição e conteúdo ao longo do século XX, bem como as argumentações de países de maioria muçulmana no que diz respeito à aplicação destes e das convenções específicas acerca dos direitos das mulheres, como a Cedaw), e agência (entendida como uma expansão das noções tradicionais da crítica feminista acerca da submissão e do patriarcado para abarcar formas de atuação no contexto religioso ou de estruturas religiosas, conforme a perspectiva de Saba Mahmood).

Ao longo da primeira metade do século XX, o frame "direitos das mulheres" foi utilizado como um *frame bridging* (enquadramento de conexão), cujo foco esteve na união nacional — liderada pela monarquia — de indivíduos e grupos políticos nacionalistas. Estes, de alguma maneira, já compartilham certas crenças e entendimentos acerca da necessidade de libertação com relação ao domínio francês e apresentavam interesse de alterar o status das mulheres na sociedade, ao garantirem a ampliação da educação como componente central da retórica de uma nova sociedade. No entanto, é importante destacar que os direitos das mulheres relacionados ao âmbito familiar — como a discussão sobre o casamento, o divórcio, a custódia dos filhos e o direito à propriedade — foram "acomodados" em uma narrativa tradicional e mais conservadora, que buscou agradar a base de liderança regional/tribal em torno da unificação da jurisprudência existente, de acordo com a escola de pensamento sunita Maliki.

Em alguns sentidos, esse processo apresentava um descompasso com a realidade nacional, uma vez que as mulheres passaram a atuar no mercado de trabalho por necessidade de complementar o sustento familiar, fato que em si foi apontado por nacionalistas como um elemento que apoiaria uma mudança com relação ao papel das mulheres na sociedade.

O frame "agência", no contexto pré e pós-independência do Marrocos, pode ser observado justamente no discurso e nas práticas desenvolvidas pelos atores sociais supracitados. Ao tomarmos como referência para esta obra o conceito de agência da antropóloga Saba Mahmood, estamos nos referindo a um conceito expandido das noções tradicionais da crítica feminista acerca da submissão e do patriarcado para abarcar formas de atuação no contexto religioso ou de estruturas religiosas. Cada partido, movimento social e associação apresentou uma forma de ligar a agência feminina aos processos de luta pela independência. No entanto, iremos observar que as formas que mais se aproximam do conceito de Mahmood estavam nos movimentos sociais e associações de cunho religioso e que o processo de expansão da noção de agência feminina ocorreu com maior ênfase entre as décadas de 1990 e 2000, pelas disputas dialéticas entre os movimentos de cunho secular e de cunho religioso.

A perspectiva de Salime[606] também contempla uma discussão sobre a influência que um movimento teve na produção de sentido do outro ao longo das décadas de 1990 e 2000, ou seja, como a constante produção de discurso foi relevante para que as duas tendências dos movimentos desenvolvessem constantes alterações em suas percepções e buscassem novas formas de mobilização.

Os movimentos sociais e associações de mulheres ao longo do período do protetorado francês (1912-1956) se organizaram, conforme argumenta Sadiqi[607], em torno do que posiciona como duas tendências ou correntes principais: uma secular e outra islâmica. Em um primeiro momento, seria difícil o estabelecimento de diálogos ou pontes entre os pensamentos apresentados por ambos acerca do status e dos direitos da mulher na sociedade. Cada uma das tendências também buscou se ajustar de acordo com as forças políticas à época para alcançar as demandas que visavam. Após a independência e a elaboração do Código de Família (1957/58), é possível observar de forma mais intensa a reconfiguração

[606] SALIME, 2011.

[607] SADIQI, 2017, p. 97-120

das forças políticas e a tentativa dos movimentos de buscarem atuar em meio às brechas conferidas pela institucionalidade.

No contexto marroquino, o desenvolvimento da tendência/corrente de cunho secular após o Akhawat Al-Safaa foi marcado pelo que Sadiqi[608] denomina de três ondas: a) as pioneiras (de 1946 até 1970); b) a segunda onda (1980 e 1990); e c) terceira onda (2000-atualmente). Ainda nesse sentido, Sadiqi aponta algo que será extremamente importante para nossas discussões: o entendimento de que, embora compartilhem o secularismo, as supracitadas ondas possuem contextos sociais e políticos distintos que fizeram as demandas dos movimentos se alterarem e se adaptarem ao longo do tempo.

É importante observar que o frame "direitos das mulheres", tal qual utilizado pelas organizações Associação Democrática das Mulheres no Marrocos e União pela Ação Feminina, também passou por um processo de alinhamento de frame denominado por Snow *et al.* como um *frame bridging* (enquadramento de conexão), ou seja, a "conexão/união de dois ou mais enquadramentos ideologicamente congruentes, mas estruturalmente desconectados em relação a uma questão ou problema específico"[609].

Nesse contexto, este frame pôde ser entendido como a combinação de uma série de discursos construídos ao longo das décadas de 1950 a 1990 sobre o status das mulheres marroquinas na sociedade, bem como seus direitos e deveres. Este foi conectado/alinhado ao frame "Direitos Humanos", considerando, assim, as possibilidades de compatibilização de documentos e convenções internacionais sobre o tema dos direitos das mulheres (como a Cedaw) e as demandas das organizações por mudanças no código de família.

Já o frame "agência" esteve relacionado ao entendimento de que, para atuar na defesa de reformas no status das mulheres na sociedade marroquina, seria necessário não apenas adotar uma linguagem secular, mas mantê-la, ou seja, trabalhar a partir da vinculação a convenções e tratados internacionais acerca da temática.

A disputa de narrativa entre as correntes/tendências secular e islâmica do feminismo marroquino bem como as ações e políticas de mobilização subsequentes foram muito evidentes em dois momentos: um ainda

---

608 SADIQI, 2013.

609 SNOW *et al.*, 1986, p. 465, tradução minha.

na década de 1990, com a reação nacional com relação à campanha "Um Milhão de Assinaturas" (1992), e o outro momento foram as manifestações nos anos 2000 contra elementos do Plano Nacional de Ação para Integração das Mulheres no Desenvolvimento.

A corrente/tendência islâmica do feminismo marroquino foi observada a partir de suas duas principais frentes, representadas pela *Organização para a Renovação da Consciência das Mulheres* (ligada ao PJD) e al-Adl wa-l-ihsãne (ligada ao partido Justiça e Espiritualidade).

A *Organização para a Renovação da Consciência das Mulheres* e a *al-Adl wa-l-ihsãne* possuíam em comum uma preocupação com relação à manutenção da dita *autenticidade cultural e nacional* da sociedade marroquina, ou seja, apresentavam o Islã e como a principal resposta para questões sociais, econômicas e políticas. As principais diferenças entre ambas foram as estratégias de atuação, bem como as alianças políticas, elementos que ficaram evidentes durante as discussões do PNAIMD e no processo que culminou na reforma do *Moudawana* em 2004.

Ao se posicionarem como uma alternativa islâmica para as discussões nacionais com relação aos direitos das mulheres e às mudanças recentes no código de família, ambos os movimentos apresentavam esforços para a revisão do desenvolvimento histórico do Islã. Procuravam, portanto, demonstrar que o fato determinante não era inquirir até que ponto das predisposições islâmicas eram ou não igualitárias, considerando os entendimentos contemporâneos com relação à noção de igualdade como similaridade — tal como questionavam as feministas seculares.

Assim, é possível destacar que o frame "direitos das mulheres" é resultado de um processo teórico revisionista, até então ligado ao entendimento de que a equidade — considerando assim as diferenças biológicas existentes entre mulheres e homens — deveria ser tida como alvo. E, além disso, demonstrar que, ao longo da história islâmica, o ideal de equidade foi pouco considerado por homens, quando do desenvolvimento de entendimentos com relação às prescrições observadas no Alcorão e *Sunnah*.

Uma estratégia de atuação mais específica da Organização para a Renovação da Consciência das Mulheres foi evitar o questionamento direto da estrutura política marroquina, ou seja, não se engajar em debates sobre mudança do sistema político (aspecto apresentado na argumentação do movimento Justiça e Espiritualidade, por exemplo). Ao mesmo tempo, procurava buscar uma consolidação junto às bases político-religiosas para alcançar espaços públicos de poder nos níveis local (municipal) e nacional (pela eleição ao Parlamento).

No contexto das discussões internacionais sobre os direitos das mulheres ocorridas na década de 1990, principalmente a Conferência de Pequim (1995), a Organização tentou participar das discussões e apresentar sua visão particular sobre a relação entre o Islã e os direitos das mulheres, um movimento que visava apresentar o frame "direitos das mulheres" e "Direitos Humanos" como elementos inter-relacionados e parte de uma visão holística fornecida pela religião. A ação aqui buscava manter posição acerca dos fatores culturais, sociais e identitários que deveriam ser observados nos debates internacionais de Direitos Humanos.

A al-Adl wa-l-ihsãne (ligada ao partido Justiça e Espiritualidade), conduzida por Nadia Yassine, desenvolveu um discurso em que os frames "direitos das mulheres", "Direitos Humanos" e "agência" são diretamente relacionados à retomada das fontes sagradas e do conhecimento por parte das mulheres, ou seja, ao desenvolvimento de práticas que garantissem às mulheres direitos e deveres sem perder de vista a religião. Os "direitos das mulheres" e "Direitos Humanos" são expressos em termos religiosos, ato que torna a noção de equidade mais adequada para tratar de um processo que permite a retomada do potencial feminino em sua sociedade, a partir do entendimento de que a fonte divina garantia às mulheres sua dignidade e igual responsabilidade perante Deus. Ocorreu também o reforço ao papel das mulheres como fontes de valor e moral da sociedade, algo que lhes conferia uma posição importante e, ao mesmo tempo, alvo de uma série de discursos sobre autenticidade, moralidade e questionamento ao processo de ocidentalização.

O frame "agência" pode ser compreendido, na fala de Nadia Yassine, a partir da ação individual e coletiva de mulheres religiosas que atuaram de acordo com sua convicção e em oposição às restrições sociais e econômicas que as atingiam.

A *agência* das mulheres pôde ser entendida, no referido contexto, justamente pela criação de oportunidades de atuação, apesar das condições político-religiosas que, de alguma forma, pudessem constranger sua margem de ação na sociedade. Nos anos 2000, após as manifestações contrárias e favoráveis ao PNAIMD, as ações e estratégias dos movimentos, associações e organizações de corrente/tendência do feminismo secular marroquino se diferenciaram.

As ações da al-Adl wa-l-ihsãne ao longo dos debates nacionais acerca dos direitos das mulheres na década de 1990 estiveram relacionadas principalmente ao questionamento do que Nadia Yassine e outras lideranças islâmicas acreditavam ser uma espécie de distração do governo para não lidar com questões domésticas relevantes (como as econômicas, de liberdade de expressão). E, ao mesmo tempo, Yassine firmava a crítica acerca do uso de entendimentos ocidentais sobre os direitos das mulheres, considerando convenções e documentos internacionais. Tal fato excluía a pluralidade do pensamento religioso acerca do status da mulher na sociedade marroquina.

Ao longo dos anos 2000, os movimentos, associações e organizações de corrente/tendência secular e religiosa do feminismo marroquino buscaram uma reflexão sobre a organização de suas estratégias de mobilização, com o intuito de transpor a polarização que se deu com as manifestações contra e a favor do PNAIMD. Em 2004, após um processo de discussão realizado no âmbito do Conselho Real, e considerando as manifestações escritas dos movimentos, a monarquia decretou o edito oficial que encerrou os processos com a elaboração de um *Moudawana* (código de família) renovado em seu conteúdo e inspirações.

Com base na noção de igualdade, o novo *Moudawana* (2004) trouxe algo que foi observado pelos movimentos, associações e organizações como central: a retomada da igualdade presente no espírito e conteúdo das fontes sagradas. Esse aspecto havia sido por séculos obliterado por interpretações específicas da jurisprudência, que tinham como foco a manutenção de poder político e *status quo* que o patriarcado desenvolvera. No referido contexto, é possível argumentar que o uso da linguagem religiosa foi essencial para os movimentos seculares e religiosos, visto que ocorreu um entendimento de que apenas assim mudanças poderiam ser realizadas.

Tal entendimento marcou uma mudança com relação ao padrão de comportamento dos movimentos, associações e organizações de corrente/tendência secular do feminismo marroquino que ao longo das décadas de 1980 e 1990 se opunham frontalmente em assumir a religião como um elemento necessário em sua atuação política e social de mobilização e protesto.

Os movimentos, associações e organizações de corrente/tendência secular e religiosa do feminismo marroquino apresentaram reações diferentes ao *Moudawana*; relacionadas, principalmente, às discussões sobre sua aplicação. A ADFM manifestou entusiasmo com relação ao princípio de igualdade entre esposa e marido no contexto familiar (artigos 4º e 54 do *Moudawana* de 2004), ao mesmo tempo que mostrou preocupação com o tema da violência com base no gênero, problematizando as brechas deixadas pelo código ao tratar a questão das violências física e sexual, por exemplo.

A al-Adl wa-l-ihsãne (ligada ao partido Justiça e Espiritualidade), por meio de Nadia Yassine, argumentou que a reforma tinha sido capturada pelos entendimentos ocidentais acerca do papel da mulher e seus direitos, fato que tornava a implementação desafiadora por não trazer a visão localizada sobre o tema. Além disso, Yassine destacou a manutenção de disparidades entre as mulheres urbanas, que tinham acesso à educação, e àquelas que viviam em áreas rurais e em diversas situações tinham sua vida definida por práticas sociais patriarcais que reforçavam a ingerência em sua vida, deixando-as mais longe da autonomia.

A ação das mulheres de buscar retomar ou *feminilizar* o código de família por meio do princípio da livre interpretação (*ijtihad*) para a interpretação das fontes sagradas do Islã (Alcorão, *sunnah*, *ahadith*), de modo a trazer mudanças nos direitos e deveres contidos no código, permitiu aos movimentos fora do Marrocos observar tal processo como necessário para o enfrentamento de desigualdades e violências perpetuadas ao longo do tempo por juristas. Considerando que a principal forma de desenvolver o *ijtihad* era justamente garantir a todos acesso à educação, movimentos transnacionais como o Musawah passaram a integrar o palco das discussões sobre os direitos das mulheres no Islã e suas possíveis compatibilizações com o ordenamento jurídico internacional sobre o tema.

REFERÊNCIAS

Livros, artigos

ABBOTT, Nabia. **Aisha, the beloved of Mohammed**. Chicago: University of Chicago Press, 1942a.

ABBOTT, Nabia. **Two queens of Baghdad**: mother and wife of Hārūn Al Rashīd. Chicago: University of Chicago Press, 1946.

ABBOTT, Nabia. Women and the state in early Islam. **Journal of Near Eastern Studies**, [*s. l.*], v. 1, n. 3, p. 341-368, 1942b.

ABU-LUGHOD, Lila. As mulheres muçulmanas precisam realmente de salvação? Reflexões antropológicas sobre o relativismo cultural e seus outros. **Revista Estudos Feministas**, Florianópolis, v. 20, p. 451-470, 2012.

AFSHAR, Haleh. Islam and feminism: an analysis of political strategies. *In*: YAMANI, Mai; ALLEN, Andrew (ed.). **Feminism and Islam**: legal and literary perspectives. New York: New York University Press, 1996. p. 197-216.

AGHAIE, Kamran S. The Karbala narrative: Shi'i political discourse in modern Iran in the 1960's and 1970's. **Journal of Islamic Studies**, Oxford, v. 12, n. 2, p. 151-176, 2001.

AHMED, Leila. Early Islam and the Position of Women: The Problem of Interpretation. *In*: KEDDIE, Nikki; BARON, Beth (ed.)**Women in Middle Eastern History**: Shifting Boundaries in Sex and Gender.New Haven: Yale University Press, 1991. p.58-73.

AHMED, Leila. **Women and gender in Islam**: historical roots of a modern debate. London: Yale University Press, 1992.

AHMED, Leila. Women and the advent of Islam. **Signs**: Journal of Women in Culture and Society, Chicago, v. 11, n. 4, p. 665-691, 1986.

ALCORÃO – Livro Sagrado do Islã. Tradução de Mansour Chalita. Rio de Janeiro: Bestbolso, 2015.

AL-HIBRI, Azizah Y. An Islamic perspective on domestic violence. **Fordham Int'l LJ**, New York, v. 27, p. 195-224, 2003.

AL-HIBRI, Azizah Y. Islam, law and custom: redefining Muslim women's rights. **American University Journal of International Law**, Washington, v. 12, p. 1-44, 1997.

AL-MARGHINANI, Burhan al-Din. **The Hedaya, or guide**: a commentary on the Mussulman laws. Translation: Charles Hamilton. Cambridge: Cambridge University Press, 2013.

ALI, Kecia. **Imam Shafi'i**: school and saint. London: OneWorld Books, 2011.

ALI, Kecia. **Marriage and slave in early Islam**. Cambridge: Harvard University Press, 2010.

ALI, Kecia. Progressive Muslims and Islamic jurisprudence: the necessity for critical engagement with marriage and divorce law. *In*: SAFI, Omar (org.). **Progressive Muslims on justice, gender and pluralism**. London: OneWorld Publications, 2003. p. 163-189.

ALI, Kecia. **Sexual ethics and Islam**: feminist reflections on Qur'an, hadith, and jurisprudence. London: OneWorld Publications, 2006.

ALONSO, Angela. As teorias dos movimentos sociais: um balanço do debate. **Lua Nova**, São Paulo, v. 76, p. 49-86, 2009.

ALTINBAŞ, Nihan. Marriage and divorce in the late Ottoman Empire: social upheaval, women's rights, and the need for new family law. **Journal of Family History**, London, v. 39, n. 2, p. 114-125, 2014.

AN-NA'IM, Abdullahi. **Islamic family law in a changing world**: a global resource book. London: Zed Books, 2002.

ANDERSON, J. Norman D. Modern trends in Islam: legal reform and modernisation in the Middle East. **International & Comparative Law Quarterly**, Cambridge, v. 20, n. 1, p. 1-21, 1971.

ASLAN, Ednan. Early community politics and the marginalization of women in Islamic intellectual history. *In*: ASLAN, Ednan; HERSMAN, Marcia; MEDENI, Elif (ed.). **Muslima theology**: the voices of Muslim women theologians. Frankfurt am Main: Peter Lang Editions, 2013. p. 35-44.

BADRAN, Margot. **Feminism in Islam**: secular and religious convergences. Oxford: Oneworld, 2009.

BADRAN, Margot. **Feminists, Islam and nation**: gender and the making of modern Egypt. New Jersey: Princeton University Press, 1995.

BARLAS, Asma. **Believing women in Islam**: unreading patriarchal interpretations of the Qur'an. 8th ed. University of Texas Press, 2015.

BARLAS, Asma. Muslim women and sexual opression: reading libertation from the Quran. **Macalester International**, Minnesota, v. 10, n. 15, p. 117-146, 2001.

BAUER, Karen. **Gender hierarchy in the Qur'ān**: medieval interpretations, modern responses. Cambridge: Cambridge University Press, 2015.

BAUER, Karen. The male is not like the female (Q 3:36): the question of gender egalitarianism in the Qur'an. **Religion Compass**, London, v. 3, p. 637-654, 2009.

BENADADA, Assia. Les femmes dans le mouvement nationaliste Marocain. **Clio. Femmes, Genre, Histoire**, Paris, n. 9, 1999. Disponível em: http://journals.openedition.org/clio/1523. Acesso em: jul. 2023.

BENFORD, Robert D. An insider's critique of the social movement framing perspective. **Sociological Inquiry**, London, v. 67, n. 4, p. 409-430, 1997.

BENFORD, Robert D.; SNOW, David A. Framing processes and social movements: an overview and assessment. **Annual Review of Sociology**, Palo Alto, California, v. 26, n. 1, p. 611-639, 2000.

BERKEY, Jonathan P. **The formation of Islam**: religion and society in the Near East, 600–1800. Cambridge: Cambridge University Press, 2002.

BICKERMAN, Elias J. The seleucid period. *In*: YARSHATER, Ehsan (Ed.).**The Cambridge history of Iran**. Cambridge: Cambridge University Press, 1983. p. 3-20.

BRAY, Julia. The family in the medieval Islamic world. **History Compass**, New Jersey, v. 9, n. 9, p. 731-742, 2011.

BROOKS, Beatrice Allard. Some observations concerning ancient Mesopotamian women. **The American Journal of Semitic Languages and Literatures**, Chicago, v. 39, n. 3, p. 187-194, 1923.

BSOUL, Labeeb Ahmed. The emergence of the major schools of Islamic Law/madhhabs. *In*: EL FADL, Kaled Abou; AHMED, Ahmed Atif; HASSAN, Said Fares (ed.). **Routledge handbook of Islamic law**. New York: Routledge, 2019. p. 141-154.

BUSH, Julia. British women's anti-suffragism and the forward policy, 1908-14. **Women's History Review**, Oxford, v. 11, n. 3, p. 431-454, 2002.

BUSKENS, Léon. Recent debates on family law reform in Morocco: Islamic law as politics in an emerging public sphere. **Islamic Law and Society**, Leiden, v. 10, n. 1, p. 70-131, 2003.

CAMPANINI, Massimo. O pensamento político islâmico medieval. *In*: SOUZA DE PEREIRA, Rosalie (org.). **O islã clássico**: itinerários de uma cultura. São Paulo: Perspectiva, 2007. p. 247-264.

CELLARD, André. Análise documental. *In*: POUPART, Jean *et al*. **A pesquisa qualitativa**: enfoques epistemológicos e metodológicos. Rio de Janeiro: Editora Vozes, 2008. p. 295-316.

CHARRAD, Mourina. **States and women ´s rights**: the making of postcolonial Tunisia, Algeria, and Morocco. Berkeley: University of California Press, 2001.

CHAUDHRY, Ayesha S. The problems of conscience and hermeneutics: a few contemporary approaches. **Comparative Islamic Studies**, Sheffield, v. 2, n. 2, p. 157-170, 2006.

CHAUDHRY, Ayesha S. **Domestic violence and the Islamic tradition**. Oxford: Oxford University Press, 2013.

COOKE, Miriam. Islamic feminism before and after September 11th. **Duke J. Gender L. & Pol'y**, Durham, v. 9, p. 227-235, 2002.

COOKE, Miriam. **Women claim Islam**: creating Islamic feminism through literature. New York: Routledge, 2005.

DARYAEE, Touraj. Historiography in late antique Iran. *In*: ANSARI, Ali M (ed.). **Perceptions of Iran**: history, myths and nationalism from medieval Persia to the Islamic republic. London: IB Tauris & Co, 2014. p. 65-76.

DARYAEE, Touraj. Marriage, property and conversion among the Zoroastrians: from late Sasanian to Islamic Iran. **Journal of Persianate Studies**, Leiden, v. 6, n. 1-2, p. 91-100, 2013.

DARYAEE, Touraj. Sasanian Persia (ca.224-651 C.E.). **Iranian Studies**, Cambridge, v. 31, n. 3/4, p. 431-461, Summer/Autimn 1998.

DARYAEE, Touraj. The fall of the Sasanian Empire to the Arab Muslims: from two centuries of silence to decline and fall of the Sasanian Empire: the Partho-

-Sasanian confederacy and the Arab conquest of Iran. **Journal of Persianate Studies**, Leiden, v. 3, n. 2, p. 239-254, 2010.

DARYAEE, Touraj. The Sassanian Empire (224-651- CE). *In*: DARYAEE, Touraj (ed.). **The Oxford handbook of Iranian history**. New York: Oxford University Press, 2012. p. 187-207.

DRIDI, Moez; ROILAND, Muriel. Le statut matrimonial de la femme dans l'islam médiéval à l'épreuve des documents juridiques. **Hawwa**, Leiden, v. 17, n. 2-3, p. 231-256, 2019.

DUNN, Shannon. Islamic law and human rights. *In*: EMON, Anver M; AHMED, Runne (ed.) **The Oxford handbook of Islamic law**. Oxford: Oxford University Press, 2018. p. 819-842.

EDDOUADA, Souad. Feminismo no Marrocos: entre o local e o global. **Sur**: Revista Internacional de Direitos Humanos, São Paulo, v. 13, n. 24, p. 65-74, 2016.

EDDOUADA, Souad; PEPICELLI, Renata. Morocco: towards an "Islamic state feminism". **Critique Internationale**, Paris, v. 46, n. 1, p. 87-100, 2010.

EL ALAMI, Dawoud S. Legal capacity with specific reference to the marriage contract. **Arab Law Quarterly**, Leiden, v. 6, n.2, p. 190-204, 1991.

EL CHEIKH, Nadia Maria. **Women, Islam, and Abbasid identity**. Cambridge: Harvard University Press, 2015.

EL HAJJAMI, Aïcha. A condição das mulheres no islã: a questão da igualdade. **Cadernos Pagu**, Campinas, v. 30, p. 107-120, jan./jun. 2008.

EL SAADAWI, Nawal. **A daughter of Isis**: the autobiography of Nawal El Saadawi. London: Zed Books, 1999.

EL SAADAWI, Nawal. **A face oculta de Eva**: as mulheres do mundo árabe. São Paulo: Global Editora, 2002a.

EL SAADAWI, Nawal. **A mulher com olhos de fogo**: o despertar feminista. São Paulo: Faro Editorial, 2019.

EL SAADAWI, Nawal. **Memoirs of a woman doctor**: a novel. San Francisco: City Lights, 1989.

EL SAADAWI, Nawal. **Walking through fire**: the later years of Nawal El Saadawi, in her own words. London: Zed Books, 2002b.

EL-NIMR, Raga'. Women in Islamic Law. *In*: YAMANI, Mai; ALLEN, Andrew (ed.). **Feminism and Islam**: legal and literary perspectives. New York: New York University Press, 1996. p. 87-102.

ELLIOTT, Katja Žvan. Morocco and its women's rights struggle: a failure to live up to its progressive image. **Journal of Middle East Women's Studies**, Durham, v. 10, n. 2, p. 1-30. 2014. DOI 10.2979/jmiddeastwomstud.10.2.1.

ESPOSITO, John L. Women's rights in Islam. **Islamic Studies**, Islamabad, v. 14, n. 2, p. 99-114, 1975.

ESPOSITO, John L.; DELONG-BAS, Natana (ed.). **Women in Muslim family law**. Syracuse, New York: Syracuse University Press, 2001.

EUBEN, Roxanne L.; ZAMAN, Muhammad Qasim (ed.). **Princeton readings in Islamist thought**: texts and contexts from al-Banna to Bin Laden. New Jersey: Princeton University Press, 2010. p. 302-312.

EVRARD, Amy Young. **The Moroccan women´s rights movement**. Syracuse,-New York: Syracuse University Press, 2014.

FADEL, Mohammed. Reinterpreting the guardian's role in the Islamic contract of marriage: the case of the Maliki school. **The Journal of Islamic Law**, Cambridge, v. 3, n. 1, p. 1-26, 1998.

FADEL, Mohammad; MONETTE, Cornell (ed.). **Malik b. Anas Al-Muwatta'**: the recension of Yahya al-Laythi. A translation of the Royal Moroccan edition. Cambridge: Harvard University Press, 2019. (Harvard series in Islamic law).

GAMSON, William. The social psychology of collective action. *In*: MORRIS, Aldon; MUELLER, Carol McClurg (ed.). **Frontiers in social movement theory**. New Haven: Yale University Press, 1992. p. 53-76.

GEISSINGER, Aisha. 'A'isha bint Abi Bakr and her contributions to the formation of the Islamic tradition. **Religion Compass**, London, v. 5, n. 1, p. 37-49, 2011.

GIUNCHI, Elisa. From jurists ijtihad to judicial neo-ijtihad: some introductory observations. *In*: GIUNCHI, Elisa (ed.). **Adjudicating family law in Muslim courts**. New York: Routledge, 2014. p. 1-30.

GOFFMAN, Erving. **Os quadros da experiência social**: uma perspectiva de análise. Petrópolis: Editora Vozes, 2012.

GOHN, Maria da Glória. **Teoria dos movimentos sociais**: paradigmas clássicos e contemporâneos. São Paulo: Edições Loyola, 1997.

GÖLE, Nilüfer. Secularism and Islamism in Turkey: the making of elites and counter-elites. **The Middle East Journal**, Washington, v.51, n.1, p. 46-58, 1997.

GRAN, Peter. Organization of culture and the construction of family in modern Middle East. *In*: SONBOL, Amira El-Azhary (ed.). **Women, the family, and divorce laws in Islamic history**. New York: Syracuse University Press, 1996. p. 64-78.

HALLAQ, Wael B. **Shari'a**: theory and practice. Cambridge: Cambridge University Press, 2009.

HALLAQ, Wael B. **Authority, continuity and change in Islamic law**. Cambridge: Cambridge University Press, 2001.

HAMADEH, Najla. Islamic family legislation: the authoritarian discourse of silence. *In*: YAMANI, Mai; ALLEN, Andrew (ed.). **Feminism and Islam**: legal and literary perspectives. New York: New York University Press, 1996. p. 331-349.

HASSAN, Riffat. On human rights and the Qur'anic perspective. **Journal of Ecumenical Studies**, Pennsylvania, v. 19, n. 3, p. 51-65, 1982.

HOURANI, Albert. **Islam in European thought**. Cambridge: Cambridge University Press, 1992.

HOURANI, Albert. **Uma história dos povos árabes**. 3. ed. São Paulo: Companhia das Letras, 2006.

HUNT, Lynn. **A invenção dos direitos humanos**: uma história. São Paulo: Companhia das Letras, 2007.

IBRAHIM, Ahmed Fekry. **Child custody in Islamic law**: theory and practice in Egypt since the sixteenth century. Cambridge: Cambridge University Press, 2018.

IBRAHIM, Ahmed Fekry. The best interests of the child in pre-modern Islamic juristic discourse and practice. **The American Journal of Comparative Law**, Washington, v. 63, n. 4, p. 859-891, 2015.

JASTROW, Morris. An Assyrian law code. **Journal of the American Oriental Society**, Michigan, v. 41, p. 1-59, 1921.

JOMIER, Jacques. **Islamismo**: História e Doutrina. Tradução de Luiz João Baraúna. Petrópolis, Rio de Janeiro: Vozes, 2002.

KARMI, Ghada. Women, Islam and patriarchalism. *In*: YAMANI, Mai; ALLEN, Andrew (ed.). **Feminism and Islam**: legal and literary perspectives. New York:-New York University Press, 1996. p. 69-85.

KEDDIE, Nikki R. Introduction: deciphering Middle Eastern women´s history. *In*: KEDDIE, Nikki R.; BARON, Beth (ed.). **Women in Middle Eastern history**: shifting sex and gender. New York: Yale University, 1991. p. 1-21.

KEDDIE, Nikki R. Problems in the study of Middle Eastern women. International Journal of Middle East Studies, Cambridge v. 10, n. 2, p. 225-240, 1979.

KEDDIE, Nikki R. **Women in the Middle East**: past and present. New Jersey: Princeton University Press, 2007.

KIANI, Tahir Mahmood (trad.). **The Mukhtasan Al-Quduri of imam Abul-Husayn Ahmad ibn Muhammad ibn Ahmad ibn Já'far ibn Hamdan** [A manual of Islamic law according to the Hanafi school]. London: Ta-Ha Publishers, 2010.

KLANDERMANS, Bert; WEERD, Marga de. Injustice and adversarial frames in a supranational political context: farmer's protest in the Netherlands and Spain. In: DELLA PORTA, D.; KRIESI, H.; RUCHT, D. (ed.). Social **movements in a globalizing world**. London: MacMillan, 1999. p. 134-147.

LAIOU, Angeliki. Family structure and the transmission of property. **The Social History of Byzantium**. New Jersey: Blackwell Publishing, 2009, p. 51-75.

LAMRABET, Asma. **Women and men in the Qur'ān**. London: Springer, 2018.

LAMRABET, Asma. **Women in the Qur'an**: an emancipatory reading. Markfield: Kube Publishing, 2016.

LERNER, Gerda. **The creation of patriarchy**. Oxford: University of Oxford Press, 1986.

LION, Brigitte; MICHEL, Cécile. As mulheres em sua família: Mesopotâmia, 2º milênio a.C. Tempo, Niterói, v. 10, n. 19, p. 149-173, 2005.

LOWRY, Joseph E. **Early Islamic legal theory**: the Risala of Muhammad ibn Idris al-Shafi. Leiden, Netherlands: Brill, 2007.

LUKITO, Ratno. Wali as an agent of women in Islamic marriage law: Maliki school as a basis for reinterpretation. **Musãwa**: Journal Studi Gender dan Islam, Yogyakarta, v. 5, n. 2, p. 191-209, 2007.

MADDY-WEITZMAN, Bruce. Women, Islam, and the Moroccan state: the struggle over the personal status law. **The Middle East Journal**, Washington, v. 59, n. 3, p. 393-410, 2005.

MAHMOOD, Saba. Teoria feminista, agência e sujeito liberatório: algumas reflexões sobre o revivalismo islâmico no Egipto. **Etnográfica**, Lisboa, v. 10, n. 1, p. 121-158, 2006.

McADAM, Doug; McCARTHY, John D.; ZALD, Mayer N. (ed.). **Comparative perspectives on social movements opportunities, mobilizing structures, and framing**. Cambridge, UK: Cambridge University Press, 1996.

MELVILLE, Sarah C. Neo-Assyrian royal women and male identity: status as a social tool. **Journal of the American Oriental Society**, Michigan, v.124, n.1, p. 37-57, 2004.

MERNISSI, Fatima. Beyond the veil: male-female dynamics in modern Muslim society. Bloomington: Indiana University Press, 1987.

MERNISSI, Fatima. **Sonhos de transgressão**: minha vida de menina em um harém. São Paulo: Companhia das Letras, 1996.

MERNISSI, Fatima. **The veil and the male elite:** a feminist interpretation of women's rights in Islam. New York: Basic Books – Perseus Books Group, 1991.

MICHEL, Céline. Women work, men are professionals in the Old Assyrian Archives. *In*: LION, Brigitte; MICHEL, Céline (ed.). **The role of women in work and society in the ancient Near East**. Berlin: De Gruyter, 2016. p. 193-218.

MILLER, Susan Gilson. **A history of modern Morocco**. Cambridge: Cambridge University Press, 2013.

MIR-HOSSEINI, Ziba. Beyond 'Islam' vs 'feminism'. **IDS Bulletin**, Brighton, v. 42, n. 1, p. 67-77, 2011.

MIR-HOSSEINI, Ziba. Justice, equality and Muslim family laws: new ideas, new prospects. *In*: MIR-HOSSEINI, Ziba *et al.* **Gender and equality in Muslim family law**: justice and ethics in the Islamic legal tradition. London; New York: I.B. Tauris, 2013. p. 7-34.

MIR-HOSSEINI, Ziba. **Islam and gender**: the religious debate in contemporary Iran. New Jersey: Princeton University Press, 1999.

Mir-Hosseini, Ziba. **Marriage on Trial**: A Comparative Study of Islamic Family Law in Iran and Morocco, London: I.B. Tauris, 1996.

MIR-HOSSEINI, Ziba. Women, marriage and the law in post-revolutionary Iran. *In*: AFSHAR, Haleh (ed.). **Women in the Middle East**: Perceptions, Realities and Struggles for Liberation. London: Palgrave Macmillan UK, 1993. p. 59-84.

MIR-HOSSEINI, Ziba. The construction of gender in Islamic legal thought: strategies for reform. **Hawwa**: Journal of Women in Middle East and the Islamic World, Leiden, v.1, n. 1, p. 1-28, 2003.

MIR-HOSSEINI, Ziba. Towards gender equality: Muslim family laws and the shari'a. *In*: ZANIAH, Anwar (ed.). **Wanted**: equality and justice in the Muslim family (Musawah: An Initiative of Sisters in Islam). Malasya: Sisters in Islam, 2009. p. 23-49.

MIR-HOSSEINI, Ziba. Muslim legal tradition and the challenge of gender equality. *In*: MIR-HOSSEINI, Ziba; AL-SHARMANI, Mulki; RUMMINGER, Jana. **Men in Charge?** Rethinking Authority in Muslim Legal Tradition. Oxford: Oneworld, 2015. p. 13-45.

MIR-HOSSEINI, Ziba. Moral Contestations and Patriarchal Ethics: Women Challenging the Justice of Muslim Family Laws. *In:* EMON, Anver et al. **Shari'a law and modern muslim ethics**. Bloomington: Indiana University Press, 2016. p. 65-81.

MOHANTY, Chandra Talpade. Under western eyes: feminist scholarship and colonial discourses. **Boundary 2**, Durham, v. 12/13, n. 1, p. 333-358, 1984.

MOJAB, Shahrzad. Theorizing the politics of 'Islamic feminism'. **Feminist review**, London, v. 69, n. 1, p. 124-146, 2001.

MOMEN, Moojan. **An introduction to Shi'i Islam**: the history and doctrines of twelver shi'ism. New Haven; London: Yale University Press, 1985.

OUALI, Nouria. Les réformes au Maroc: enjeux et stratégies du mouvement des femmes. **Nouvelles Questions Féministes**, Lausanne, v. 27, n. 3, p. 28-41, 2008.

PALMA, Maria de Lurdes. Esposas e concubinas na legislação médio-assíria. **Cadmo**: Revista de História Antiga, Lisboa, v. 17, p. 27-53, 2007.

PEDRO, Joana Maria. Narrativas fundadoras do feminismo: poderes e conflitos (1970-1978). **Revista Brasileira de História**, São Paulo, v. 26, n. 52, p. 249-272, 2006. DOI 10.1590/S0102-01882006000200011.

PERIKHANIAN, Anahit. Iranian society and law. *In*: YARSHATER, Ehsan (ed.). **The Cambridge history of Iran**. Cambridge: Cambridge University Press, v.3, 1983, p. 627-680.

PIELA, Anna. **Muslim women online:** faith and identity in virtual space. London: Routledge, 2013.

PRETTITORE, Paul Scott. Family Law reform, gender equality and underage marriage: a view from Morocco and Jordan. **The Review of Faith & International Affairs**, London, v. 13, n. 3, p. 32-40, 2015.

PRETTITORE, Paul Scott. Ten years after Morocco's Family Code reforms: are gender gaps closing? **Mena Knowledge and Learning**, Washington, n. 121, p.1-4, 2014. Disponível em: http://documents.worldbank.org/curated/pt/477971468278715431/pdf/901480BRI0Box30coll0KNOWLEDGE0NOTES.pdf. Acesso em: mar. 2020.

RAPOPORT, Yossef. Family Law reform, gender equality and underage marriage: a view from Morocco and Jordan. **The Review of Faith & International Affairs**, Georgetown, v. 13, n. 3, p. 32-40, 2015.

RAPOPORT, Yossef. **Marriage, money, and divorce in medieval Islamic society**. Cambridge: Cambridge University Press, 2005.

REDA, Nevin. Women in the mosque: historical perspectives on segregation. **American Journal of Islamic Social Sciences**, Herndon, v. 21, n. 2, p. 77-97, 2004.

RODED, Ruth. Moroccan Islamist Nadia Yassine imagines the life of the prophet. **Hadith and Sira Studies**, Istanbul, v. 10, n. 1, p. 100-122, 2015.

ROGERSON, J. Wellhausen and Robertson Smith as sociologists of early Arabia and ancient Israel. Journal of Scottish Thought, Aberdeen, v. 1, n. 2, p. 53-61, 2008.

SABREEN, Mudasra. Custody in Islamic law: a law based on presumptions. **Islamic Studies**, Islamabad, v. 56, p. 3-4, p. 223-243, 2017.

SADIQI, Fatima. Language, gender, and power in Morocco. *In*: HERZOG, Hanna; BRAUDE, Ann. **Gendering Religion and Politics:** Untangling Modernities. New York: Palgrave Macmillan US, 2009. p. 259-275.

SADIQI, Fatima. The central role of the family law in the Moroccan feminist movement. *In*: SALHI, Zahia Smail. **Gender and diversity in the Middle East and North Africa**. London: Routledge, 2013. p. 33-45.

SADIQI, Fatima. Domestic violence in the African North. **Al-Raida**, Beirut, n. 131-132, p. 17-27, Fall/Winter 2011.

SADIQI, Fatima. **Moroccan feminist discourses**. London Palgrave Macmillan, 2014.

SADIQI, Fatima. Morocco. *In*: KELLY, Sanja; BRESLIN, Julia. **Women's rights in the Middle East and North Africa**: progress amid resistance. New York: Freedom House, 2010. p. 1-26. Disponível em: https://freedomhouse.org/sites/default/files/inline_images/Morocco.pdf. Acesso em: jun. 2022.

SADIQI, Fatima. The central role of the family law in the Moroccan feminist movement. **British Journal of Middle Eastern Studies**. London: Taylor & Francis Ltd, 2013. p. 33-45.

SADIQI, Fatima. The Moroccan feminist movement (1946-2014). *In*: BADRI, Balghis; TRIPP, Aili Mari (ed.). **Women's activism in Africa**: struggles for rights and representation. London: Zed Books, 2017. p. 97-120.

SAID, Edward. **Orientalismo**: o Oriente como invenção do Ocidente. São Paulo: Editora Companhia das Letras, 2007.

SALIME, Zakia. **Between feminism and Islam**: human rights and sharia law in Morocco. Minneapolis: University of Minnesota Press, 2011.

SATER, James N. **Civil society and political change in Morocco**. New York: Routledge, 2007. p. 82-128.

SAYEED, Asma. Gender and legal authority: an examination of early juristic opposition to women's Ḥadīth transmission. **Islamic Law and Society**, Leiden, v. 16, p. 115-150, 2009.

SAYEED, Asma. **Women and the transmission of religious knowledge in Islam**. Cambridge: Cambridge University Press, 2013.

SHAIKH, Sa'diyya. Exegetical violence: Nushuz in Qur'anic gender ideology. **Journal for Islamic Studies**, Oxford, v. 17, p. 49, 1997.

SHAIKH, Sa'diyya. Transforming Feminisms: Islam, Women and Gender Justice *In*: SAFI, Omar (org.). **Progressive Muslims on justice, gender and pluralism**. London: OneWorld Publications, 2003. p. 147-162.

SHAIKH, Sa'diyya. **Sufi narratives of intimacy**: Ibn Arabi, gender, and sexuality. California: University of North Carolina Press, 2012.

SIDDIQUI, Mona. Law and desire for social control: an insight into the Hanafi concept of Kafa'a with reference to the Fatawa 'Alamgiri (1664-1672). *In*: YAMANI, Mai (ed.). **Feminism and Islam**: legal and literary perspectives. New York: New York University Press, 1996. p. 49-68.

SMITH, William Robertson. Kinship and marriage in early Arabia. Cambridge: Cambridge Press, 2014.

SNOW, David A. Framing processes, ideology, and discursive fields. *In*: SNOW, David; SOULE, Sarah A.; KRIESI, Hanspeter (ed.). **The Blackwell companion to social movements**. New Jersey: Blackwell Publishing, 2004. p. 380-412.

BENFORD, Robert D.; SNOW, David A. Framing processes and social movements: An overview and assessment. **Annual review of sociology**, Palo Alto, California, v. 26, n. 2000, p. 611-639, 2000.

SNOW, David A. *et al.* Frame alignment processes, micromobilization, and movement participation. **American Sociological Review**, Chicago, v. 51, n. 4, p. 464-481, Aug. 1986.

SONBOL, Amira El-Azhary. Adults and minors in Ottoman shari'a court and modern law. *In*: SONBOL, Amira El-Azhary (ed.). **Women, the family, and divorce laws in Islamic history**. Syracuse: Syracuse University Press, 1996. p. 236-256.

SPECTORSKY, Susan A. *et al.* **Chapters on marriage and divorce**: responses of Ibn Hanbal and Ibn Rahwayh. Austin: University of Texas Press, 1993.

SPECTORSKY, Susan. **Women in classical Islamic law**: a survey of the sources. Leiden: Brill, 2010.

SPIVAK, Gayatri C. Can the subaltern speak? *In*: NELSON, Cary; GROSSBERG, Lawrence (ed.). **Marxism and the interpretation of culture**. Basingstoke: Macmillan Education, 1988. p. 271-313.

SPIVAK, Gayatri C. French feminism in an international frame. **Yale French Studies**, New Haven, n. 62, p. 154-184, 1981.

STENNER, David. Decolonizing the Moroccan woman: female liberation and national sovereignty in the modern Maghrib. **Journal of Middle East Women's Studies**, Durham, v. 19, n. 2, p. 185-208, 2023.

TUCKER, Judith E. **In the house of the law**: gender and Islamic law in Ottoman Syria and Palestine. Berkeley: University of California Press, 1998.

TUCKER, Judith E. **Women in nineteenth-century Egypt**. Cambridge: Cambridge University Press, 1985.

TUCKER, Judith E. **Women, family, and gender in Islamic law**. Cambridge: Cambridge University Press, 2008.

VAN DIJK, Teun A. Ideology and discourse analysis. **Journal of Political Ideologies**, Nottingham, v. 11, n. 2, p. 115-140, 2006.

VOGEL, Frank E. The closing of the door of Ijtihad and the application of the law. **American Journal of Islam and Society**, Herndon, v. 10, n. 3, p. 396-401, 1993.

WADUD, Amina. Islam beyond patriarchy: through gender inclusive Qura'nic analysis. *In*: ZANIAH, Anwar (ed.). **Wanted**: equality and justice in the Muslim family (Musawah: An Initiative of Sisters in Islam). Malasya: Sisters in Islam, 2009. p. 95-112.

WADUD, Amina. **Qur'an and women**: reading the sacred text from a woman's perspective. New York: Oxford University Press, 1999.

WEBB, Peter. Al-Jahiliyya: uncertain times of uncertain meanings. **Der Islam**, Berlin, v. 91, n. 1, p. 69-94, 2014.

WEBB, Peter. Cry me a Jāhiliyya: Muslim reconstructions of pre-Islamic Arabian culture. A case study. *In*: SIJPESTEIJN, Petra M.; ADANG, Camilla (ed.). **Islam at 250**: studies in memory of G.H.A. Juynboll. Boston: Brill, 2020. p. 235-280.

WELCHMAN, Lynn. **Women and Muslim family laws in Arab States**: a comparative overview of textual development and advocacy. Amsterdam: Amsterdam University Press, 2007.

WHARNCLIFFE, Lord; THOMAS, W. Moy (ed.). **The letters and works of Lady Mary Wortley Montagu**. London: Alpha Editions, 2021. v. 1.

YAKEN, Fathi. **O islam e o sexo**. São Paulo: Centro de Divulgação do Islam para América Latina, 1992.

YARSHATER, Ehsan. The Persian presence in the Islamic world. *In*: HOVANNISIA, Richard G.; SABAGH, Georges (ed.). **The Persian presence in the Islamic world**. Cambridge: Cambridge University Press, 1998. p. 4-124.

ZAHRAA, Mahdi; MALEK, Normi A. The concept of custody in Islamic law. **Arab Law Quarterly**, Leiden, p. 155-177, 1998.

Documentos

COLLECTIF 95 MAGHREB-EGALITÉ. **Guide to equality in the family in the Maghreb**. Bethesda: Women's Learning Partnership for Rights, Development and Peace (WLP), 2005.

MOROCCO: New Violence Against Women Law. **Human Rights Watch**, [*s. l.*], 26 fev. 2018. Disponível em https://www.hrw.org/news/2018/02/26/morocco-new-violence-against-women-law . Acesso em: maio 2023.

MOROCCAN Family Code. New York: Human Rights Education Associates (HREA), 2003. Disponível em: https://www.hrea.org/wp-content/uploads/2015/02/Moudawana.pdf. Acesso em: jan 2020.

MUDAWANA (Código de Família Marroquino de 1957/1958). Paris: Amazigh World Assembly. Disponível em http://www.amazighworld.org/countries/morocco/documents/moudawan.php. Acesso em: jan 2020.

MUSAWAH – FOR EQUALITY IN THE FAMILY. **Musawah framework of action**. Kuala Lampur: Musawah Iniciative, 2009. Disponível em: https://www.musawah.org/wp-content/uploads/2018/11/MusawahFrameworkforAction_En.pdf. Acesso em: jun. 2019.

MUSAWAH – FOR EQUALITY IN THE FAMILY. **Who provides?** Who cares? Changing dynamics in Muslim families. Kuala Lampur: Musawah Iniciative, 2018. Disponível em: https://www.musawah.org/wp-content/uploads/2018/11/WhoProvidesWhoCares_En.pdf. Acesso em: jun. 2020.

MUSAWAH – FOR EQUALITY IN THE FAMILY. **Musawah policy brief #01**: why Muslim family law reform? Why now? Kuala Lampur: Musawah Iniciative, 2020. Disponível em: https://www.musawah.org/resources/policy-brief-1-why-muslim-family-law-reform-why-now/. Acesso em: ago.2020.

UNITED NATIONS. UN General Assembly. **Convention on the Elimination of All Forms of Discrimination Against Women**. New York: United Nations, Dec. 18, 1979. (Treaty series, v. 1.249, p. 13). Disponível em: https://www.refworld.org/legal/agreements/unga/1979/en/13757. Acesso em: abr. 2023.

UNITED NATIONS CHILDREN'S FUND; INTERNATIONAL COMMITTEE OF THE RED CROSS. **Child marriage in the Middle East and North Africa**: Morocco country brief. New Yok: United Nations Children's Fund (Unicef) Middle East and North Africa Regional Office in collaboration with the International Center for Research on Women (IRCW), 2017.

Entrevistas analisadas

AFKHAMI, Mahnaz. Interview with Rabéa Naciri. *In*: AFKHAMI, Mahnaz; ERTÜRK, Yakin; MAYER, Ann Elizabeth. **Feminist advocacy, family law and violence against women**. Routledge, 2018. p. 226-239.

RYADI, Khadija. Entrevista con Khadija Ryadi. [Entrevista cedida a] Félix García Moriyón y Ignacio García Pedraza. **Documentación Social**, Espanha, n. 182, p. 179-187, 2016.

YASSINE, Nadia. Interview with Moroccan Islamist Nadia Yassine. [Interview courtesy of] Daniel Steinvorth. **Spiegel International**, Hamburg, 2007. Disponível em: https://www.spiegel.de/international/world/interview-with-moroccan--islamist-nadia-yassine-our-religion-is-friendly-to-women-a-492040.html. Acesso em: maio 2024.

YASSINE, Nadia. Interview with Nadia Yassine of the Moroccan Justice and Charity Group. [Interview courtesy of]: Kyle McEneary. **Sada Online Journal**, Washington, 2008. Disponível em: https://carnegieendowment.org/sada/2008/09/interview-with-nadia-yassine-of-the-moroccan-justice-and-charity-group?lang=en. Acesso em: maio 2024.